天津工业大学法学丛书

本书为2015年度天津市哲学社会科学规划项目成果（项目编号：TJFX15-008）
最高人民法院2015年度审判理论重大课题成果（项目编号：2015SPZD15）

中国知识产权法律制度

管荣齐　著

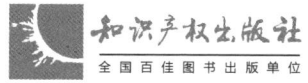

知识产权出版社
全国百佳图书出版单位

图书在版编目(CIP)数据

中国知识产权法律制度/管荣齐著.—北京:知识产权出版社,2016.4
ISBN 978-7-5130-4091-4

Ⅰ.①中… Ⅱ.①管… Ⅲ.①知识产权法—研究—中国 Ⅳ.①D923.404

中国版本图书馆 CIP 数据核字(2016)第 051629 号

内容提要

本书针对中国知识产权法律制度所面临的国内国际新形势、新问题、新挑战,站在国家大政方针的高度和为法律实践提供操作指导的角度,系统阐释中国知识产权法律制度的客体、历史和环境,特别是著作权、专利权、商标权、制止不正当竞争权、植物新品种权、集成电路布图设计专有权的创造、运用、保护,既涵盖和触及几乎所有相关的法律、行政法规、部门规章、司法解释和意见,又为突出中国特色和强化问题意识而做出全新的体例和内容安排,还为方便对照、理解和适用而在精准引用最新法律制度条文的同时详细注明其出处,以最大限度地弥补以往知识产权全面著述所存在的欠缺高度、深度、系统性和可操作性等遗憾。

责任编辑:王　辉　　　　　　　　责任出版:刘译文

中国知识产权法律制度
ZHONGGUO ZHISHI CHANQUAN FALÜ ZHIDU
管荣齐　著

出版发行:知识产权出版社有限责任公司	网　　址:http://www.ipph.cn
电　　话:010-82004826	http://www.laichushu.com
社　　址:北京市海淀区西外太平庄 55 号	邮　　编:100081
责编电话:010-82000860 转 8381	责编邮箱:wanghui@cnipr.com
发行电话:010-82000860 转 8101/8029	发行传真:010-82000893/82003279
印　　刷:北京科信印刷有限公司	经　　销:新华书店及相关销售网点
开　　本:720 mm×1000 mm 1/16	印　　张:20.5
版　　次:2016 年 4 月第 1 版	印　　次:2016 年 4 月第 1 次印刷
字　　数:360 千字	定　　价:62.00 元
ISBN 978-7-5130-4091-4	

出版权专有　侵权必究
如有印装质量问题,本社负责调换。

前　言

无论是实施国家知识产权战略、创新驱动发展战略、大数据战略,还是推进大众创新、万众创业、互联网+行动和知识产权强国建设,抑或是美国主导、日本等11国参加的《跨太平洋伙伴关系协定(TPP)》达成基本协议,这些国内国际新形势都对中国知识产权法律制度提出了新问题、新挑战。

中国已经成长为世界上第二大经济体,知识产权存量和增量都跃居世界首位,寄希望于从其他国家或地区找到现成的解决新问题、应对新挑战的办法已经不现实,中国应当学着、试着首先在知识产权等领域成为其他国家或地区前来学习、取经的地方,形成所谓"中国特色"知识产权法律制度。这本身也是一个新问题和新挑战。

以往的关于知识产权的全面著述,对中国知识产权法律制度环境,尤其是最能体现"中国特色"的国家知识产权大政方针很少论及,欠缺高度;对著作权、专利、商标、制止不正当竞争等具体法律制度的阐释,既没有系统性归纳(如未使用类似《国家知识产权战略纲要》所表述的创造→运用→保护→管理的体例),又不够全面(如没有包含目前比较火热的知识产权质押融资的内容),还不够深入(如专利申请、商标登记、知识产权保护方面没有触及部门规章、司法解释和意见),更没有针对新形势、新问题、新挑战进行内容详略的安排(如专利实质条件)。

本书针对中国知识产权法律制度所面临的国内国际新形势、新问题、新挑战,站在国家大政方针的高度和为法律实践提供操作指导的角度,系统阐释中国知识产权法律制度的客体、历史和环境,特别是著作权,专利权,商标权,制止不正当竞争权,植物新品种权,集成电路布图设计专有权的创造、运用、保护,既涵盖和触及几乎所有相关的法律、行政法规、部门规章、司法解释和意见,又为突出中国特色和强化问题意识而做出全新的体例和内容安排,还为方便对照、理解和适用而在精准引用最新法律制度条文的同时详细注明其出处,以最大限度地弥补以往知识产权全面著述所存在的欠缺高度、深度、系统性和可操作性等遗憾。

本书内容共分五编。第一编为中国知识产权法律制度总论,阐释中国知识产权法律制度的客体、历史和环境;第二编为著作权法律制度,阐释著作权的创造、运用、保护、管理;第三编为中国专利法律制度,阐释专利权的创造、运用、保护;第四编为中国商标法律制度,阐释商标权的创造、运用、保护;第五编为其他知识产权法律制度,阐释制止不正当竞争权,植物新品种权,集成电路布图设计专有权的创造、运用、保护。其中,"环境"主要论述国家知识产权战略、知识产权强国建设两项大政方针;"创造"从相应知识产权的主体、客体、取得三个方面展开论述;"运用"从相应知识产权的内容与限制,以及转让、许可和出质两个方面展开论述;"保护"从相应知识产权的民事保护、行政保护、刑事保护三个方面展开论述。

本书面向法律工作者,司法资格、专利代理人资格考试考生,知识产权专业方向本科生、研究生,错漏和不当之处敬请批评指正。

目 录

第一编 中国知识产权法律制度总论

第一章 中国知识产权法律制度客体 ······ 3
第一节 知识产权的概念 ······ 3
一、著作权的含义 ······ 3
二、专利权的含义 ······ 4
三、商标权的含义 ······ 5
四、其他知识产权的含义 ······ 5
第二节 知识产权的特征 ······ 6
一、知识产权的总体特征 ······ 6
二、著作权的特征 ······ 8
三、专利权的特征 ······ 9
四、商标权的特征 ······ 10
五、其他知识产权的特征 ······ 11

第二章 中国知识产权法律制度历史 ······ 14
第一节 中国著作权法律制度史 ······ 14
一、新中国成立前著作权法律制度史 ······ 14
二、新中国成立后著作权法律制度史 ······ 14
第二节 中国专利法律制度史 ······ 16
一、新中国成立前专利法律制度史 ······ 16
二、新中国成立后专利法律制度史 ······ 18
第三节 中国商标法律制度史 ······ 23
一、新中国成立前商标法律制度史 ······ 23
二、新中国成立后商标法律制度史 ······ 24

第四节　中国制止不正当竞争法律制度史 …… 27
一、新中国成立前制止不正当竞争法律制度史 …… 27
二、新中国成立后制止不正当竞争法律制度史 …… 27

第三章　中国知识产权法律制度环境 …… 29
第一节　国家知识产权战略 …… 29
一、战略目标 …… 29
二、专项任务 …… 30
三、重点措施 …… 33
第二节　知识产权强国建设 …… 41
一、总体要求 …… 41
二、推进知识产权管理体制机制改革 …… 42
三、实行严格的知识产权保护 …… 43
四、促进知识产权创造运用 …… 44
五、加强重点产业知识产权海外布局和风险防控 …… 45
六、提升知识产权对外合作水平 …… 46
七、加强组织实施和政策保障 …… 47

第二编　中国著作权法律制度

第四章　著作权的创造 …… 51
第一节　著作权的主体 …… 51
一、著作权主体的概念 …… 51
二、作者 …… 51
三、继受著作权人 …… 52
四、特殊作品的著作权人 …… 52
第二节　著作权的客体 …… 54
一、作品的概念 …… 54
二、各类作品 …… 55
三、作品的排除 …… 57
第三节　著作权的取得 …… 57
一、著作权取得的实质条件 …… 57
二、著作权取得的形式条件 …… 58

三、著作权的取得方式 …………………………………… 58

第五章　著作权的运用

第一节　著作权的内容与限制 ………………………………… 59
　　一、著作权的含义 ……………………………………… 59
　　二、著作权的内容 ……………………………………… 59
　　三、邻接权的内容 ……………………………………… 62
　　四、著作权的限制 ……………………………………… 66

第二节　著作权的许可、转让与出质 ………………………… 70
　　一、著作权的许可 ……………………………………… 70
　　二、著作权的转让 ……………………………………… 76
　　三、著作权的出质 ……………………………………… 77

第六章　著作权的保护

第一节　著作权的民事保护 …………………………………… 80
　　一、著作权侵权行为 …………………………………… 80
　　二、著作权民事案件的司法措施 ……………………… 82
　　三、著作权民事案件的管辖、证据和诉讼时效 ……… 85

第二节　著作权的行政保护 …………………………………… 87
　　一、承担行政责任的著作权侵权行为 ………………… 87
　　二、著作权侵权行为的行政处罚 ……………………… 88

第三节　著作权的刑事保护 …………………………………… 88
　　一、侵犯著作权罪 ……………………………………… 88
　　二、销售侵权复制品罪 ………………………………… 91

第七章　著作权的集体管理

第一节　著作权集体管理概述 ………………………………… 93
　　一、著作权集体管理的概念 …………………………… 93
　　二、著作权集体管理的有关权利 ……………………… 93
　　三、著作权集体管理活动 ……………………………… 93

第二节　著作权集体管理组织 ………………………………… 94
　　一、著作权集体管理组织的概念 ……………………… 94
　　二、著作权集体管理组织的设立 ……………………… 94

三、著作权集体管理组织的机构 ……………………………… 95

四、著作权集体管理组织的监督 ……………………………… 96

第三编　中国专利法律制度

第八章　专利权的创造 …………………………………………… 101

第一节　专利权的主体 …………………………………………… 101

一、专利权主体的概念 ……………………………………… 101

二、发明人或设计人 ………………………………………… 101

三、专利申请人 ……………………………………………… 103

四、专利权人 ………………………………………………… 105

五、外国人专利权主体 ……………………………………… 105

第二节　专利权的客体 …………………………………………… 105

一、发明 ……………………………………………………… 106

二、实用新型 ………………………………………………… 106

三、外观设计 ………………………………………………… 107

四、不授予专利权的客体 …………………………………… 108

第三节　专利权取得的实质条件 ………………………………… 113

一、发明和实用新型专利权取得的实质条件 ……………… 113

二、外观设计专利权取得的实质条件 ……………………… 124

第四节　专利权取得的形式条件 ………………………………… 131

一、专利申请 ………………………………………………… 131

二、专利审查 ………………………………………………… 148

三、专利授权 ………………………………………………… 155

第九章　专利权的运用 …………………………………………… 157

第一节　专利权的内容与限制 …………………………………… 157

一、专利权概述 ……………………………………………… 157

二、专利权的内容 …………………………………………… 158

三、专利权的限制 …………………………………………… 158

第二节　专利权的许可、转让与出质 …………………………… 161

一、专利权的许可 …………………………………………… 161

二、专利权的转让 …………………………………………… 164

三、专利权的出质 ……………………………………………… 165

第十章 专利权的保护 ……………………………………………… 176
第一节 专利权的保护范围 …………………………………… 176
一、专利权的保护范围概述 ……………………………………… 176
二、发明或实用新型专利权的保护范围 ………………………… 176
三、外观设计专利权的保护范围 ………………………………… 177
第二节 专利权的民事保护 …………………………………… 178
一、专利侵权行为 ………………………………………………… 178
二、专利权民事案件的特殊规则 ………………………………… 182
三、专利权民事案件的抗辩 ……………………………………… 188
第三节 专利权的行政保护 …………………………………… 191
一、承担专利权行政保护的部门 ………………………………… 191
二、专利侵权纠纷的处理 ………………………………………… 192
三、专利纠纷的调解 ……………………………………………… 195
四、假冒专利行为的查处 ………………………………………… 196
五、调查取证 ……………………………………………………… 199
第四节 专利权的刑事保护 …………………………………… 199
一、假冒专利罪的概念 …………………………………………… 199
二、假冒专利罪的构成要件 ……………………………………… 200
三、假冒专利罪的犯罪对象 ……………………………………… 200
四、假冒专利罪的认定 …………………………………………… 200
五、假冒专利罪的刑罚 …………………………………………… 200
六、假冒专利罪的量刑标准 ……………………………………… 200

第四编 中国商标法律制度

第十一章 商标权的创造 …………………………………………… 205
第一节 商标权的主体 ………………………………………… 205
一、商标权主体的概念 …………………………………………… 205
二、注册商标所有人 ……………………………………………… 205
三、未注册商标所有人 …………………………………………… 206
四、继受商标权人 ………………………………………………… 206

第二节　商标权的客体 … 207
一、商标的概念 … 207
二、商标的种类 … 208
三、商标的排除 … 210

第三节　商标权的取得 … 213
一、商标权取得的原则 … 213
二、商标权取得的实质条件 … 214
三、商标权取得的形式条件 … 215
四、驰名商标的认定 … 224

第十二章　商标权的运用 … 231

第一节　商标权的内容与限制 … 231
一、商标权的含义 … 231
二、商标权的内容 … 231
三、商标权的限制 … 233

第二节　商标权的许可、转让与出质 … 234
一、商标权的许可 … 234
二、商标权的转让 … 236
三、商标权的出质 … 238

第十三章　商标权的保护 … 242

第一节　商标权的民事保护 … 242
一、商标权侵权行为 … 242
二、商标权民事案件的司法措施 … 244
三、商标权民事案件的管辖和诉讼时效 … 247
四、商标权侵权民事案件的抗辩 … 248

第二节　商标权的行政保护 … 250
一、承担行政责任的商标违法行为 … 250
二、商标侵权行为的行政查处职权 … 250
三、商标违法行为的行政处理措施 … 251
四、商标违法行为的行政处理救济 … 251

第三节　商标权的刑事保护 … 251
一、假冒注册商标罪 … 251

二、销售假冒注册商标的商品罪 …………………………………… 254
　　三、非法制造、销售非法制造的注册商标标识罪 ………………… 255
第四节　驰名商标的特殊保护 ……………………………………………… 257
　　一、驰名商标的保护范围 …………………………………………… 257
　　二、驰名商标的保护期限 …………………………………………… 258
　　三、驰名商标的保护方式 …………………………………………… 258

第五编　其他知识产权法律制度

第十四章　制止不正当竞争权 ……………………………………………… 263
第一节　制止不正当竞争权的创造 ………………………………………… 263
　　一、制止不正当竞争权的主体 ……………………………………… 263
　　二、制止不正当竞争权的客体 ……………………………………… 263
　　三、制止不正当竞争权的取得 ……………………………………… 264
第二节　制止不正当竞争权的运用 ………………………………………… 266
　　一、制止不正当竞争权的内容和限制 ……………………………… 266
　　二、制止不正当竞争权的转让和许可 ……………………………… 267
第二节　制止不正当竞争权的保护 ………………………………………… 268
　　一、制止不正当竞争权的民事保护 ………………………………… 268
　　二、制止不正当竞争权的行政保护 ………………………………… 272
　　三、制止不正当竞争权的刑事保护 ………………………………… 273

第十五章　植物新品种权 …………………………………………………… 283
第一节　植物新品种权的创造 ……………………………………………… 283
　　一、植物新品种权的主体 …………………………………………… 283
　　二、植物新品种权的客体 …………………………………………… 284
　　三、植物新品种权的取得 …………………………………………… 284
第二节　植物新品种权的运用 ……………………………………………… 291
　　一、植物新品种权的内容和限制 …………………………………… 291
　　二、植物新品种权的转让和许可 …………………………………… 292
第三节　植物新品种权的保护 ……………………………………………… 293
　　一、植物新品种权的民事保护 ……………………………………… 293
　　二、植物新品种权的行政保护 ……………………………………… 296

三、植物新品种权的刑事保护 ……………………………………… 298

第十六章　集成电路布图设计专有权 …………………………………… 299
第一节　集成电路布图设计专有权的创造 ………………………… 299
一、集成电路布图设计专有权的主体 ……………………………… 299
二、集成电路布图设计专有权的客体 ……………………………… 300
三、集成电路布图设计专有权的取得 ……………………………… 300
第二节　集成电路布图设计专有权的运用 ………………………… 305
一、集成电路布图设计专有权的内容和限制 ……………………… 305
二、集成电路布图设计专有权的转让和许可 ……………………… 307
第三节　集成电路布图设计专有权的保护 ………………………… 307
一、集成电路布图设计专有权的民事保护 ………………………… 307
二、集成电路布图设计专有权的行政保护 ………………………… 309
三、集成电路布图设计专有权的刑事保护 ………………………… 310

参考文献 ………………………………………………………………… 311
一、著作论文 ………………………………………………………… 311
二、法律规范 ………………………………………………………… 312

第一编

中国知识产权法律制度总论

第一章　中国知识产权法律制度客体

第一节　知识产权的概念

1973年,中国国际贸易促进会代表团首次出席世界知识产权组织(WIPO)的领导机构会议,回国后所写的报告中,首次将 Intellectual Property 译为"知识产权"。中国法学界部分人士曾经在20世纪70年代至80年代初使用"智力成果权"一词,但自1986年《民法通则》颁行以后开始统一使用"知识产权"的称谓。❶

知识产权包括工业产权与版权("著作权")两部分。其中,工业产权中包含专利权、商标权、制止不正当竞争权等,版权中包含作者权与传播者权(即"邻接权"),制止不正当竞争权主要指专利权中无法包含的 Know-How 权、商标权中无法包含的禁止假冒他人商品外观的权利。

一、著作权的含义

中国一直沿袭20世纪初所采纳的大陆法系国家的立法理念而使用"著作权"的概念,但在中国1990年和2001年的《中华人民共和国著作权法》中均规定著作权与版权系同义语,对作者的经济权利和精神权利给予同等关注。❷ 由此,著作权包括经济权利和精神权利,是文学、艺术和科学作品的创作者对其所创作的作品享有的各项权利的总称。在理解著作权的这一含义时,应当注意把握以下要点:

(1) 著作权是作者首先享有的权利。著作权因作品而产生,而作品因作者的创作而完成,因此,保护著作权的宗旨首先在于作者的权利保护。由于印刷技术的产生和完善,当作者创作出作品并试图将作品加以传播时,作品的复制、传播极为迅捷,而作者对此却无能力加以控制。对此,法律负有保护作者权益的使命。

---

❶ 郑成思. 知识产权论[M]. 北京:法律出版社,2003:1.
❷ 曲三强. 现代知识产权法[M]. 北京:北京大学出版社,2009:107-108.

(2)著作权以作者对其作品的财产权利和精神权利为内容。作品的传播必然带来经济上的利益,所以著作权中包含有作者的经济权利。同时,作者还对作品享有精神权利,任何人未经其许可不得任意对作品进行删改或破坏作品的同一性。因此,著作权不同于一般的财产权和人身权,是精神权利和经济权利的聚合。

(3)著作权是一系列权利的总称。著作权不是一种单一的权利,而是包含了有关作者若干精神权利和经济权利的一系列权利的集合,如2001年《中华人民共和国著作权法》就明确列举了4种人身权和13种财产权。❶

著作权有广义和狭义之分,广义的著作权除了包括狭义上的作者就其作品所享有的权利以外,还包括作品传播者的权利,如出版者、表演者、录制者、播放者等对其在传播作品过程中的创造性劳动所享有的权利,这些权利被称为"邻接权"或"相关权"。

二、专利权的含义

中国"专利"一词很早就出现了。在《国语》中有"荣公好专利""匹夫专利,犹谓之盗"等用法,但其中的"专利"一词没有"公开""显著"之意,仅有独占、垄断之意。尽管如此,"专利"一词在中国大陆和台湾地区的使用已经相当广泛和久远,逐渐成为具有专门法律意义的概念。但在不同的条件下,"专利"一词具有四种不同的含义:

(1)专利是专利权的简称,即发明人或设计人或者其权利继受者将发明创造向国家专利主管机关提出专利申请,并按照审查程序要求将申请专利的发明创造公之于众,经依法审查合格后,享有在规定的时间内对其发明创造的独占实施权。

(2)专利是指受专利法保护的发明创造,即专利的客体。根据2008年《中华人民共和国专利法》第2条第1款,受专利法保护的发明创造包括发明、实用新型和外观设计。

(3)专利是指政府主管部门依据申请人申请而颁发的,说明被授予专利的发明创造是什么、专利权人是谁等用来保护该发明的文件,即专利证书。

(4)专利是指记载着授予专利权的发明创造之说明书及其摘要、权利要求书、表示外观设计的图片或照片等,即专利文献。

---

❶ 费安玲. 知识产权法案例教程[M]. 北京:知识产权出版社,2006:39-44.

三、商标权的含义

商标权有广义和狭义之分。广义上的商标权包括注册商标权和未注册商标权,狭义上的商标权仅指注册商标权。注册商标权与未注册商标权具有明显不同,注册商标权是专有使用权,其所有人可以禁止他人在同种或类似商品或服务上使用相同或近似的商标;而未注册商标权不是专有使用权,他人可以在同种或类似商品或服务上使用相同或近似的商标。但如果未注册商标经过长期使用达到了知名甚至驰名的程度,则该未注册商标权人可以禁止他人在同种或类似商品或服务上使用和注册相同或近似的商标(1993年《中华人民共和国反不正当竞争法》第5条,2013年《中华人民共和国商标法》第13条第2款)。

狭义的商标权的观点,即认为商标权仅指注册商标权而不包括未注册商标权,存在不准确、不完整的问题。这是因为,第一,商标的价值在于其所包含的商誉,而不在于其是否注册,所以注册商标连续三年不使用,任何人可以申请撤销(2013年《中华人民共和国商标法》第49条第2款);第二,商标所包含的商誉来自于商标的使用,而非商标的注册,所以通过使用产生的商标权并非注册商标权。❶ 因此,应当对商标权做广义的认识和理解,即认为商标权包括注册商标权和未注册商标权,是指注册所有人依法对其注册商标享有的专有权及未注册商标所有人在法律规定的条件下对未注册商标享有的专有权。

四、其他知识产权的含义

(一)制止不正当竞争权的含义

制止不正当竞争权又称为反不正当竞争权,是指市场经营者在工商业活动中制止他人违反诚实信用原则行为的权利。❷ 制止不正当竞争权的含义有广义和狭义之分,狭义的制止不正当竞争权仅限于制止假冒、虚假宣传、商业诋毁、侵犯商业秘密四种不正当竞争行为,广义的制止不正当竞争权则除了狭义的制止不正当竞争权以外,还涵盖著作权、专利权、商标权、植物新品种权、集成电路布图设计专有权,因为从制止不正当竞争的角度,著作权、专利权、商标权、植物新品种权、集成电路布图设计专有权都是各自领域的制止不正当竞争权。

(二)植物新品种权的含义

植物新品种权是指育种者对于植物新品种的生产方法及植物新品种所享有

---

❶ 吴汉东. 知识产权基本问题研究[M]. 北京:中国人民大学出版社,2005:568.
❷ 李明德. 知识产权法[M]. 北京:社会科学文献出版社,2007:96-97.

的独占权利。[1] 根据1997年《中华人民共和国植物新品种保护条例》第2条,植物新品种是指经过人工培育的或者对发现的野生植物加以开发,具备新颖性、特异性、一致性和稳定性,并有适当命名的植物品种,包括:农业植物新品种(如粮食、棉花、油料、麻类、糖料、蔬菜、烟草、桑树、茶树、干果以外的果树、草本观赏植物、草类、绿肥、草本药材、橡胶、食用菌等),林业植物新品种(如林木、竹、木质藤本、木本观赏植物、干果果树及木本油料、饮料、调料、木本药材等)。

(三)集成电路布图设计专有权的含义

集成电路布图设计专有权是指集成电路布图设计的权利人享有的对受保护的集成电路布图设计的全部或者其中任何具有独创性的部分进行复制,以及将受保护的集成电路布图设计、含有该布图设计的集成电路或者含有该集成电路的物品投入商业利用的独占权(2001年《集成电路布图设计保护条例》第7条)。其中,集成电路布图设计是指集成电路中至少有一个是有源元件的两个以上元件和部分或者全部互联线路的三维配置,或者为制造集成电路而准备的上述三维配置(2001年《集成电路布图设计保护条例》第2条)。

第二节　知识产权的特征

一、知识产权的总体特征

(一)无形性

知识产权的第一个,也是最重要的特点就是"无形"。这一特点把知识产权同一切有形财产及人们就有形财产享有的权利区分开。一台彩电,作为有形财产,其所有人行使权利转卖它、出借它或出租它,标的均是该彩电本身,即该有形物本身。一项专利权,作为无形财产,其所有人行使权利转让它时,标的可能是制造某种专利产品的"制造权",也可能是销售某种专利产品的"销售权",却不是专利产品本身。

"无形"这一特点,给知识产权的保护、贸易和研究带来了比有形财产在相同情况下复杂得多的问题。由于无形,使得知识产权所有人之外的使用人,因不慎而侵权的可能性大大高于有形财产的使用人,同时也使得知识产权权利人有可能"货许三家"或"一女两嫁"。例如,一项专利权的所有人,有可能把他的专

---

[1] 费安玲. 知识产权法教程[M]. 北京:知识产权出版社,2003:313.

利权同时卖给两个(乃至两个以上)的不同买主。也由于无形,作为知识产权客体的信息,不可能被单独占有,因而以占有或准占有为第一要件的民法上的"取得时效",就绝不可能适用于知识产权。还由于无形,研究知识产权必须接触、认识、了解和联系有形物,但同时又必须时刻注意不要将这些有形物与知识产权这种无形财产相混淆。例如,当画家出售他的一幅绘画作品时,有形物归了买主,除"展出权"之外的无形的版权仍在画家手中;当画家把画稿交给某杂志社发表时,绘画作品在特定杂志上的复制权许可给了杂志社,而画稿作为有形财产仍旧是画家的。

(二) 专有性

与有形财产权相比,强调知识产权的专有性有三个必要之处:第一,侵害有形物的专有财产权,一般须采取入他人之室、取他人之物等明显的违法行为;而侵害知识产权,只要没有法律依据或未经权利人许可而使用就构成。第二,有形财产权的专有,极少可能采用"分身法"处置有关标的;而知识产权的专有使用,则可能发生"货许三家"或"一女两嫁"的复杂情形。第三,知识产权尤其是其中的工业产权的专有性,具有完全不同于有形财产权的"排他性"。例如,两人分别搞出完全相同的发明,则在分别申请的情况下,只可能由其中一人获专利权。获专利权之人将有权排斥另一人将其自己搞出的发明许可或转让第三者,另一人只剩下"在先使用权"。

知识产权有时会"暂时"丧失专有性而进入公有领域,这也与物权不同。知识产权进入公有领域不可逆转,即不可再回到专有领域,这是一条基本原则,但也有例外情形,即发生从公有领域向专有领域的逆转。例如,商标权或专利权被错判无效,而后来又得到纠正,在错判到纠正之间,只能认为有关专有权"暂时进入公有领域"。

(三) 地域性

知识产权起源于封建社会的特权,当时只可能在发授这种特权的官员、君主或国家权力所及的地域内有效。封建社会被资本主义社会及社会主义社会代替后,知识产权不再是君主给的"特权",而成为依法产生的民事权利(或称"法权"),但"地域性"特点仍旧保留了下来。除知识产权一体化进程极快的地区(如欧盟)外,专利权、商标权、版权等知识产权,均只能依一定国家的法律产生,又只在其依法产生的地域内有效。

与有形财产权相比,知识产权具有完全不同的地域性特点。有形财产适用财产取得地法或物之所在地法,知识产权则适用权利登记地法或权利主张地法。例如,在中国拥有的手表,戴到英国后不会被当然地视为公共财产;而在中国申请并获得的专利,如果在外国未申请专利,其在外国将普遍处于公有领域。

(四)时间性

知识产权仅仅是随着实用技术及商品经济的发展,才"历史地"产生出的一种无形财产权。虽然"人类智力创作成果"是早在原始社会就存在的,但把这种成果作为一种专有权给予保护,只是封建社会中、后期的事。

"时间性"还有另一方面的含义,就是人们一般讲起的"法定时间性",即其价值的有效期。有形财产所有权以有关财产"标的"的存在为前提,如一张桌子如果被火烧成灰,其原所有权人就可能"无所有"了。而知识产权中的所有权,不以有关物的灭失为转移,但法律却断然限定它只在一定时间内有效。

对知识产权时间性的理解,应当注意:①知识产权保护期的有限性,因时代的不同而不同。如1963年的《中华人民共和国商标管理条例》规定注册商标的保护期没有限制;而中国现行商标法给予了限制。②知识产权保护期的确定性,因知识产权种类的不同而不同。如专利权、著作权的保护期是完全确定的,而商标权的保护期可以通过续展而变有限为无限。③某些知识产权的保护期没有限制,如地理标志、作品的署名权等,但这并不能否定知识产权的时间性。

(五)可复制性

知识产权之所以能成为财产权,是因为这些权利被利用后,能够体现在一定产品、作品或其他物品的复制活动上。作者的思想如果不体现在可复制的手稿上、录音上,就不成为一种财产权了,他人不可能因直接利用了他的"思想"而发生侵权。对专利权人也是一样,他的专利必须能体现在可复制的产品上,或是制造某种产品的新方法,或是新产品本身,否则无从判断何为"侵权"。

可复制性把知识产权与一般的科学、理论相区别。科学理论的创始人不能对自己的理论"专有",不能要求其他人经其同意后方借助他的理论去思考和处理问题。❶

二、著作权的特征

(一)"两权"一体性

著作权是"两权"一体的权利。所谓"两权",是指精神权利(不同于一般人身权)和经济权利(不同于一般财产权)。其中,著作权的经济权利包括复制权、演绎权、传播权等,著作权的精神权利包括作品署名权、保护作品完整权等。"两权"一体是著作权与其他知识产权的主要区别之一,专利权、商标权、制止不

---

❶ 郑成思. 知识产权论[M]. 北京:法律出版社,2003:63-76.

正当竞争权、植物新品种权、集成电路布图设计专有权等只包含经济权利,而不包含精神权利。

(二)相对排他性

著作权的排他性是相对的,即著作权的效力只是排斥那些对自己有独创性的作品未经许可的利用,但不能阻碍他人独自创作完成的与其相同或近似的作品也取得著作权。也就是说,就同样的表现形式的作品,允许两个以上的著作权存在。而专利权、商标权、植物新品种权、集成电路布图设计专有权等的排他性是绝对的,只要将一项权利授予某主体,则基本排除了其他有相同构思的主体享有相同权利的可能。[1]

理解著作权的相对排他性,有利于著作权人正当、正常和正确地行使自己的权利。例如,如果某作者发现某人的作品与其已公开发表的作品相同或近似,尚且无权阻止此人享有和行使其著作权,因为这种相同或近似有可能纯属巧合,只有收集到了此人抄袭或剽窃其作品的证据后,才能对其进行侵权指控,否则不仅会败诉,还可能构成对他人名誉权的侵害。[2] 1995年8月湖北省第一例楹联著作权纠纷就是这样一起案件。[3]

(三)自动取得

著作权自动取得,是指作品一旦创作完成,就自动获得著作权,而不论其是否发表,也无须履行任何手续。除著作权和商业秘密以外,其他类别的知识产权都需要依法办理相应的手续后才能取得。例如,专利权、商标权必须由申请人向法定机构提出申请,再由该机构依照法定程序进行形式或实质审查,只有那些符合法律规定的才会被授予相应的权利。

三、专利权的特征

(一)独占性

专利权的独占性表现为两个方面:第一,同样的发明创造只能被授予一项专利权。如两人出于巧合先后独立完成了相同的发明创造,而其中一人先申请并获得了专利权,则另一人不能获得专利权。即使因疏忽或者其他原因,相同的发明创造被授予了专利权,也会被宣告无效。即使一项专利权丧失了法律效力,相同的发明创造也不能取得专利权。第二,专利权被授予后,完全置于专利权人的

---

[1] 姜一春.知识产权法学[M].北京:科学出版社,2008:15.
[2] 曹新明.知识产权法[M].大连:东北财经大学出版社,2006:28-31.
[3] 刘国福,管建国.民商法典型案例解评[M].北京:法律出版社,1997:123-128.

控制之下,除法律另有规定的以外,任何单位或者个人未经专利权人许可,都不得实施其专利,即不得为生产经营目的制造、使用、许诺、销售、进口其专利产品或专利方法(2008年《中华人民共和国专利法》第11条)。

(二)公开性

发明人、设计人要想获得专利权,必须向社会公开其技术方案或设计。2008年《中华人民共和国专利法》对发明专利实行"早期公开、迟延审查"制度,申请专利的技术方案自申请起满18个月即会向社会公开,而此后该申请完全有可能因不符合新颖性、创造性或实用性的要求而被驳回,导致申请人既无法将该技术方案作为商业秘密保护,也无法再次就相同的技术方案申请专利。这种近乎苛刻的公开性是与专利权近乎绝对的独占性相适应的,法律要求发明创造人以向社会公开其技术方案来换取专利权。这样,其他人虽然不能未经许可实施受到专利保护的技术,但却可以从公开的技术方案中获得技术信息和启示,从而促进技术的进步与发展。

(三)法定性

专利权不能自动取得,而是基于专利申请人依据法律规定向国家专利机关提出专利申请,由国家专利机关依照法定程序进行审查,确认其符合法律规定的授权条件之后,才能被授予专利权。这一特征也是与专利权近乎绝对的独占性相适应的。如果不依法提出申请、接受审查、获取授权,无论多么重大的发明创造,都不能自然受到近乎绝对的独占性的专利保护,而是进入人人都可以随意使用的公共领域。如果专利权也像著作权那样在发明创造完成之时就自动产生,在无法确认技术方案能够对社会产生重大利益的情况下就使发明创造人获得近乎绝对的市场垄断权,无疑对他人和社会是不公平的。❶

四、商标权的特征

(一)相对永久性

商标权的时间性不同于著作权、专利权、植物新品种权、集成电路布图设计专有权,有效期届满可以进行续展注册。著作权、专利权、植物新品种权、集成电路布图设计专有权的时间性是绝对的,其保护期一旦届满就丧失权利,进入公有领域。而商标权人则可通过履行一定法律手续继续享有商标权,这就是续展。只要商标所有人需要继续使用其注册商标,就可以在有效期届满时申请续展,而且不受次数限制地续展下去,从而使商标权实际上成了一种永久权。当然

---

❶ 王迁. 知识产权法教程[M]. 北京:中国人民大学出版社,2007:327-329.

商标权人要获得这种永久权,就应依照法律规定及时提出续展申请,否则自动丧失商标权。正是由于商标权具有成为永久权的极大可能性和商标所有人不及时续展或续展不被核准从而丧失商标权的特征,才使它成为一种相对的永久权。

(二)效力范围较大

商标权具有不同于著作权、专利权等其他知识产权的较大的效力范围。著作权、专利权、商标权等知识产权都分为使用权和禁止权,其中著作权人、专利权人享有的禁止权不但不能超出其享有的使用权范围,而且还受到一定的限制,如合理使用、法定许可、强制许可等。而商标权有所不同,尽管商标权人有权禁止他人在相同或类似商品或服务上使用与其注册商标相同或近似的商标,但其本人却无权在类似商品或服务上使用相同或近似的商标,在相同商品或服务上使用近似的商标。

(三)权利基础不同

商标权产生的基础或前提与著作权、专利权等差别甚大。著作权、专利权等产生的前提和基础是创造作品、专利等智力成果,而商标权产生的基础和前提并不在于创作商标,而在于将商标与特定的商品或服务相联系。❶ 如果只注册了商标,而没有在商标与特定商品或服务之间建立起必要的联系,则该商标是没有权利可言的。2013年《中华人民共和国商标法》第44条规定,注册商标连续三年停止使用的,由商标局责令限期改正或者撤销其注册商标。商标与特定商品或服务之间的联系媒介,是"商誉"。商标中只有包含了一定商誉,才具有法律保护的价值,否则只是一个空壳。商标之商誉,来自于对商标的使用,来自于使用商标的商品或服务的质量,来自于对商标以及商品或服务的宣传。

五、其他知识产权的特征

(一)制止不正当竞争权的特征

(1)无期限性。从行为发生的角度来说,由于假冒、虚假宣传、商业诋毁、侵犯商业秘密四种不正当竞争行为的发生是没有时间性的,所以制止不正当竞争权不应当具有期限性。再从权利客体的角度来说,假冒、虚假宣传、商业诋毁所侵犯的知识产权客体主要是未注册商标、商业外观、地理标志,再加上商业秘密,这些权利客体本身都没有时间性,因而制止不正当竞争权不应当具有期限性。

---

❶ 刘春田. 知识产权法[M]. 北京:中国人民大学出版社,2006:274-276.

制止不正当竞争权的无期限性是知识产权之时间性的例外。

(2)兜底性。从制止不正当竞争的角度来说,所有类别的知识产权都属于制止不正当竞争权,那么著作权法、专利法、商标法、植物新品种权保护法、集成电路布图设计专有权保护法属于反不正当竞争法的特别法,而反不正当竞争法则属于知识产权一般法,除了对狭义的制止不正当竞争权的保护做出列举性规定以外,还规定广义的制止不正当竞争权保护的一般性原则,即对知识产权提供兜底性保护,凡知识产权特别法没有规定的,都由反不正当竞争法予以调整。

(二)植物新品种权的特征

(1)期限受客体影响。植物新品种权的客体是生物遗传信息,在其遗传过程中不可避免地存在着变异,需要进行定时的检查测试。当发现因为发生遗传变异而不再符合授权时的条件要求,且权利人又不能恢复授权时的特征时,将提前终止或者取消该植物新品种权。换言之,植物新品种权的存在期限除了受法律规定的期限约束以外,还要受权利客体——生物信息遗传变异的影响。

(2)以生物材料为前提。植物新品种权以生物遗传信息为客体,而生物遗传信息不能脱离生命而存在,即植物新品种权以具有生命活力的物质载体——生物材料的存在为前提。首先,植物新品种权的特异性、一致性和稳定性测试以候选的植物品种的活体——活的植株为测试对象;其次,植物新品种权内容(生产或繁殖、为繁殖而进行的调整等)的实施和履行也同样需要活的植物载体的存在。❶

(三)集成电路布图设计专有权的特征

(1)法定性。对集成电路布图设计专有权的保护,除英国和瑞典外,绝大多数国家都实行登记保护制度,在具备一定的法定条件、履行一定的法定手续后才能获得相应的法律保护。这一点与专利权类似,但条件更低一些,手续更简单一些。

(2)相对排他性。集成电路布图设计专有权人一般不能排除他人取得和使用其独立创作的相同或近似的集成电路布图设计,即法律允许存在两个独立创作的相同或近似的集成电路布图设计专有权。这一点与著作权类似,但对独创性的要求更高一些。❷

(3)表现形式的有限性。集成电路布图设计的表现形式受到电路参数、实

---

❶ 侯仰坤. 植物新品种权保护问题研究[M]. 北京:知识产权出版社,2007:346-349.
❷ 宁立志. 知识产权法[M]. 武汉:武汉大学出版社,2006:432-434.

物产品尺寸、工艺技术水平、半导体材料结构和杂质分布等技术因素和物理规律的限制,其开发不得不遵循共同的技术和设计原则,有时甚至采用相同的线宽和电路单元。因此在某些场合,不同的集成电路布图设计之间的差异并不明显,往往只是个别器件或线路的微小变化。❶

---

❶ 刘文.集成电路布图设计的知识产权性质和特点[J].法商研究,2001(5).

第二章 中国知识产权法律制度历史

第一节 中国著作权法律制度史

一、新中国成立前著作权法律制度史

中国著作权制度是伴随着帝国主义的经济掠夺和文化侵略,由西方国家引入的。1910年晚清政府为了履行中国签订的《中美续议通商行船条约》的义务,颁布了中国第一部著作权法——《大清著作权律》,开始了著作权保护的历史。1915年北洋军阀控制下的民国政府颁布了《著作权法》,该法基本上照抄《大清著作权律》。1928年国民党政府颁布了《著作权法》及《著作权法实施细则》,并于1944年、1949年作了两次修正。现今在我国台湾地区施行的《著作权法》就是在这部法律的基础上经过四次修正后确定的。

二、新中国成立后著作权法律制度史

(一)新中国成立后第一部著作权法

中华人民共和国自成立时起到1990年没有正式颁布过《著作权法》,当时对著作权的保护主要是依靠文化部、广播电视部所颁布的一些规定和条例。

1979年中国开始起草版权法,历经11年,修改了25稿,直到1990年第七届全国人大常委会第15次会议才通过了《中华人民共和国著作权法》,并于1991年6月1日正式实施,同年6月3日又颁布了《中华人民共和国著作权法实施条例》,开创了中国著作权保护的新纪元。

(二)中国著作权法第一次修订

随着中国经济、科学、文化的发展,尤其是中国加入世界贸易组织从而全面实行《与贸易有关的知识产权协议》(TRIPS协议),1990年《中华人民共和国著作权法》已经不能完全适应需要,其修订迫在眉睫。

1998年11月28日,国务院向全国人大常委会提交了《中华人民共和国著

作权法修正案(草案)》,提请审议。几经周折,终于在2001年10月27日经全国人大常委会第24次会议审议通过了《全国人大常务委员会关于修改〈中华人民共和国著作权法〉的决定》,并于同日公布施行。这次修订涉及面很广,修改、增加、删减的条款共达50多处。总的来看,修订后的《中华人民共和国著作权法》主要是从以下几个方面得到了完善。

(1)在适用范围上,明确给予外国人、无国籍人以国民待遇原则,实行"中外无别",达到内外平衡。

(2)扩大了著作权的保护范围。新著作权法增加了对杂技艺术作品、建筑作品和模型性作品的保护;将"电影、电视、录像作品"扩大为"电影作品和以类似摄制电影的方法创作的作品";首次涉及对类似数据库等汇编作品的保护。

(3)完善了著作权的内容。新著作权法将著作权人的权能扩展为17项,增加规定了出租权、放映权、信息网络传播权,并拓宽了表演权的内容。

(4)增加了对版式设计权保护的内容。新著作权法明确规定"出版者有权许可或禁止他人使用其出版的图书、期刊的版式设计"。

(5)增加了著作权转让的规定。原著作权法仅规定了著作权的许可使用,没有对著作权的转让作出规定。随着市场经济的发展,著作财产权的转让是不可避免的,因此新《中华人民共和国著作权法》第10条第3款规定:"著作权人可以全部或者部分转让本条第1款第(5)项至第(17)项规定的权利,并依照约定或者本法有关规定获得报酬。"明确增加了著作权可以转让的内容。

(6)缩小了合理使用他人作品的范围。过去一些原本属于合理使用他人作品的行为,新的著作权法中做了进一步的限制性规定。例如,将原《中华人民共和国著作权法》第22条第4项:"报纸、期刊、广播电台、电视台刊登或者播放其他报纸、期刊、广播电台、电视台已经发表的社论、评论员文章",改为"报纸、期刊、广播电台、电视台等媒体刊登或者播放其他报纸、期刊、广播电台、电视台等媒体已经发表的关于政治、经济、宗教问题的时事性文章,但作者声明不许刊登、播放的除外"。

(7)增加了为编写出版教科书使用他人作品的法定许可。

(8)增加了著作权集体管理组织的规定。新《中华人民共和国著作权法》规定:"著作权人和与著作权有关的权利人可以授权著作权集体管理组织行使著作权或者与著作权有关的权利。著作权集体管理组织被授权后,可以以自己的名义为著作权人和与著作权有关的权利人主张权利,并可以作为当事人进行涉及著作权或者与著作权有关的权利的诉讼、仲裁活动。"

(9)加强了对著作权的法律保护。增加了著作权人诉前财产、证据保全制度;明确了侵权赔偿的法定数额;在举证责任上,规定了侵权责任人的举证责任;加重了对损害社会公共利益的侵权行为的行政处罚力度。

(三)中国著作权法第二次修订

2010年2月26日,第十一届全国人民代表大会常务委员会第十三次会议通过《关于修改〈中华人民共和国著作权法〉的决定》,完成对著作权法的第二次修订,自2010年4月1日起施行,即现行的著作权法。这次修订的内容较少,仅有两项:

(1)鉴于2009年3月20日WTO专家组对中美知识产权争端的最终裁决,依据《伯尔尼公约》第5条和TRIPS协议第9条的规定,将著作权法第四条由"依法禁止出版、传播的作品,不受本法保护。著作权人行使著作权,不得违反宪法和法律,不得损害公共利益。",修改为:"著作权人行使著作权,不得违反宪法和法律,不得损害公共利益。国家对作品的出版、传播依法进行监督管理。"

(2)鉴于《中华人民共和国物权法》和相关司法解释中均有著作权质押及其登记的规定,与之相呼应,著作权法增加一条,作为第26条:"以著作权出质的,由出质人和质权人向国务院著作权行政管理部门办理出质登记。"

第二节 中国专利法律制度史

一、新中国成立前专利法律制度史

(一)近代中国有关专利的法律思想

长期以来,中国缺乏促进发明创造活动的动因,不可能自发产生有关专利的法律思想。中国历史上出现过许多发明创造,其中不少属于震撼世界的大作,但当时的封建统治者没有采取任何保护和鼓励措施,发明创造仅是个人的私事,因此没有也不可能促成科技成果的商品化,以及发明创造的产业化。究其原因,与中国几千年来的集权统治和传统文化密切相关。在一个商品经济不发达、科学技术落后且视其为雕虫小技的国家,统治集团不可能自觉地创立适于市场经济体制的专利制度,也不可能以法律手段保护科学技术的发展。

直到19世纪中叶以后,西方专利思想才传入中国。清末,受西方经济、军事、思想等方面的影响,一些吸收了西方先进思想的仁人志士开始思考中国在科学技术方面落后的原因。1859年太平天国总理大臣洪仁玕在《资政新篇》中主张:"尚有能造火轮事,一日夜能行七八千里者,准自专其利,限满准他人仿做。"

尽管太平天国并没有把这一思想付诸实施,但这是中国第一次以文字形式将专利制度的思想表述出来告知民众。此后,改良思想家郑观应在1873年出版的《救时揭要》一书的"论中国轮船进止大略"一文中指出:"如朝廷有示体恤商贾,任天下之人自造轮船,尤能制一奇巧之物,于国家有益者,则赏其顶戴,限其自造多少年数,然后别人方能造。"后郑观应又在其《易言》一书的"论机器"一文中就西方专利制度做了介绍:"至于泰西定例:凡能别出新裁制一奇器,有益于国计民生者,则必赏以职衔,照会各邦,载于和约,限以年数,准其独造,期满之后,别人乃得仿效。故创始者既获美名,又收厚利。无怪其苦心孤诣,斗巧争奇。中国能踵而行之,未始非振作人才之道也。"

（二）中国专利法律制度的萌芽时期

中国专利制度萌芽于光绪二十二年（1898年）,以《振兴工艺给奖章程》为标志。1911年11月12日,民国政府公布了《奖励工艺品暂行章程》,使专利制度得以延续发展。1912年,北洋政府工商部制定了《奖励工艺品暂行章程》。根据该章程,有关发明或改良的制造品经工商部审核合格始予以奖励,但如饮食品、医药品、妨害公序良俗的发明或改良以及有相同制品申请在先者除外。凡获奖励者发给褒状,并自颁发执照之日起5年内享有专卖该制品的权利。仿造受奖励制品或者伪称其产品为受奖励制品者将被处以刑事处罚。1923年,工商部修订了《奖励工艺品暂行章程》,将奖励范围作了适当调整:仅限于首先发明或改良之物或方法,或应用外国成法制造物品者,其中应用外国成法制造者仅可获得褒奖;不授予专利的范围增加了因公共利益须普及者;专利的保护期分为3年和5年两种;且只有"中华民国"国民可享有受奖励之权利。

1928年,国民政府颁布了《奖励工业品暂行条例》,并废止先前颁布的有关奖励章程。后又于1932年颁布了《奖励工业技术暂行条例》,并先后于1939年及1941年对该条例进行了修订。直到1944年5月才颁布了中国第一部《专利法》。该法共有4章8节133条,并附实施细则51条。该法规定的保护对象为:①发明,即凡新发明具有工业价值者,依本法得申请专利,其专利期间为15年;②新型,即凡对于物品之形状、构造或装置,首先创作,合于实用之新型者,依本法得申请专利,其专利期间为10年;③新式样,即凡对于物品之形状、花纹或色彩,首先作适于美感之新式样者,依本法得申请专利,其专利期间为5年。该法还对专利申请、专利申请的审查、专利的实施、专利费用的交纳、损害赔偿及诉讼等作了详细规定。❶

---

❶ 李瑞. 知识产权法[M]. 广州:华南理工大学出版社,2006:26-29.

二、新中国成立后专利法律制度史

（一）新中国成立后第一部专利法

中华人民共和国成立后，中央人民政府政务院于1950年8月批准公布了《保障发明权与专利权暂行条例》。同年10月，政务院财政经济委员会又公布了该条例的施行细则。按照该条例规定，发明人原则上可以对其发明自愿申请发明权或专利权，但对有关国防的发明，有关与群众生产、生活有密切关系的发明及职务发明等，国家只颁发发明证书而不颁发专利证书；对制造化学物质的方法，既可以发给发明证书，也可以发给专利证书；对依化学方法直接获得物质，不发放任何一种证书。被授予发明权的发明，其实施处分权归国家所有，发明人只能得到奖金、奖章、奖状、勋章或荣誉学位等，但经中央主管部门审批后，发明人有权要求在发明物品上表明发明人姓名或其他特殊名称，而专利权人对专利发明享有独占权。发明权和专利权的期间为3~15年不等，具体期限由批准机关确定。截止到1963年的13年间，总共只批准了4项专利权和6项发明权。1963年，国务院颁布了《发明奖励条例》，同时废止了《保障发明权与专利权暂行条例》，实行单一的发明权制度，不再有专利权制度存在。但到1983年，共计只对640项发明给予了奖励。❶

党的十一届三中全会以后，为了适应改革开放和经济建设的需要，建立专利制度提上了国家的议事日程。1979年签订的《中美高能物理协定》和《中美贸易协定》，也要求中国对包括专利权在内的知识产权给予保护。到了1980年，国务院批准成立了"中国专利局"，由此加快了专利法的起草工作。专利法的起草历时5年，经过二十多次修改。在1984年3月12日举行的第六届全国人民代表大会常务委员会第四次会议上，审议通过了新中国第一部专利法，于1985年4月1日起施行。新中国第一部专利法参考世界各国的专利制度和有关的国际条约，并考虑中国的实际情况规定了对于发明、实用新型和外观设计的保护，规定了授予专利权的实质要件、专利的申请和审查程序、专利权的无效程序和侵权的法律救济等，还考虑了中国即将加入《保护工业产权巴黎公约》的前景，体现了国民待遇、优先权和专利独立等三大原则。❷

新中国成立后第一部专利法的实施极大地鼓励了中国各单位和个人的发明创造积极性，专利申请量连年大幅度增长，促进了经济的发展。专利法的实施也

---

❶ 吴观乐. 专利代理实务[M]. 北京：知识产权出版社，2007：6-7.
❷ 李明德. 知识产权法[M]. 北京：社会科学文献出版社，2007：190.

吸引外国大量的专利申请,为中国吸引外资和引进技术创造了良好的法律环境。专利法实施当年仅9个月,中国专利局共受理三种专利申请14000多件,其中发明专利申请8500多件。此后专利申请量以每年平均23%的速度上升,1991年三种专利申请量超过50000件。但此间发明专利申请量增长较慢,1991年仅为11000多件。至1991年年底,中国专利局已累计受理专利申请接近210000件,批准专利超过80000件。❶

(二)中国专利法第一次修订

为了深化改革、扩大开放和履行在中美知识产权谅解备忘录中的承诺,1991年开始着手中国专利法的第一次修订。1992年9月4日,第七届全国人大常委会第27次会议已通过《关于修改〈中华人民共和国专利法〉的决定》,新修订的专利法自1993年1月1日起施行。这次修订的内容主要包括以下几点:

(1)扩大专利保护的范围,对食品、饮料、调味品、药品和用化学方法获得的物质给予专利保护;

(2)增设了本国优先权,对发明和实用新型给予12个月的本国优先权,以平衡相应的外国优先权;

(3)强化专利权的保护力度,增加了对进口权的保护,并将方法专利的保护效力延及依照该专利方法直接获得的产品;

(4)调整审批程序,将授权前的异议程序改为授权后的撤销程序,缩短了专利审查和授权的时间;

(5)延长专利保护期限,发明专利的保护期由15年延长至20年,实用新型和外观设计的保护期由最长8年延长至10年;

(6)对"申请文件修改不得超范围"做出具体规定:发明和实用新型不得超出原说明书和权利要求书记载的范围,外观设计不得超出原图片或者照片表示的范围;

(7)扩大专利复审委员会的复审权限和范围,将专利局撤销或者维持专利权的决定列入复审权限和范围;

(8)对专利权被宣告无效的后续事宜做出安排和规定:宣告专利权无效的决定在一般情况下不具有追溯力,但专利权人恶意的、明显违反公平原则的除外;

(9)完善强制许可制度,增加一种强制许可的情形:在国家出现紧急状态或非常情况时,或者为了公共利益的目的,可以给予实施发明或实用新型专利的强

---

❶ 吴观乐. 专利代理实务[M]. 北京:知识产权出版社,2007:7.

制许可；

(10) 在发生侵权纠纷时,将产品制造方法举证责任倒置的情形,由全部而限定为新产品的制造方法,以防止和减少专利权的滥用;

(11) 完善违法处罚制度,增加对冒充行为的处罚规定:由专利管理机关责令停止,公开更正,并处以罚款。

中国专利法的第一次修订于1992年9月4日经第七届全国人大常委会第27次会议通过,从1993年1月1日起施行。这次修订进一步加快了专利事业的发展,最为明显的是专利申请量逐年急剧上升。1993年三种专利申请量达到77000多件,其中发明专利申请接近20000件,比1992年增长了36%,冲破了前几年停滞不前的状态。此后几年,三种专利申请量每年以约10%的速度上升,其中发明专利申请的增长速度高出约1.4个百分点。至1999年年底,国家知识产权局累计受理专利申请超过710000件,批准专利超过410000件。❶

(三) 中国专利法第二次修订

为了适应建立社会主义市场经济体制尤其是加入世界贸易组织(WTO)的需要,1999年着手中国专利法的第二次修订。2000年8月25日,第九届全国人大常委会第17次会议已通过《关于修改〈中华人民共和国专利法〉的决定》,新修订的专利法自2001年7月1日起施行。这次修订的内容主要体现在以下几个方面：

(1) 进一步明确和完善了行政执法的原则、权限、义务和责任。设置国务院专利行政部门和地方人民政府管理专利工作的部门,并明确其职责分工;规定了国务院专利行政部门及其专利复审委员会的四项处理原则:客观,公正,准确,及时;取消了专利管理机关责令侵权人赔偿损失的权限,增加了对假冒他人专利查处的权限;规定了国务院专利行政部门做出强制许可决定后的通知等义务,以及不得参与向社会推荐专利产品等经营活动的义务和违法责任。

(2) 进一步加大对专利权的保护力度。增设专利产品及依照专利方法直接获得的产品的许诺销售权;将"推广应用"的范围缩小为仅限于发明专利;明确了专利权的生效日期:自公告之日起生效;增加了专利国际申请、即发侵权和诉前禁令以及发明专利公布后至授权前要求支付使用费的诉讼时效的规定;规定了侵权赔偿数额的确定办法:首先按权利人损失或侵权所获利益确定,其次参照许可使用费的倍数确定;改变了对善意侵权的规定,变"不视为侵权"为"不承担赔偿责任"。

---

❶ 吴观乐. 专利代理实务[M]. 北京：知识产权出版社,2007：7.

(3) 实行平等保护,并尊重当事人意思自治的权利。取消专利权依单位所有制不同分为"持有"和"所有"的规定,明确国有企事业单位在申请和获得专利权方面与其他经济成分享有同样的权利和义务;区分两类不同的职务发明创造,其中利用本单位的物质技术条件所完成的发明创造,对权利归属的约定优先;改"转让合同登记生效"为"转让行为登记生效"。

(4) 取消了撤销程序,并规定不符合专利复审委员会有关实用新型和外观设计专利的复审决定和无效宣告请求审查决定均可以向人民法院起诉,从而简化、完善了专利审批和维权程序,维护了当事人的合法权益。

(5) 规定了有关方面的义务,包括专利代理机构守法、守约、保密等义务,专利侵权纠纷涉及的实用新型专利人出具由国务院专利行政部门做出的检索报告的义务,外观设计不得与他人在先取得的合法权利相冲突的义务。

中国专利法的第二次修订于 2000 年 8 月 25 日经第九届全国人大常委会第 17 次会议通过,从 2001 年 7 月 1 日起施行。这次修订再次激发了广大群众申请专利的热情,2001—2006 年三种专利申请总量分别增长 19.3%、24.1%、22.1%、14.7%、34.6% 和 20.3%,其中发明专利申请量分别增长 22.1%、26.9%、31.3%、23.6%、33.2% 和 21.4%。这说明专利法的不断修订、完善,促使中国专利事业更健康、更迅速地发展。❶

(四) 中国专利法第三次修订

自 2000 年第二次修订专利法以来,国际国内形势发生了很大变化。首先,国务院制定了《国家知识产权战略纲要》,要求进一步加强对专利权的保护,激励自主创新,促进专利技术的实施,推动专利技术向现实生产力转化,缩短转化周期。其次,WTO 多哈部长级会议通过了《关于 TRIPS 与公共健康的宣言》,WTO 总理事会通过了《修改 TRIPS 议定书》,允许 WTO 成员突破 TRIPS 的限制,在规定条件下给予实施药品专利的强制许可。再次,《生物多样性公约》对利用专利制度保护遗传资源做了规定,中国作为遗传资源大国,需要行使该公约赋予的权利。❷ 因此,为了更好适应国际国内形势的发展,加强对专利权的保护,行使中国参加的国际公约赋予的权利,2005 年 4 月开始启动对专利法进行第三次修订。❸ 2008 年 12 月 27 日,经过第三次修订的《中华人民共和国专利法》在第

---

❶ 吴观乐. 专利代理实务[M]. 北京:知识产权出版社,2007:8.

❷ 中国人大网:《专利法修正案草案全文及说明》,2008 年 8 月 29 日,http://www.npc.gov.cn/huiyi/lfzt/zlfxzaca/2008-08/29/content_1447395.htm。

❸ 国家知识产权局. 关于征求对《中华人民共和国专利法修订草案》(征求意见稿)意见的通知. 2006.

十一届全国人民代表大会常务委员会第六次会议上通过,于2009年10月1日起施行,即现行专利法。中国专利法的第三修订,主要体现在以下几个方面:

(1)专利授权标准由"相对新颖性"提高到"绝对新颖性"。修订前的《中华人民共和国专利法》采用的授权标准是"相对新颖性"标准。所谓"相对新颖性",是指申请专利的发明创造,如果没有在国内外公开发表过,同时也没有在国内公开使用过或者以其他方式为公众所知,那么就符合"相对新颖性"标准,可以被授予专利权。所谓"绝对新颖性",是指申请专利的发明创造不属于现有技术,不为国内外公众所知,才能达到授权的新颖性标准,才可以被授予专利权。修订之前的《中华人民共和国专利法》之所以采用"相对新颖性"标准,主要是考虑到改革开放之初中国发明创造总体水平与发达国家相比仍有一定差距,需要引进和吸收国外的虽已通过使用而在国外公知但却不为国内公众所知的技术。随着中国经济社会的发展,特别是伴随着经济全球化和网络技术的突飞猛进,对在国外被公开使用或以其他方式为国外公众所知的发明创造,如果仍然根据"相对新颖性"标准授予其专利权,不仅会导致中国的专利质量不高,同时,更会严重妨害国内企业自由地、免费地利用国外的这些公有技术。

(2)对专利权的保护力度大幅提升。首先,为了加强对外观设计专利的保护,赋予了外观设计专利权人许诺销售权。许诺销售是以广告、商店货架或展销会会场陈列等方式做出的销售商品的许诺。其次,大幅提高了法定赔偿标准。修订之前的《中华人民共和国专利法》没有对专利侵权的法定赔偿数额做出具体规定,最高人民法院2001年《关于审理专利纠纷案件适用法律问题的若干规定》指出,如果权利人的损失、侵权人获得的利益或专利许可使用费均难以确定,那么法院可以根据专利权的类别、侵权的性质和情节等因素一般在5000元以上30万元以下确定赔偿数额,最多不得超过50万元。这次修订不仅对法定赔偿问题做出了明确规定,还将法定赔偿数额提高了一倍,即法院在适用法定赔偿时,应该根据案件的具体情况在1万元以上100万元以下确定具体的赔偿数额。再次,对权利人为制止侵权所支付的合理开支问题做出了明确规定。修订之前的《中华人民共和国专利法》没有对权利人为制止侵权所支付的合理开支问题做出规定,这次修订明确规定赔偿数额应当包括权利人为制止侵权所支付的合理开支,包括权利人因诉讼所发生的律师费、调查取证等费用。

(3)专利侵权诉讼程序大幅简化,由"五审"结案精简到"两审"结案。根据修订之前的《中华人民共和国专利法》,如果全部程序都走下来,专利侵权之诉需要经过五个程序,即:民事一审、专利复审委员会无效审、行政一审、行政二审、民事二审,这样复杂、漫长的程序对原被告双方都极为不利。为了有效简化诉讼程序,中国在这次《中华人民共和国专利法》修订中重点借鉴了日本的有关立法经验,增加了涉及现有技术抗辩的有关规定。根据修订后的《中华人民共和国专利法》第62条之规定,在专利侵权纠纷中,如果被告有证据证明他所实施的技术属于现有技术,可以直接向民事一审法院提出现有技术抗辩,民事一审法院直接做出判断即可,那么他就不必再到专利复审委员会请求宣告专利权无效,更不必再进行行政一审程序、行政二审程序。从"五审"结案到"两审"结案,程序大为简化。

(4)增加了对遗传资源的保护。《生物多样性公约》确立了遗传资源保护的三原则,即:国家主权原则、知情同意原则和惠益分享原则。中国作为世界上最大的发展中国家,为了有效保护丰富的特有遗传资源,采用国际上的一些立法惯例,在《中华人民共和国专利法》第5条中增加了保护遗传资源的原则性规定,即对违反法律、行政法规的规定获取或利用遗传资源,并依赖该遗传资源完成的发明创造不授予专利权。为了保障上述原则得到具体实现,使其具有更强的可操作性,这次修订还在专利申请程序中,增加规定了遗传资源来源的披露程序。根据修订后的《中华人民共和国专利法》第26条的规定,对依赖遗传资源完成的发明创造,申请人应当在专利申请文件中说明该遗传资源的直接来源和原始来源;申请人无法说明原始来源的,应当陈述理由。

除了上述四项内容之外,还有诸如专利共有、强制许可、平行进口、假冒专利、行政执法、专利代理、诉前证据保全等方面的内容,均有较大幅度的补充和修订。由于第三次《中华人民共和国专利法》修订是我们在没有外部压力条件下的完全主动的修订,同时也由于立法者、实务界和学界的共同努力,确保了这次修订更加符合知识产权保护的规律和中国的基本国情,因此这次修订必然会对保护专利权人的合法权益、鼓励发明创造、推动发明创造的应用、提高创新能力、促进科技进步和经济社会发展等产生积极而深远的影响。❶

第三节 中国商标法律制度史

一、新中国成立前商标法律制度史

根据已发现的实物,至少在800年前,中国就有了以文字和图案相结合的商标。在北宋时期,山东济南府就有一家专门出售手工细针的"刘家老铺",其门

---

❶ 尹锋林. 中国《专利法》第三次修改的主要内容及其意义[J]. 学习论坛,2010(1):78-80.

口有一尊石刻的白兔,在其细针的包装纸上印有白兔图案和"兔儿为记"的文字。图案中心是一只白兔,上面写着"济南刘家功夫针铺",两侧写着"认门前白兔为记",下面写着"收买上等钢条造功夫细针,不误宅院使用,客转与贩别有加饶,请记白"。这是中国目前发现的图形设计较为完善的最早的商标。到了宋元时期,商业性标记越来越显著和完备。有的用文字、有的用图形、有的用图案与文字的结合作为商标,而且用纸印刷。

中国商标出现和使用虽然很早,但旧中国由于长期停留在自然经济占主导地位的封建社会,商品经济一直未获得充分发展,因而商标的作用未能充分发挥,中国的商标制度较迟才出现。直到1904年,清朝政府受到西方资本主义的影响,才颁布了中国第一部商标法——《商标注册试办章程》。该章程由英国人赫德起草,在帝国主义控制下的海关执行,其第20条明文规定了"领事裁判权",使中国丧失了主权。1923年北洋政府和1930年国民党政府先后颁布《商标法》及《商标法施行细则》,1937年国民党政府又对商标法进行了修正。旧中国的商标法带有浓厚的半殖民地色彩,致使在相当长的时间内,中国市场上洋货泛滥,外国商标充斥,中国商标所占的比重很小,如1928—1934年有注册商标约24000件,其中外国商标占68%。

二、新中国成立后商标法律制度史

(一)新中国成立后第一部商标法

1950年7月,中央人民政府政务院颁布了《商标注册暂行条例》,这是新中国第一部商标法规。该条例一方面保护注册商标的专用权,维护了商品生产者与经营者的正当利益,扶持了中国民族工商业的发展;另一方面,从根本上否定了帝国主义在中国的商标特权,清除了商标领域中的混乱现象。因而,它在中国商标保护历史上具有重要的意义。

1963年,国务院颁布了《商标管理条例》,中央工商行政管理局同时发布了该条例的施行细则和沿用至1989年的《商品分类表》。该条例规定了商标的全面注册原则;通过商标管理监督商品质量。但是,该条例没有明确规定对商标专用权的保护。因此,在这一阶段,与其说是对商标的保护,不如说是对商标的管理。

中国历史上第一部保护商标的基本性法律——《中华人民共和国商标法》于1982年8月23日获得全国人大常委会通过,自1983年3月1日起正式实施。1983年3月10日,国务院又颁布了《中华人民共和国商标法实施细则》。该法明确规定了商标注册制度实行自愿原则,并以保护商标专用权为核心,反映了商标法律保护制度的基本要求。这是在总结新中国成立以来实践经验的基础上,参照国际惯例,适应改革开放和经济建设的需要,中国系统制定的第一部知识产权法律。

(二)中国商标法前两次修订

1993年,在总结商标法实施10年经验的基础上,考虑到中国社会经济状况的变化,全国人大常委会通过了《关于修订〈中华人民共和国商标法〉的决定》。经过修订的商标法加强了对商标权的保护力度,加重了对侵权人的处罚力度,扩大了商标保护范围。

2001年,为了适应中国市场经济制度的发展和加入世界贸易组织的新形势,第九届全国人民代表大会常务委员会第24次会议对《中华人民共和国商标法》进行了第二次修订。此次修订对原《中华人民共和国商标法》做了全面调整,对绝大部分条款都做了修改:

(1)在主体方面,允许自然人申请注册商标,这与国际上其他国家的做法一致;允许商标权共有,扩大了商标权人自行处分权利的自由度。

(2)在保护对象方面,新商标法允许立体商标申请注册,并将色彩组合商标、证明商标、集体商标等直接写入商标法,扩大了商标法保护的范围;就地理标志、官方标志、驰名商标等作了专门规定,使法律更具可操作性。

(3)在注册制度方面,新商标法更加强调诚信原则,坚决拒绝恶意"抢注",强调保护在先权利,为解决有关权属纠纷提供了途径;专门将多年来根据《巴黎公约》一直实施的优先权制度作了明确规定,使优先权在商标法上的名分得以确立。

(4)在对侵犯商标权的行为的认定和处罚方面,新商标法重新界定了侵犯商标权的行为,对过去的一些模糊区域做出了明确规定,引入了法定赔偿制度,将诉讼法中的保全制度用来解决即发侵权行为,所有这些都为商标权人的利益提供了更为严格的保护。❶

(三)中国商标法第三次修订

随着社会经济发展,商标的作用越来越大,2001年商标法已经难以完全适应国内外实践尤其是国内实践需要,针对商标注册、使用、保护等方面所突出存在的主要问题,为了充分发挥商标制度在实施国家知识产权战略、转变经济发展方式等方面的重要作用,第十二届全国人民代表大会常务委员会第四次会议于2013年8月30日通过《关于修改〈中华人民共和国商标法〉的决定》,完成对商标法第三次修订,自2014年5月1日起施行,即现行商标法。中国商标法的第

---

❶ 李瑞. 知识产权法[M]. 广州:华南理工大学出版社,2006:26-29.

三次修订,主要体现在以下几个方面:

1. 为方便申请人注册商标进行的修改

(1)完善商标注册异议制度。一是限定提出异议的主体和理由,可以提出异议的主体由任何人改为认为这一商标注册申请侵犯了其已存在权利的在先权利人或者利害关系人,据以提出异议的理由限定为商标法规定的可能损害这一商标注册申请前已经存在的在先权利,其他人可以依法在商标获得注册后申请宣告该注册商标无效。二是简化程序,删除了商标局对商标异议进行审查做出裁定的环节,规定商标局对商标注册异议进行审查后直接做出准予或者不予注册的决定。对商标局认为异议不成立、准予注册的,异议人可以请求宣告该注册商标无效;对商标局认为异议成立、不予注册的,被异议人可以申请复审。对无效宣告决定或者复审决定,当事人不服的,还可以依法提起诉讼。

(2)为方便申请人注册商标进行的其他修改。一是增加可以注册的商标要素,规定声音、通过使用取得显著特征的单一颜色等可以作为商标注册;二是明确"一标多类"申请方式,规定申请人可以通过一份申请就多个类别的商品申请注册同一商标;三是增加审查意见书制度,规定商标局在审查过程中可以向申请人发送《审查意见书》,要求申请人对其商标申请做出说明或者修正。

2. 为维护公平竞争的市场秩序进行的修改

(1)明确对驰名商标实行个案认定、被动保护。一是无论是否已经注册,驰名商标所有人均可以依法在一定范围内禁止他人注册、使用与该驰名商标相同或者近似的商标。二是驰名商标应当根据当事人的请求,作为处理涉及商标案件需要认定的事实进行认定。

(2)禁止抢注因业务往来等关系明知他人已经在先使用的商标。与他人具有合同、业务往来关系或者其他关系明知他人商标存在,而将他人在先使用的商标申请注册的,不予注册。

(3)禁止将他人商标用作企业字号。将他人驰名商标、注册商标作为企业名称中的字号使用,误导公众,构成不正当竞争行为的,依照《中华人民共和国反不正当竞争法》处理。

3. 为加强商标专用权保护进行的修改

(1)增加应承担法律责任的侵犯注册商标专用权行为种类。故意为侵权提供便利条件,帮助他人实施侵犯商标专用权行为的,属于侵犯注册商标专用权行为。

(2)增加惩罚性赔偿的规定,提高侵权赔偿额。一方面,对恶意侵犯商标专用权、情节严重的,可以在权利人因侵权受到的损失、侵权人因侵权获得的利益或者注册商标使用许可费的1~3倍的范围内确定赔偿数额。另一方面,将在上述三种依据都无法查清的情况下法院可以酌情决定的法定赔偿额上限从50万元提高到300万元。

(3)减轻权利人举证负担。人民法院为确定赔偿数额,在权利人已经尽力举证,而与侵权行为相关的账簿、资料主要由侵权人掌握的情况下,可以责令侵权人提供与侵权行为相关的账簿、资料;侵权人不提供或者提供虚假的账簿、资料的,人民法院可以参考权利人的主张和提供的证据判定侵权赔偿数额。❶

第四节 中国制止不正当竞争法律制度史

一、新中国成立前制止不正当竞争法律制度史

中国约在公元前21世纪就出现了简单的商品交易活动,并产生了交易规则。

在奴隶社会,据《周礼》记载,国家设置了管理市场与交易规则的官职,对市场交易活动进行管理。

进入封建社会,国家进一步加强了市场管理。秦汉时期,公布市场规则,建立商业标志;隋唐时期,设立"市署",对交易活动进行管理,包括物价、产品质量管理,并禁止垄断市场;宋元时期,建立行会,设立"市易会",限制大商人垄断市场,保护中小商贩的利益;明清时期,规定经商应领取执照。

1914年民国政府颁布《商人通例》,规定"业经注册之商号,如有他人冒用或以类似之商号为不正当竞争者,该商号商人得呈请禁止其使用,并得请求损害赔偿。"1928年颁布的刑法规定,对伪造商标商号、散布流言或以诈术损害他人的信用以及窃取商业秘密的行为要追究刑事责任。1937年,民国政府又制定了《商业登记法》。新民主主义革命时期,在我党领导下的革命根据地和解放区,实行了一系列经济政策,加强市场管理,禁止价格垄断,保证商业自由。

二、新中国成立后制止不正当竞争法律制度史

中华人民共和国成立初期,政府运用行政和经济手段打击不法资本家囤积

---

❶ 周伯华. 关于《中华人民共和国商标法修正案(草案)》的说明. 中国人大网. http://www.npc.gov.cn/wxzl/gongbao/2013-11/25/content_1823283.htm.

居奇、哄抬物价和投机倒把的活动。1978年党的十一届三中全会以后,中国开始实行对外开放和经济体制改革,竞争机制在社会主义经济发展中的积极作用被逐步认识。1980年国务院发布《关于开展和保护社会主义的竞争的暂行规定》,肯定了竞争对于现代化建设的重要作用,提出了反对垄断和不正当竞争的问题。随着经济体制改革的深化和对外开放的扩大,为适应社会主义市场经济发展的客观需要,中国陆续制定了若干法律法规,对市场竞争规则作了某些规定。诸如,1987年国务院相继发布的《价格管理条例》《广告管理条例》,1988年发布的《关于清理整顿公司的决定》,1993年全国人大常委会先后通过的《中华人民共和国产品质量法》《关于惩治生产、销售伪劣商品犯罪的决定》。但是上述法律法规和政策性文件一是不系统,对许多不正当竞争行为没有明令禁止;二是没有明确规定制止不正当竞争的执法机关;三是法律责任不明确和不具体。因此,迫切需要制定一部全国统一实施的反不正当竞争法。❶

1987年,国务院法制局和国家工商行政管理局、国家体改委等7个部门组成联合小组,开始起草制止不正当竞争法。最初草案题为《禁止垄断和不正当竞争条例》,1989年立法意图发生了改变,草案中的反垄断部分被去掉,名称改为《制止不正当竞争条例》。1991年年底,全国人大常委会立法规划将反不正当竞争法列为需加快制定的经济立法项目。1992年,党的十四大提出要发展社会主义市场经济,基于市场经济与竞争的密切联系,反不正当竞争法出台的迫切性增强。同时,1992年1月17日中美订立了《关于保护知识产权的谅解备忘录》,中国承诺将制止侵犯商业秘密的行为,于1993年7月1日前向立法机关提交有关议案。这些因素加快了反不正当竞争法的颁行。1993年9月2日,《中华人民共和国反不正当竞争法》通过,于同年12月1日起施行。

此后,国家工商行政管理总局、最高人民法院又颁布了一系列制止不正当竞争的行政规章和司法解释。国家工商行政管理总局颁布的行政规章主要包括:《关于制止有奖销售活动中不正当竞争行为的若干规定》《关于禁止仿冒知名商品特有的名称、包装、装潢的不正当竞争行为的若干规定》《关于禁止侵犯商业秘密行为的若干规定》《关于解决商标与企业名称中若干问题的意见》《关于禁止商业贿赂行为的规定》《关于禁止串通招标投标行为的暂行规定》《驰名商标认定与管理暂行规定》等。2007年1月12日,最高人民法院颁布了《关于审理不正当竞争民事案件应用法律若干问题的解释》,自2007年2月1日起施行,为制止不正当竞争的司法实践提供法律依据。

---

❶ 达庆东,吴桂琴.知识产权法概论[M].上海:上海医科大学出版社,1997:202-203.

第三章　中国知识产权法律制度环境

第一节　国家知识产权战略

国务院于2008年6月5日以国发〔2008〕18号文印发《国家知识产权战略纲要》,国务院办公厅于2014年12月10日以国办发〔2014〕64号文印发《深入实施国家知识产权战略行动计划(2014—2020年)》,其主要内容如下:

一、战略目标

到2020年,把中国建设成为知识产权创造、运用、保护和管理水平较高的国家。知识产权法治环境进一步完善,创造、运用、保护和管理知识产权的能力显著增强,知识产权意识深入人心,自主知识产权的水平和拥有量能够有效支撑创新型国家建设,知识产权制度对经济发展、文化繁荣和社会建设的促进作用充分显现。具体如下:

(一)知识产权创造水平显著提高

知识产权拥有量进一步提高,结构明显优化,核心专利、知名品牌、版权精品和优良植物新品种大幅增加。形成一批拥有国外专利布局和全球知名品牌的知识产权优势企业。

(二)知识产权运用效果显著增强

市场主体运用知识产权参与市场竞争的能力明显提升,知识产权投融资额明显增加,知识产权市场价值充分显现。知识产权密集型产业增加值占国内生产总值的比重显著提高,知识产权服务业快速发展,服务能力基本满足市场需要,对产业结构优化升级的支撑作用明显提高。

(三)知识产权保护状况显著改善

知识产权保护体系更加完善,司法保护主导作用充分发挥,行政执法效能和市场监管水平明显提升。反复侵权、群体侵权、恶意侵权等行为受到有效制裁,知识产权犯罪分子受到有力震慑,知识产权权利人的合法权益得到有力保障,知识产权保护社会满意度进一步提高。

(四)知识产权管理能力显著增强

知识产权行政管理水平明显提高,审查能力达到国际先进水平,国家科技重大专项和科技计划实现知识产权全过程管理。重点院校和科研院所普遍建立知识产权管理制度。企业知识产权管理水平大幅提升。

(五)知识产权基础能力全面提升

构建国家知识产权基础信息公共服务平台。知识产权人才队伍规模充足、结构优化、布局合理、素质优良。全民知识产权意识显著增强,尊重知识、崇尚创新、诚信守法的知识产权文化理念深入人心。

二、专项任务

(一)专利

(1)以国家战略需求为导向,在生物和医药、信息、新材料、先进制造、先进能源、海洋、资源环境、现代农业、现代交通、航空航天等技术领域超前部署,掌握一批核心技术的专利,支撑中国高技术产业与新兴产业发展。

(2)制定和完善与标准有关的政策,规范将专利纳入标准的行为。支持企业、行业组织积极参与国际标准的制定。

(3)完善职务发明制度,建立既有利于激发职务发明人创新积极性,又有利于促进专利技术实施的利益分配机制。

(4)按照授予专利权的条件,完善专利审查程序,提高审查质量,防止非正常专利申请。

(5)正确处理专利保护和公共利益的关系。在依法保护专利权的同时,完善强制许可制度,发挥例外制度作用,研究制定合理的相关政策,保证在发生公共危机时,公众能够及时、充分获得必需的产品和服务。

(二)商标

(1)切实保护商标权人和消费者的合法权益。加强执法能力建设,严厉打击假冒等侵权行为,维护公平竞争的市场秩序。

(2)支持企业实施商标战略,在经济活动中使用自主商标。引导企业丰富商标内涵,增加商标附加值,提高商标知名度,形成驰名商标。鼓励企业进行国际商标注册,维护商标权益,参与国际竞争。

(3)充分发挥商标在农业产业化中的作用。积极推动市场主体注册和使用商标,促进农产品质量提高,保证食品安全,提高农产品附加值,增强市场竞争力。

(4)加强商标管理。提高商标审查效率,缩短审查周期,保证审查质量。尊重市场规律,切实解决驰名商标、著名商标、知名商品、名牌产品、优秀品牌的认定等问题。

(三)版权

(1)扶持新闻出版、广播影视、文学艺术、文化娱乐、广告设计、工艺美术、计算机软件、信息网络等版权相关产业发展,支持具有鲜明民族特色、时代特点作品的创作,扶持难以参与市场竞争的优秀文化作品的创作。

(2)完善制度,促进版权市场化。进一步完善版权质押、作品登记和转让合同备案等制度,拓展版权利用方式,降低版权交易成本和风险。充分发挥版权集体管理组织、行业协会、代理机构等中介组织在版权市场化中的作用。

(3)依法处置盗版行为,加大盗版行为处罚力度。重点打击大规模制售、传播盗版产品的行为,遏制盗版现象。

(4)有效应对互联网等新技术发展对版权保护的挑战。妥善处理保护版权与保障信息传播的关系,既要依法保护版权,又要促进信息传播。

(四)商业秘密

引导市场主体依法建立商业秘密管理制度。依法打击窃取他人商业秘密的行为。妥善处理保护商业秘密与自由择业、涉密者竞业限制与人才合理流动的关系,维护职工合法权益。

(五)植物新品种

(1)建立激励机制,扶持新品种培育,推动育种创新成果转化为植物新品种权。支持形成一批拥有植物新品种权的种苗单位。建立健全植物新品种保护的技术支撑体系,加快制订植物新品种测试指南,提高审查测试水平。

(2)合理调节资源提供者、育种者、生产者和经营者之间的利益关系,注重对农民合法权益的保护。提高种苗单位及农民的植物新品种权保护意识,使品种权人、品种生产经销单位和使用新品种的农民共同受益。

(六)特定领域知识产权

(1)完善地理标志保护制度。建立健全地理标志的技术标准体系、质量保证体系与检测体系。普查地理标志资源,扶持地理标志产品,促进具有地方特色的自然、人文资源优势转化为现实生产力。

(2)完善遗传资源保护、开发和利用制度,防止遗传资源流失和无序利用。协调遗传资源保护、开发和利用的利益关系,构建合理的遗传资源获取与利益分享机制。保障遗传资源提供者知情同意权。

(3)建立健全传统知识保护制度。扶持传统知识的整理和传承,促进传统知识发展。完善传统医药知识产权管理、保护和利用协调机制,加强对传统工艺的保护、开发和利用。

(4)加强民间文艺保护,促进民间文艺发展。深入发掘民间文艺作品,建立民间文艺保存人与后续创作人之间合理分享利益的机制,维护相关个人、群体的合法权益。

(5)加强集成电路布图设计专有权的有效利用,促进集成电路产业发展。

(七)国防知识产权

(1)建立国防知识产权的统一协调管理机制,着力解决权利归属与利益分配、有偿使用、激励机制以及紧急状态下技术有效实施等重大问题。

(2)加强国防知识产权管理。强化国防知识产权战略实施组织管理,加快国防知识产权政策法规体系建设。将知识产权管理纳入国防科研、生产、经营及装备采购、保障和项目管理各环节,增强对重大国防知识产权的掌控能力。发布关键技术指南,在武器装备关键技术和军民结合高新技术领域形成一批自主知识产权。建立国防知识产权安全预警机制,对军事技术合作和军品贸易中的国防知识产权进行特别审查。规范国防知识产权权利归属与利益分配,促进形成军民结合高新技术领域自主知识产权。

(3)促进国防知识产权有效运用。完善国防知识产权保密解密制度,促进知识产权军民双向转化实施。在确保国家安全和国防利益基础上,促进国防知识产权向民用领域转移。鼓励民用领域知识产权在国防领域运用,引导优势民用知识产权进入军品科研生产领域。

(八)知识产权基础工程

(1)知识产权信息服务工程。推动专利、商标、版权、植物新品种、地理标志、民间文艺、遗传资源及相关传统知识等各类知识产权基础信息公共服务平台互联互通,逐步实现基础信息共享。知识产权基础信息资源免费或低成本向社会开放,基本检索工具免费供社会公众使用,提高知识产权信息利用便利度。指导有关行业建设知识产权专业信息库,鼓励社会机构对知识产权信息进行深加工,提供专业化、市场化的知识产权信息服务,满足社会多层次需求。

(2)知识产权调查统计工程。开展知识产权统计监测,全面反映知识产权的发展状况。逐步建立知识产权产业统计制度,完善知识产权服务业统计制度,明确统计范围,统一指标口径,在新修订的国民经济核算体系中体现知识产权内容。

三、重点措施

(一)完善知识产权法律制度

(1)进一步完善知识产权法律法规。及时修订专利法、商标法、著作权法等知识产权专门法律及有关法规。研究修订反不正当竞争法、知识产权海关保护条例、植物新品种保护条例等法律法规。适时做好遗传资源、传统知识、民间文艺和地理标志等方面的立法工作。完善对外贸易、科技、国防等方面法律法规中有关知识产权的规定。研究制定防止知识产权滥用的规范性文件,合理界定知识产权的界限,防止知识产权滥用,维护公平竞争的市场秩序和公众合法权益。加强知识产权立法的衔接配套,增强法律法规可操作性。建立健全知识产权保护长效机制,加大对侵权行为的惩处力度。

(2)加快知识产权法制建设。建立适应知识产权特点的立法机制,提高立法质量,加快立法进程。加强知识产权立法前瞻性研究,做好立法后评估工作。增强立法透明度,拓宽企业、行业协会和社会公众参与立法的渠道。加强知识产权法律修改和立法解释,及时有效回应知识产权新问题。研究制定知识产权基础性法律的必要性和可行性。

(3)健全知识产权执法和管理体制。加强司法保护体系和行政执法体系建设,发挥司法保护知识产权的主导作用,提高执法效率和水平,强化公共服务。深化知识产权行政管理体制改革,形成权责一致、分工合理、决策科学、执行顺畅、监督有力的知识产权行政管理体制。

(4)强化知识产权在经济、文化和社会政策中的导向作用。加强产业政策、区域政策、科技政策、贸易政策与知识产权政策的衔接。制定适合相关产业发展的知识产权政策,促进产业结构的调整与优化;针对不同地区发展特点,完善知识产权扶持政策,培育地区特色经济,促进区域经济协调发展;建立重大科技项目的知识产权工作机制,以知识产权的获取和保护为重点开展全程跟踪服务;健全与对外贸易有关的知识产权政策,建立和完善对外贸易领域知识产权管理体制、预警应急机制、海外维权机制和争端解决机制。加强文化、教育、科研、卫生等政策与知识产权政策的协调衔接,保障公众在文化、教育、科研、卫生等活动中依法合理使用创新成果和信息的权利,促进创新成果合理分享;保障国家应对公共危机的能力。

(二)促进知识产权创造运用

(1)运用财政、金融、投资、政府采购政策和产业、能源、环境保护政策,引导和支持市场主体创造和运用知识产权。强化科技创新活动中的知识产权政策导向作用,坚持技术创新以能够合法产业化为基本前提,以获得知识产权为追求目标,以形成技术标准为努力方向。完善国家资助开发的科研成果权利归属和利益分享机制。将知识产权指标纳入科技计划实施评价体系和国有企业绩效考核体系。逐步提高知识产权密集型商品出口比例,促进贸易增长方式的根本转变和贸易结构的优化升级。

(2)推动企业成为知识产权创造和运用的主体。促进自主创新成果的知识产权化、商品化、产业化,引导企业采取知识产权转让、许可、质押等方式实现知识产权的市场价值。充分发挥高等学校、科研院所在知识产权创造中的重要作用。选择若干重点技术领域,形成一批核心自主知识产权和技术标准。鼓励群众性发明创造和文化创新,促进优秀文化产品的创作。

(3)建立以企业为主体、市场为导向、产学研相结合的自主知识产权创造体系。引导企业在研究开发立项及开展经营活动前进行知识产权信息检索。支持企业通过原始创新、集成创新和引进消化吸收再创新,形成自主知识产权,提高把创新成果转变为知识产权的能力。支持企业等市场主体在境外取得知识产权。引导企业改进竞争模式,加强技术创新,提高产品质量和服务质量,支持企业打造知名品牌。

(4)引导支持创新要素向企业等市场主体集聚。促进高等学校、科研院所的创新成果向企业转移,推动企业知识产权的应用和产业化,缩短产业化周期。深入开展各类知识产权试点、示范工作,全面提升知识产权运用能力和应对知识产权竞争的能力。鼓励和支持市场主体健全技术资料与商业秘密管理制度,建立知识产权价值评估、统计和财务核算制度,制订知识产权信息检索和重大事项预警等制度,完善对外合作知识产权管理制度。鼓励市场主体依法应对涉及知识产权的侵权行为和法律诉讼,提高应对知识产权纠纷的能力。

(5)推动知识产权密集型产业发展。更加注重知识产权质量和效益,优化产业布局,引导产业创新,促进产业提质增效升级。面向产业集聚区、行业和企业,实施专利导航试点项目,开展专利布局,在关键技术领域形成一批专利组合,构建支撑产业发展和提升企业竞争力的专利储备。加强专利协同运用,推动专利联盟建设,建立具有产业特色的全国专利运营与产业化服务平台。建立运行高效、支撑有力的专利导航产业发展工作机制。完善企业主导、多方参与的专利协同运用体系,形成资源集聚、流转活跃的专利交易市场体系,促进专利运营业态健康发展。发布战略性新兴产业专利发展态势报告。鼓励有条件的地区发展区域特色知识产权密集型产业,构建优势互补的产业协调发展格局。建设一批知识产权密集型产业集聚区,在产业集聚区推行知识产权集群管理,构筑产业竞争优势。鼓励文化领域商业模式创新,加强文化品牌开发和建设,建立一批版权交易平台,活跃文化创意产品传播,增强文化创意产业核心竞争力。

(6)服务现代农业发展。加强植物新品种、农业技术专利、地理标志和农产品商标创造运用,促进农业向技术装备先进、综合效益明显的现代化方向发展。扶持新品种培育,推动育种创新成果转化为植物新品种权。以知识产权利益分享为纽带,加强种子企业与高校、科研院所的协作创新,建立品种权转让交易公共平台,提高农产品知识产权附加值。增加农业科技评价中知识产权指标权重。提高农业机械研发水平,加强农业机械专利布局,组建一批产业技术创新战略联盟。大力推进农业标准化,加快健全农业标准体系。建立地理标志联合认定机制。推广农户、基地、龙头企业、地理标志和农产品商标紧密结合的农产品经营模式。

(三)强化知识产权保护措施

(1)修订惩处侵犯知识产权行为的法律法规,加大司法惩处力度。提高权利人自我维权的意识和能力。降低维权成本,提高侵权代价,有效遏制侵权行为。

(2)完善知识产权审判体制,优化审判资源配置,简化救济程序。研究设置统一受理知识产权民事、行政和刑事案件的专门知识产权法庭。研究适当集中专利等技术性较强案件的审理管辖权问题,按照关于设立知识产权法院的方案,为知识产权法院的组建与运行提供人财物等方面的保障和支持,探索建立知识产权上诉法院。进一步健全知识产权审判机构,充实知识产权司法队伍,提高审判和执行能力。

(3)加强知识产权刑事司法保护。加大对侵犯知识产权犯罪案件的侦办力度,对重点案件挂牌督办。坚持打防结合,将专项打击逐步纳入常态化执法轨道。加强知识产权行政执法与刑事司法衔接,加大涉嫌犯罪案件移交工作力度。依法加强对侵犯知识产权刑事案件的审判工作,加大罚金刑适用力度,剥夺侵权人再犯罪能力和条件。

(4)加强知识产权司法解释工作。针对知识产权案件专业性强等特点,建立和完善司法鉴定、专家证人、技术调查等诉讼制度,完善知识产权诉前临时措施制度。改革专利和商标确权、授权程序,研究专利无效审理和商标评审机构向准司法机构转变的问题。

(5)加强重点领域知识产权行政执法。有计划、有重点地开展知识产权行政执法专项行动,重点查办跨区域、大规模、重复性和群体性侵权案件,加大对民生、重大项目和优势产业等领域侵犯知识产权行为的打击力度。加强执法协作、侵权判定咨询与纠纷快速调解工作。加强大型商业场所、展会知识产权保护。督促电子商务平台企业落实相关责任,督促邮政、快递企业完善并执行收寄验视制度,探索加强跨境贸易电子商务服务的知识产权监管。加强对视听节目、文学、游戏网站和网络交易平台的版权监管,规范网络作品使用,严厉打击网络侵权盗版,优化网络监管技术手段。开展国内自由贸易区知识产权保护状况调查,探索在货物生产、加工、转运中加强知识产权监管,依法加强国内自由贸易区知识产权执法。加大知识产权海关执法力度,加强知识产权边境保护,依法严厉打击进出口货物侵权行为;充分利用海关执法国际合作机制,打击跨境知识产权违法犯罪行为,发挥海关在国际知识产权保护事务中的影响力;创新并适时推广国内自由贸易区知识产权海关保护模式。

(6)加强知识产权行政执法信息公开。贯彻落实《国务院批转全国打击侵犯知识产权和制售假冒伪劣商品工作领导小组〈关于依法公开制售假冒伪劣商品和侵犯知识产权行政处罚案件信息的意见(试行)〉的通知》(国发〔2014〕6号),扎实推进侵犯知识产权行政处罚案件信息公开,震慑违法者,同时促进执法者规范公正文明执法。将案件信息公开情况纳入打击侵权假冒工作统计通报范围并加强考核。探索建立与知识产权保护有关的信用标准,将恶意侵权行为纳入社会信用评价体系,向征信机构公开相关信息,提高知识产权保护社会信用水平。

(7)推进知识产权纠纷社会预防与调解工作。探索以公证的方式保管知识产权证据及相关证明材料,加强对证明知识产权在先使用、侵权等行为的保全证据公证工作。开展知识产权纠纷诉讼与调解对接工作,依法规范知识产权纠纷调解工作,完善知识产权纠纷行业调解机制,培育一批社会调解组织,培养一批专业调解员。

(8)推进软件正版化工作。贯彻落实《国务院办公厅关于印发政府机关使用正版软件管理办法的通知》(国办发〔2013〕88号),巩固政府机关软件正版化工作成果,进一步推进国有企业软件正版化。完善软件正版化工作长效机制,推动软件资产管理、经费预算、审计监督、年度检查报告、考核和责任追究等制度落到实处,确保软件正版化工作常态化、规范化。

(四)提高知识产权管理水平

(1)制定并实施地区和行业知识产权战略。加强知识产权行政管理,根据经济社会发展需要,县级以上人民政府可设立相应的知识产权行政管理机构;充实知识产权行政管理队伍,加强业务培训,提高人员素质。建立知识产权预警应急机制,发布重点领域的知识产权发展态势报告,对可能发生的涉及面广、影响大的知识产权纠纷、争端和突发事件,制订预案,妥善应对,控制和减轻损害。扶持符合经济社会发展需要的自主知识产权创造与产业化项目。

(2)完善知识产权审查及登记制度,加强管理和能力建设,优化程序和方式,提高质量和效率,降低行政成本,提高知识产权公共服务水平。完善知识产权申请与审查制度,完善专利审查快速通道,建立商标审查绿色通道和软件著作权快速登记通道。在有关考核评价中突出专利质量导向,加大专利质量指标评价权重。加强专利审查质量管理,完善专利审查标准。加强专利申请质量监测,加大对低质量专利申请的查处力度。优化专利审查方式,稳步推进专利审查协作中心建设,提升专利审查能力。优化商标审查体系,建立健全便捷高效的商标审查协作机制,完善商标审查标准,提高商标审查质量和效率。提高植物新品种测试能力,完善植物新品种权审查制度。

(3)构建国家基础知识产权信息公共服务平台。建设高质量的专利、商标、版权、集成电路布图设计、植物新品种、地理标志等知识产权基础信息库,加快开发适合中国检索方式与习惯的通用检索系统。健全植物新品种保护测试机构和保藏机构。建立国防知识产权信息平台。指导和鼓励各地区、各有关行业建设符合自身需要的知识产权信息库。促进知识产权系统集成、资源整合和信息共享。

(4)强化科技创新知识产权管理。加强国家科技重大专项和科技计划知识产权管理,促进高校和科研院所知识产权转移转化。落实国家科技重大专项和科技计划项目管理部门、项目承担单位等知识产权管理职责,明确责任主体。将知识产权管理纳入国家科技重大专项和科技计划全过程管理,建立国家科技重大专项和科技计划完成后的知识产权目标评估制度。探索建立科技重大专项承担单位和各参与单位知识产权利益分享机制。开展中央级事业单位科技成果使用、处置和收益管理改革试点,促进知识产权转化运用。完善高校和科研院所知识产权管理规范,鼓励高校和科研院所建立知识产权转移转化机构。

(5)实施重大经济活动知识产权评议。建立健全重大经济活动知识产权审议制度,针对重大产业规划、政府重大投资活动等开展知识产权评议。加强知识产权主管部门和产业主管部门间的沟通协作,制定发布重大经济活动知识产权评议指导手册,提高知识产权服务机构评议服务能力。推动建立重大经济活动知识产权评议制度,明确评议内容,规范评议程序。引导企业自主开展知识产权评议工作,规避知识产权风险。

(6)引导企业加强知识产权管理。引导企业提高知识产权规范化管理水平,加强知识产权资产管理,促进企业提升竞争力。建立知识产权管理标准认证制度，引导企业贯彻知识产权管理规范。建立健全知识产权价值分析标准和评估方法，完善会计准则及其相关资产管理制度，推动企业在并购、股权流转、对外投资等活动中加强知识产权资产管理。制定知识产权委托管理服务规范，引导和支持知识产权服务机构为中小微企业提供知识产权委托管理服务。

（五）推进知识产权文化建设

(1)建立政府主导、新闻媒体支撑、社会公众广泛参与的知识产权宣传工作体系。完善协调机制，制定相关政策和工作计划，推动知识产权的宣传普及和知识产权文化建设。

(2)将知识产权内容全面纳入国家普法教育和全民科学素养提升工作，提高全社会知识产权意识。广泛开展知识产权普及型教育。在精神文明创建活动和国家普法教育中增加有关知识产权的内容。在全社会弘扬以创新为荣、剽窃为耻，以诚实守信为荣、假冒欺骗为耻的道德观念，形成尊重知识、崇尚创新、诚信守法的知识产权文化。

(3)将知识产权内容纳入学校教育体系，建立若干知识产权宣传教育示范学校。在高等学校开设知识产权相关课程，将知识产权教育纳入高校学生素质教育体系。制定并实施全国中小学知识产权普及教育计划，将知识产权内容纳入中小学教育课程体系。

（六）促进知识产权服务业发展

(1)大力发展知识产权服务业，扩大服务规模、完善服务标准、提高服务质量，推动服务业向高端发展。培育知识产权服务市场，形成一批知识产权服务业集聚区。

(2)完善知识产权中介服务管理，建立诚信信息管理、信用评价和失信惩戒等诚信管理制度。建立健全知识产权服务标准规范，加强对服务机构和从业人员的监管。规范知识产权评估工作，提高评估公信度。

(3)建立知识产权中介服务执业培训制度，加强中介服务职业培训，规范执业资质管理。明确知识产权代理人等中介服务人员执业范围，研究建立相关律师代理制度。完善国防知识产权中介服务体系。大力提升中介组织涉外知识产权申请和纠纷处置服务能力及国际知识产权事务参与能力。

(4)充分发挥行业协会的作用，加强知识产权服务行业自律。支持行业协会开展知识产权工作，促进知识产权信息交流，组织共同维权。加强政府对行业协会知识产权工作的监督指导。

(5)充分发挥技术市场的作用，构建信息充分、交易活跃、秩序良好的知识产权交易体系。简化交易程序，降低交易成本，提供优质服务。

（6）培育和发展市场化知识产权信息服务，满足不同层次知识产权信息需求。鼓励社会资金投资知识产权信息化建设，鼓励企业参与增值性知识产权信息开发利用。

（7）鼓励开展知识产权金融服务。支持银行、证券、保险、信托等机构广泛参与知识产权金融服务，鼓励商业银行开发知识产权融资服务产品。完善知识产权投融资服务平台，引导企业拓展知识产权质押融资范围。引导和鼓励地方人民政府建立小微企业信贷风险补偿基金，对知识产权质押贷款提供重点支持。通过国家科技成果转化引导基金对科技成果转化贷款给予风险补偿。增加知识产权保险品种，扩大知识产权保险试点范围，加快培育并规范知识产权保险市场。

（七）加强知识产权人才队伍建设

（1）建立部门协调机制，统筹规划知识产权人才队伍建设。加快建设国家和省级知识产权专业人才信息网络平台，深入开展百千万知识产权人才工程，建立面向社会的知识产权人才库，依托海外高层次人才引进计划引进急需的知识产权高端人才。

（2）建设若干国家知识产权人才培养基地。加快建设高水平的知识产权师资队伍。设立知识产权二级学科，支持有条件的高等学校设立知识产权硕士、博士学位授予点。大规模培养各级各类知识产权专业人才，重点培养企业急需的知识产权管理和中介服务人才。将知识产权内容纳入学校教育课程体系，建立若干知识产权宣传教育示范学校。

（3）制定培训规划，推动建设知识产权协同创新中心。广泛开展以党政领导干部、公务员、企事业单位管理人员、专业技术人员、文学艺术创作人员、教师等为重点的知识产权培训。将知识产权内容全面纳入国家普法教育和全民科学素养提升工作。

（4）完善吸引、使用和管理知识产权专业人才相关制度，优化人才结构，促进人才合理流动。结合公务员法的实施，完善知识产权管理部门公务员管理制度。按照国家职称制度改革总体要求，建立和完善知识产权专业技术人才评价的体系和制度。

（八）扩大知识产权国际交流合作

（1）加强知识产权领域的对外交流合作。建立和完善知识产权对外信息沟通交流机制。加强国际和区域知识产权信息资源及基础设施建设与利用的交流合作。鼓励开展知识产权人才培养的对外合作。引导公派留学生、鼓励自费留学生选修知识产权专业。支持引进或聘用海外知识产权高层次人才。积极参与国际知识产权秩序的构建,有效参与国际组织有关议程。

(2)加强涉外知识产权工作。公平公正保护知识产权,对国内外企业和个人的知识产权一视同仁、同等保护。加强与国际组织合作,巩固和发展与主要国家和地区的多双边知识产权交流。提高专利审查国际业务承接能力,建设专利审查高速路,加强专利审查国际合作,提升中国专利审查业务国际影响力。加强驻外使领馆知识产权工作力度,跟踪研究有关国家的知识产权法规政策,加强知识产权涉外信息交流,做好涉外知识产权应对工作。建立完善多双边执法合作机制,推进国际海关间知识产权执法合作。

(3)完善与对外贸易有关的知识产权规则。追踪各类贸易区知识产权谈判进程,推动形成有利于公平贸易的知识产权规则。落实对外贸易法中知识产权保护相关规定,研究针对进口贸易建立知识产权境内保护制度,对进口产品侵犯中国知识产权的行为和进口贸易中其他不公平竞争行为开展调查。

(4)支持企业"走出去"。及时收集发布主要贸易目的地、对外投资目的地知识产权相关信息。加强知识产权培训,支持企业在国外布局知识产权。加强政府、企业和社会资本的协作,在信息技术等重点领域探索建立公益性和市场化运作的专利运营公司。加大海外知识产权维权援助机制建设,鼓励企业建立知识产权海外维权联盟,帮助企业在当地及时获得知识产权保护。引导知识产权服务机构提高海外知识产权事务处理能力,为企业"走出去"提供专业服务。

(九)加强组织实施、督促检查和财政支持

(1)加强组织实施。国家知识产权战略实施工作部际联席会议(以下简称"联席会议")负责组织实施本行动计划,并加强对地方知识产权战略实施的指导和支持。知识产权局要发挥牵头作用,认真履行联席会议办公室职责,建立完善相互支持、密切协作、运转顺畅的工作机制,推进知识产权战略实施工作开展,并组织相关部门开展知识产权强国建设研究,提出知识产权强国建设的战略目标、思路和举措,积极推进知识产权强国建设。联席会议各成员单位要各负其责并尽快制定具体实施方案。地方各级政府要将知识产权战略实施工作纳入当地国民经济和社会发展总体规划,将本行动计划落实工作纳入重要议事日程和考核范围。

(2)加强督促检查。联席会议要加强对战略实施状况的监测评估,对各项任务落实情况组织开展监督检查,重要情况及时报告国务院。知识产权局要会同联席会议各成员单位及相关部门加强对地方知识产权战略实施工作的监督指导。

(3)加强财政支持。中央财政通过相关部门的部门预算渠道安排资金支持知识产权战略实施工作。引导支持国家产业发展的财政资金和基金向促进科技成果产权化、知识产权产业化方向倾斜。完善知识产权资助政策,适当降低中小微企业知识产权申请和维持费用,加大对中小微企业知识产权创造和运用的支持力度。

第二节　知识产权强国建设

中国国务院于2015年12月18日以国发〔2015〕71号文印发《关于新形势下加快知识产权强国建设的若干意见》,其主要内容如下:

一、总体要求

(一)基本原则

1. 坚持战略引领

按照创新驱动发展战略和"一带一路"等战略部署,推动提升知识产权创造、运用、保护、管理和服务能力,深化知识产权战略实施,提升知识产权质量,实现从大向强、从多向优的转变,实施新一轮高水平对外开放,促进经济持续健康发展。

2. 坚持改革创新

加快完善中国特色知识产权制度,改革创新体制机制,破除制约知识产权事业发展的障碍,着力推进创新改革试验,强化分配制度的知识价值导向,充分发挥知识产权制度在激励创新、促进创新成果合理分享方面的关键作用,推动企业提质增效、产业转型升级。

3. 坚持市场主导

发挥市场配置创新资源的决定性作用,强化企业创新主体地位和主导作用,促进创新要素合理流动和高效配置。加快简政放权、放管结合、优化服务,加强知识产权政策支持、公共服务和市场监管,着力构建公平公正、开放透明的知识产权法治环境和市场环境,促进大众创业、万众创新。

4. 坚持统筹兼顾

统筹国际国内创新资源,形成若干知识产权领先发展区域,培育中国知识产权优势。加强全球开放创新协作,积极参与、推动知识产权国际规则制定和完善,构建公平合理国际经济秩序,为市场主体参与国际竞争创造有利条件,实现优进优出和互利共赢。

(二)主要目标

到 2020 年,在知识产权重要领域和关键环节改革上取得决定性成果,知识产权授权及确权和执法保护体系进一步完善,基本形成权界清晰、分工合理、责权一致、运转高效、法治保障的知识产权体制机制,知识产权创造、运用、保护、管理和服务能力大幅提升,创新创业环境进一步优化,逐步形成产业参与国际竞争的知识产权新优势,基本实现知识产权治理体系和治理能力现代化,建成一批知识产权强省、强市,知识产权大国地位得到全方位巩固,为建成中国特色、世界水平的知识产权强国奠定坚实基础。

二、推进知识产权管理体制机制改革

(一)研究完善知识产权管理体制

完善国家知识产权战略实施工作部际联席会议制度,由国务院领导同志担任召集人。积极研究探索知识产权管理体制机制改革。授权地方开展知识产权改革试验。鼓励有条件的地方开展知识产权综合管理改革试点。

(二)改善知识产权服务业及社会组织管理

放宽知识产权服务业准入,促进服务业优质高效发展,加快建设知识产权服务业集聚区。扩大专利代理领域开放,放宽对专利代理机构股东或合伙人的条件限制。探索开展知识产权服务行业协会组织"一业多会"试点。完善执业信息披露制度,及时公开知识产权代理机构和从业人员信用评价等相关信息。规范著作权集体管理机构收费标准,完善收益分配制度,让著作权人获得更多许可收益。

(三)建立重大经济活动知识产权评议制度

研究制定知识产权评议政策。完善知识产权评议工作指南,规范评议范围和程序。围绕国家重大产业规划、高技术领域重大投资项目等开展知识产权评议,建立国家科技计划知识产权目标评估制度,积极探索重大科技活动知识产权评议试点,建立重点领域知识产权评议报告发布制度,提高创新效率,降低产业发展风险。

(四)建立以知识产权为重要内容的创新驱动发展评价制度

完善发展评价体系,将知识产权产品逐步纳入国民经济核算,将知识产权指标纳入国民经济和社会发展规划。发布年度知识产权发展状况报告。在对党政领导班子和领导干部进行综合考核评价时,注重鼓励发明创造、保护知识产权、加强转化运用、营造良好环境等方面的情况和成效。探索建立经营业绩、知识产权和创新并重的国有企业考评模式。按照国家有关规定设置知识产权奖励项目,加大各类国家奖励制度的知识产权评价权重。

三、实行严格的知识产权保护

(一)加大知识产权侵权行为惩治力度

推动知识产权保护法治化,发挥司法保护的主导作用,完善行政执法和司法保护两条途径优势互补、有机衔接的知识产权保护模式。提高知识产权侵权法定赔偿上限,针对情节严重的恶意侵权行为实施惩罚性赔偿并由侵权人承担实际发生的合理开支。进一步推进侵犯知识产权行政处罚案件信息公开。完善知识产权快速维权机制。加强海关知识产权执法保护。加大国际展会、电子商务等领域知识产权执法力度。开展与相关国际组织和境外执法部门的联合执法,加强知识产权司法保护对外合作,推动中国成为知识产权国际纠纷的重要解决地,构建更有国际竞争力的开放创新环境。

(二)加大知识产权犯罪打击力度

依法严厉打击侵犯知识产权犯罪行为,重点打击链条式、产业化知识产权犯罪网络。进一步加强知识产权行政执法与刑事司法衔接,加大涉嫌犯罪案件移交工作力度。完善涉外知识产权执法机制,加强刑事执法国际合作,加大涉外知识产权犯罪案件侦办力度。加强与有关国际组织和国家间打击知识产权犯罪行为的司法协助,加大案情通报和情报信息交换力度。

(三)建立健全知识产权保护预警防范机制

将故意侵犯知识产权行为情况纳入企业和个人信用记录。推动完善商业秘密保护法律法规,加强人才交流和技术合作中的商业秘密保护。开展知识产权保护社会满意度调查。建立收集假冒产品来源地相关信息的工作机制,发布年度中国海关知识产权保护状况报告。加强大型专业化市场知识产权管理和保护工作。发挥行业组织在知识产权保护中的积极作用。运用大数据、云计算、物联网等信息技术,加强在线创意、研发成果的知识产权保护,提升预警防范能力。加大对小微企业知识产权保护援助力度,构建公平竞争、公平监管的创新创业和营商环境。

(四)加强新业态新领域创新成果的知识产权保护

完善植物新品种、生物遗传资源及其相关传统知识、数据库保护和国防知识产权等相关法律制度。适时做好地理标志立法工作。研究完善商业模式知识产权保护制度和实用艺术品外观设计专利保护制度。加强互联网、电子商务、大数据等领域的知识产权保护规则研究,推动完善相关法律法规。制定众创、众包、众扶、众筹的知识产权保护政策。

（五）规制知识产权滥用行为

完善规制知识产权滥用行为的法律制度，制定相关反垄断执法指南。完善知识产权反垄断监管机制，依法查处滥用知识产权排除和限制竞争等垄断行为。完善标准必要专利的公平、合理、无歧视许可政策和停止侵权适用规则。

四、促进知识产权创造运用

（一）完善知识产权审查和注册机制

建立计算机软件著作权快速登记通道。优化专利和商标的审查流程与方式，实现知识产权在线登记、电子申请和无纸化审批。完善知识产权审查协作机制，建立重点优势产业专利申请的集中审查制度，建立健全涉及产业安全的专利审查工作机制。合理扩大专利确权程序依职权审查范围，完善授权后专利文件修改制度。拓展"专利审查高速路"国际合作网络，加快建设世界一流专利审查机构。

（二）完善职务发明制度

鼓励和引导企事业单位依法建立健全发明报告、权属划分、奖励报酬、纠纷解决等职务发明管理制度。探索完善创新成果收益分配制度，提高骨干团队、主要发明人收益比重，保障职务发明人的合法权益。按照相关政策规定，鼓励国有企业赋予下属科研院所知识产权处置和收益分配权。

（三）推动专利许可制度改革

强化专利以许可方式对外扩散。研究建立专利当然许可制度，鼓励更多专利权人对社会公开许可专利。完善专利强制许可启动、审批和实施程序。鼓励高等院校、科研院所等事业单位通过无偿许可专利的方式，支持单位员工和大学生创新创业。

（四）加强知识产权交易平台建设

构建知识产权运营服务体系，加快建设全国知识产权运营公共服务平台。创新知识产权投融资产品，探索知识产权证券化，完善知识产权信用担保机制，推动发展投贷联动、投保联动、投债联动等新模式。在全面创新改革试验区域引导天使投资、风险投资、私募基金加强对高技术领域的投资。细化会计准则规定，推动企业科学核算和管理知识产权资产。推动高等院校、科研院所建立健全知识产权转移转化机构。支持探索知识产权创造与运营的众筹、众包模式，促进"互联网＋知识产权"融合发展。

(五)培育知识产权密集型产业

探索制定知识产权密集型产业目录和发展规划。运用股权投资基金等市场化方式,引导社会资金投入知识产权密集型产业。加大政府采购对知识产权密集型产品的支持力度。试点建设知识产权密集型产业集聚区和知识产权密集型产业产品示范基地,推行知识产权集群管理,推动先进制造业加快发展、产业迈向中高端水平。

(六)提升知识产权附加值和国际影响力

实施专利质量提升工程,培育一批核心专利。加大轻工、纺织、服装等产业的外观设计专利保护力度。深化商标富农工作。加强对非物质文化遗产、民间文艺、传统知识的开发利用,推进文化创意、设计服务与相关产业融合发展。支持企业运用知识产权进行海外股权投资。积极参与国际标准制定,推动有知识产权的创新技术转化为标准。支持研究机构和社会组织制定品牌评价国际标准,建立品牌价值评价体系。支持企业建立品牌管理体系,鼓励企业收购海外知名品牌。保护和传承中华老字号,大力推动中医药、中华传统餐饮、工艺美术等企业"走出去"。

(七)加强知识产权信息开放利用

推进专利数据信息资源开放共享,增强大数据运用能力。建立财政资助项目形成的知识产权信息披露制度。加快落实上市企业知识产权信息披露制度。规范知识产权信息采集程序和内容。完善知识产权许可的信息备案和公告制度。加快建设互联互通的知识产权信息公共服务平台,实现专利、商标、版权、集成电路布图设计、植物新品种、地理标志等基础信息免费或低成本开放。依法及时公开专利审查过程信息。增加知识产权信息服务网点,完善知识产权信息公共服务网络。

五、加强重点产业知识产权海外布局和风险防控

(一)加强重点产业知识产权海外布局规划

加大创新成果标准化和专利化工作力度,推动形成标准研制与专利布局有效衔接机制。研究制定标准必要专利布局指南。编制发布相关国家和地区专利申请实务指引。围绕战略性新兴产业等重点领域,建立专利导航产业发展工作机制,实施产业规划类和企业运营类专利导航项目,绘制服务中国产业发展的相关国家和地区专利导航图,推动中国产业深度融入全球产业链、价值链和创新链。

(二)拓展海外知识产权布局渠道

推动企业、科研机构、高等院校等联合开展海外专利布局工作。鼓励企业建立专利收储基金。加强企业知识产权布局指导,在产业园区和重点企业探索设立知识产权布局设计中心。分类制定知识产权跨国许可与转让指南,编制发布知识产权许可合同范本。

(三)完善海外知识产权风险预警体系

建立健全知识产权管理与服务等标准体系。支持行业协会、专业机构跟踪发布重点产业知识产权信息和竞争动态。制定完善与知识产权相关的贸易调查应对与风险防控国别指南。完善海外知识产权信息服务平台,发布相关国家和地区知识产权制度环境等信息。建立完善企业海外知识产权问题及案件信息提交机制,加强对重大知识产权案件的跟踪研究,及时发布风险提示。

(四)提升海外知识产权风险防控能力

研究完善技术进出口管理相关制度,优化简化技术进出口审批流程。完善财政资助科技计划项目形成的知识产权对外转让和独占许可管理制度。制定并推行知识产权尽职调查规范。支持法律服务机构为企业提供全方位、高品质知识产权法律服务。探索以公证方式保管知识产权证据、证明材料。推动企业建立知识产权分析评议机制,重点针对人才引进、国际参展、产品和技术进出口等活动开展知识产权风险评估,提高企业应对知识产权国际纠纷能力。

(五)加强海外知识产权维权援助

制定实施应对海外产业重大知识产权纠纷的政策。研究我驻国际组织、主要国家和地区外交机构中涉外知识产权事务的人力配备。发布海外和涉外知识产权服务和维权援助机构名录,推动形成海外知识产权服务网络。

六、提升知识产权对外合作水平

(一)推动构建更加公平合理的国际知识产权规则

积极参与联合国框架下的发展议程,推动《TRIPS 协定与公共健康多哈宣言》落实和《视听表演北京条约》生效,参与《专利合作条约》《保护广播组织条约》《生物多样性公约》等规则修订的国际谈判,推进加入《工业品外观设计国际注册海牙协定》和《马拉喀什条约》进程,推动知识产权国际规则向普惠包容、平衡有效的方向发展。

(二)加强知识产权对外合作机制建设

加强与世界知识产权组织、世界贸易组织及相关国际组织的合作交流。深化同主要国家知识产权、经贸、海关等部门的合作,巩固与传统合作伙伴的友好关系。推动相关国际组织在中国设立知识产权仲裁和调解分中心。加强国内外知名地理标志产品的保护合作,促进地理标志产品国际化发展。积极推动区域全面经济伙伴关系和亚太经济合作组织框架下的知识产权合作,探索建立"一带一路"沿线国家和地区知识产权合作机制。

(三)加大对发展中国家知识产权援助力度

支持和援助发展中国家知识产权能力建设,鼓励向部分最不发达国家优惠许可其发展急需的专利技术。加强面向发展中国家的知识产权学历教育和短期培训。

(四)拓宽知识产权公共外交渠道

拓宽企业参与国际和区域性知识产权规则制修订途径。推动国内服务机构、产业联盟等加强与国外相关组织的合作交流。建立具有国际水平的知识产权智库,建立博鳌亚洲论坛知识产权研讨交流机制,积极开展具有国际影响力的知识产权研讨交流活动。

七、加强组织实施和政策保障

(一)加强组织领导

各地区、各有关部门要高度重视,加强组织领导,结合实际制定实施方案和配套政策,推动各项措施有效落实。国家知识产权战略实施工作部际联席会议办公室要在国务院领导下,加强统筹协调,研究提出知识产权"十三五"规划等具体政策措施,协调解决重大问题,加强对有关政策措施落实工作的指导、督促、检查。

(二)加大财税和金融支持力度

运用财政资金引导和促进科技成果产权化、知识产权产业化。落实研究开发费用税前加计扣除政策,对符合条件的知识产权费用按规定实行加计扣除。制定专利收费减缴办法,合理降低专利申请和维持费用。积极推进知识产权海外侵权责任保险工作。深入开展知识产权质押融资风险补偿基金和重点产业知识产权运营基金试点。

(三)加强知识产权专业人才队伍建设

加强知识产权相关学科建设,完善产学研联合培养模式,在管理学和经济学中增设知识产权专业,加强知识产权专业学位教育。加大对各类创新人才的知识产权培训力度。鼓励中国知识产权人才获得海外相应资格证书。鼓励各地引进高端知识产权人才,并参照有关人才引进计划给予相关待遇。探索建立知识产权国际化人才储备库和利用知识产权发现人才的信息平台。进一步完善知识产权职业水平评价制度,稳定和壮大知识产权专业人才队伍。选拔培训一批知识产权创业导师,加强青年创业指导。

(四)加强宣传引导

各地区、各有关部门要加强知识产权文化建设,加大宣传力度,广泛开展知识产权普及型教育,加强知识产权公益宣传和咨询服务,提高全社会知识产权意识,使尊重知识、崇尚创新、诚信守法理念深入人心,为加快建设知识产权强国营造良好氛围。

第二编
中国著作权法律制度

第四章 著作权的创造

第一节 著作权的主体

一、著作权主体的概念

著作权的主体,即著作权人,是指依法对文学、艺术和科学作品享有著作权的人。按照作者标准划分,著作权人包括:①作者;②其他依法享有著作权的公民、法人或者其他组织(2010年《中华人民共和国著作权法》第9条)。根据著作权的取得方式划分,著作权人分为原始著作权人和继受著作权人,其中原始著作权人包括作者和特殊作品的著作权人,继受著作权人是指通过许可、转让、继承、受赠或其他法律事实而从原始著作权人那里取得了部分著作权的人。

二、作者

(一)自然人作者

创作作品的公民是作者。其中,创作是指直接产生文学、艺术和科学作品的智力活动(2013年《中华人民共和国著作权法实施条例》第3条第1款)。按照国籍不同,自然人作者包括:

(1)中国公民:其作品不论是否发表,都是中国著作权法意义上的自然人作者。

(2)外国人、无国籍人:根据其所属国或经常居住地国同中国签订的协议或共同参加的国际条约,或者其作品在中国境内或中国参加的国际条约的成员国首次出版,或者在成员国和非成员国同时出版,而成为中国著作权法意义上的自然人作者(2010年《中华人民共和国著作权法》第2条)。

(二)法人或者其他组织作者

由法人或者其他组织主持,代表法人或者其他组织意志创作,并由法人或者其他组织承担责任的作品,法人或者其他组织视为作者。

(三)法律推定的作者

如无相反证明,在作品上署名的公民、法人或者其他组织为作者(2010年《中华人民共和国著作权法》第11条)。

三、继受著作权人

(一)因合同而取得著作权的继受著作权人

著作权中可以许可、转让的权利包括:复制权、发行权、出租权、展览权、表演权、放映权、广播权、信息网络传播权、摄制权、改编权、翻译权、汇编权等(2010年《中华人民共和国著作权法》第10条),著作权的被许可人、受让人通过合同从原始著作权人处在取得著作权中一项或多项权利后,就可以成为继受著作权人。

(二)因继承、继受而取得著作权的继受著作权人

著作权中的复制权、发行权、出租权、展览权、表演权、放映权、广播权、信息网络传播权、摄制权、改编权、翻译权、汇编权等在保护期内的,作为著作权人的公民死亡后,依照继承法的规定转移;作为著作权人的法人或者其他组织变更、终止后,由承受其权利义务的法人或者其他组织享有;没有承受其权利义务的法人或者其他组织的,由国家享有(2010年《中华人民共和国著作权法》第19条)。

(三)因遗赠、遗赠扶养协议而取得著作权的继受著作权人

公民可以立遗嘱将自己的著作权遗赠给国家、集体或法定继承人以外的公民,可以签订遗赠抚养协议而将自己的著作权遗赠给抚养人或集体所有制组织(1985年《中华人民共和国继承法》第16条、第31条),接受遗赠的国家、集体、法定继承人以外的公民、抚养人或集体所有制组织就成为继受著作权人。

四、特殊作品的著作权人

(一)影视作品的著作权人

电影作品和以类似摄制电影的方法创作的作品,简称为影视作品,是指摄制在一定介质上,由一系列有伴音或者无伴音的画面组成,并且借助适当装置放映或者以其他方式传播的作品(2013年《中华人民共和国著作权法实施条例》第4条第11项)。影视作品的著作权由制片者享有,但编剧、导演、摄影、作词、作曲等作者享有署名权,并有权按照与制片者签订的合同获得报酬。影视作品中的剧本、音乐等可以单独使用的作品的作者有权单独行使其著作权(2010年《中华人民共和国著作权法》第15条)。

第四章　著作权的创造

（二）美术作品的著作权人

美术作品，是指绘画、书法、雕塑等以线条、色彩或者其他方式构成的有审美意义的平面或者立体的造型艺术作品（2013年《中华人民共和国著作权法实施条例》第4条第8项）。美术作品的著作权人是其作者，但美术作品的原件所有人享有美术作品原件的展览权（2010年《中华人民共和国著作权法》第18条）。

（三）汇编作品的著作权人

汇编作品是指汇编若干作品、作品的片段或者不构成作品的数据或者其他材料，对其内容的选择或者编排体现独创性的作品。汇编作品的著作权由汇编人享有，但行使著作权时，不得侵犯原作品的著作权（2010年《中华人民共和国著作权法》第14条）。

（四）演绎作品的著作权人

演绎作品，也称为派生作品，是指对已有作品进行改编、翻译、注释、整理等创作活动而产生的新作品。演绎作品的著作权由改编、翻译、注释、整理人享有，但行使著作权时不得侵犯原作品的著作权（2010年《中华人民共和国著作权法》第12条）。

（五）合作作品的著作权人

合作作品是指两人以上合作创作的作品，其著作权由合作作者共同享有。没有参加创作的人，不能成为合作作者。合作作品可以分割使用的，作者对各自创作的部分可以单独享有著作权，但行使著作权时不得侵犯合作作品整体的著作权（2010年《中华人民共和国著作权法》第13条）。合作作品不可以分割使用的，其著作权由各合作作者共同享有，通过协商一致行使；不能协商一致，又无正当理由的，任何一方不得阻止他方行使除转让以外的其他权利，但是所得收益应当合理分配给所有合作作者（2013年《中华人民共和国著作权法实施条例》第9条）。

（六）职务作品的著作权人

根据2010年《中华人民共和国著作权法》第16条和2013年《中华人民共和国著作权法实施条例》第11条、第12条，职务作品是指公民为完成法人或者其他组织工作任务所创作的作品，其中"工作任务"是指公民在该法人或者该组织中应当履行的职责。职务作品的著作权人区分一般职务作品和特殊职务作品而有所不同。

（1）一般职务作品的著作权人由作者享有，但法人或者其他组织有权在其业务范围内优先使用。作品完成两年内，未经单位同意，作者不得许可第三人以与单位使用的相同方式使用该作品。一般职务作品完成两年内，经单位同意，作者许可第三人以与单位使用的相同方式使用作品所获报酬,由作者与单位按约定的比例分配。作品完成两年的期限,自作者向单位交付作品之日起计算。

(2)特殊职务作品的作者享有署名权,著作权的其他权利由法人或者其他组织享有,法人或者其他组织可以给予作者奖励。特殊职务作品包括:①主要是利用法人或者其他组织的物质技术条件创作,并由法人或者其他组织承担责任的工程设计图、产品设计图、地图、计算机软件等职务作品;②法律、行政法规规定或者合同约定著作权由法人或者其他组织享有的职务作品。所谓"物质技术条件",是指法人或者该组织为公民完成创作专门提供的资金、设备或者资料。

(七)委托作品的著作权人

委托作品就是基于他人的委托,受托人创作完成的作品。委托作品的著作权的归属由委托人和受托人通过合同约定,合同未作明确约定或者没有订立合同的,著作权属于受托人(2010年《中华人民共和国著作权法》第17条)。委托作品著作权属于受托人的,委托人在约定的使用范围内享有使用作品的权利;双方没有约定使用作品范围的,委托人可以在委托创作的特定目的范围内免费使用该作品(2002年《最高人民法院关于审理著作权民事纠纷案件适用法律若干问题的解释》第12条)。

(八)匿名作品的著作权人

匿名作品是指作者身份不明的作品,由作品原件的所有人行使除署名权以外的著作权。作者确定后,由作者或者其继承人行使著作权(2013年《中华人民共和国著作权法实施条例》第13条)。

第二节 著作权的客体

一、作品的概念

著作权的客体,是指著作权法律关系中主体的权利义务所共同指向的对象,即作品。所谓"作品",是指文学、艺术和科学领域内具有独创性并能以某种有形形式复制的智力成果(2013年《中华人民共和国著作权法实施条例》第2条)。为了正确理解作品的含义,应该注意区分以下两组概念。

(1)作品与思想观念。作品是思想观念的表达,而不是思想观念本身。思想观念是指概念、原则、创意、发明、发现、程序、工艺、方法、系统、运算方式、原理或发现等,而表达则是采用文字、音符、数字、色彩、形体动作等方式对上述思想观念的主观表述。著作权法只保护思想观念的表达,而不保护思想观念本身。

(2)作品与作品的载体。作品必须以一定的客观形式表现出来,即需要一定的载体。许多作品都有特定的载体,这种载体往往可以被复制,且一件作品可以由不同的载体来记载。作品载体所有权的转移,并不意味着作品著作权的转移。

二、各类作品

(一)文字作品

文字作品作为最传统、最常见、运用最为广泛的作品形式,是指小说、诗词、散文、论文等以文字形式表现的作品。这里的"文字"是一个广义的概念,包括文字和等同于文字的各种符号。

(二)口述作品

口述作品是指即兴的演说、授课、法庭辩论等以口头语言形式表现的作品。将口述作品列为著作权的客体,是包括中国在内的少数国家的做法。

(三)音乐作品

音乐作品是指歌曲、交响乐等能够演唱或者演奏的带词或者不带词的作品。其中带词的音乐作品跟文字作品可能会发生重叠,如果配词不与乐曲一起使用并单独存在的话,应当属于文字作品。

(四)戏剧作品

戏剧作品是指话剧、歌剧、地方戏曲等供舞台演出的作品。戏剧作品指的是戏剧的剧本,而非戏剧的表演,戏剧表演者的表演由邻接权保护。

(五)曲艺作品

曲艺作品是指相声、快书、大鼓、评书等以说唱为主要表演形式的作品。曲艺作品也称说唱艺术,是中国独有的艺术形式。曲艺作品同戏剧作品一样,著作权保护的是曲目的说唱脚本而不是曲艺的表演。

(六)舞蹈作品

舞蹈作品是指通过连续的动作、姿势、表情等表现思想感情的作品。舞蹈作品同戏剧作品、曲艺作品一样,著作权保护的是舞蹈设计而不是舞蹈表演者的表演。

(七)杂技艺术作品

杂技艺术作品是杂技、魔术、马戏等通过形体动作和技巧表现的作品。杂技艺术作品是中国独有的著作权客体,著作权保护的是杂技中的艺术成分——动作编排而非技巧成分。

（八）美术作品

此类作品在本章第一节之四已述，在此不再重述。

（九）建筑作品

建筑作品是指以建筑物或者构筑物形式表现的有审美意义的作品。建筑作品既有观赏价值，又有实用价值，属于实用美术作品。只为实用目的而建造的房屋不是建筑作品。

（十）摄影作品

摄影作品是指借助器械在感光材料或者其他介质上记录客观物体形象的艺术作品。纯粹复制的照片没有独创性，不是摄影作品。

（十一）电影作品和以类似摄制电影的方法创作的作品

此类作品在本章第一节之四已述，在此不再重述。

（十二）图形作品

图形作品是指为施工、生产绘制的工程设计图、产品设计图以及反映地理现象、说明事物原理或者结构的地图、示意图等作品。图形作品包括工程设计图、产品设计图、地图、示意图等。

（十三）模型作品

模型作品是指为展示、试验或者观测等用途，根据物体的形状和结构，按照一定比例制成的立体作品。模型作品与图形作品的区别在于，图形作品是二维平面作品，而模型作品是三维立体作品(2013年《中华人民共和国著作权法实施条例》第4条)。

（十四）计算机软件作品

计算机软件是指计算机程序及其有关文档，其中程序是指为了得到某种结果而可以由计算机等具有信息处理能力的装置执行的代码化指令序列，或者可被自动转换代码化指令序列的符号化指令序列或者符号化语句序列；文档指用自然语言或者形式化语言所编写的文字资料和图表，用来描述程序的内容、组成、设计、功能规格、开发情况、测试结果及使用方法，如程序设计说明书、流程图、用户手册等(2013年《计算机软件保护条例》第2条、第3条)。

（十五）民间文学艺术作品

民间文学艺术作品是构成作品的民间文学艺术，包括民间故事、传说、寓言、谚语、民乐、歌谣、舞蹈、戏剧、曲艺、叙事诗、编年史、断代史、造型艺术、建筑艺术等，其特点是世代相传，长期演变，没有固定的物质载体，没有确定的作者，但能够反映某一社会群体的生活历史、风俗习惯、自然环境、心理特征。

三、作品的排除

根据 2010 年《中华人民共和国著作权法》第 5 条,下列创作成果被排除在受保护的作品之外:

(一)官方文件

官方文件包括法律、法规,国家机关的决议、决定、命令和其他具有立法、行政、司法性质的文件及其官方正式译文。虽然官方文件都属于作品的范畴,但如果限制这些文件的复制和使用,就会阻碍它们的迅速、广泛传播,不利于公众知悉和贯彻执行。

(二)时事新闻

时事新闻是指通过报纸、期刊、电台、电视台等传播媒介报道的单纯事实消息(2013 年《中华人民共和国著作权法实施条例》第 5 条第 1 项)。由于时事新闻具有时效性而缺乏独创性,且社会公众对时事新闻有知情权,因而时事新闻不能成为著作权保护的作品。但如果传播媒介刊载或者使用新闻评论、新闻综述等材料,就应当尊重这些材料作者的著作权。

(三)通用材料

通用材料包括历法、通用表格和公式等。著作权不予保护通用材料的原因是它们缺乏独创性,或者只属于一般常识,或者其本身只是记录知识而不是对知识的表达,而且已经成为人们在生产和生活中普遍使用的工具,需要尽快为社会公众所掌握,应当鼓励其传播和推广应用。

第三节　著作权的取得

一、著作权取得的实质条件

著作权取得的实质条件,即作品的实质要件,只有一个:独创性。独创性是区分一项智力活动成果是否构成作品从而得到著作权保护的核心与关键。

所谓独创性(originality),又称原创性或初创性,是指作品由作者独立创作完成而区别于其他作品的特异性或差异性。其中,"独"即独立完成,强调作品的完成是作者自己的选择、取舍、安排、设计、综合的结果,既不是依已有的形式复制而来,也不是依既定的程序推演而来;"创"即创作,强调作品体现了作者的精神劳动和智力判断,应当具有作者的个性特征,而非简单地临摹或材料的堆集。

需要注意的是,独创性是指作者表达的独创,而非思想观念的独创;作品的独创性不具有排他效力,由不同作者就同一题材创作的作品,作品的表达系独立完成并且有创作性的,应当认定作者各自享有独立著作权(2002年《最高人民法院关于审理著作权民事纠纷案件适用法律若干问题的解释》第15条);独创性要求因作品的性质而有所不同,虚构性作品的独创性要求高一些,事实性和功能性作品的独创性要求低一些。

二、著作权取得的形式条件

著作权取得的形式条件,即作品的形式要件,是指法律对作品的形式要求,主要有两个:

(1)表达。特定的思想观念只有被赋予一定的文学、艺术或科学形式,才能构成作品从而获得著作权的保护。作品的主要表达形式有二:①符号,在文字作品中表现为语言,在美术作品中表现为线条、色彩、明暗,在音乐作品中表现为节奏、和声、旋律;②结构,是对作品总体的组织和安排,作者利用结构布局使语言、色彩、线条、旋律和节奏等通过不同的形式和体裁来展示作品的内容。❶

(2)载体。思想观念的表达只有能够通过物质载体固定下来,才能被人直接或间接感知,才能通过印刷、复印、临摹、拓印、录音、录像、翻录、翻拍等方式进行复制,从而获得著作权法保护。其中,"固定""复制"都只要求可能性,而不要求结果。因此,像即兴朗诵、即兴演唱、法庭辩论等口头作品以及冰雕等,都可以得到著作权保护。

三、著作权的取得方式

中国著作权的取得方式以自动取得为主,以自愿登记为辅。

所谓"自动取得",是指作者从创作完成作品之日起就自然取得著作权,不需要履行任何手续。其中,"不需要履行任何手续"既包括无须注册或登记、无须交存样书等,也包括无须在作品上加注任何版权保留的标记。

所谓"自愿登记",是指作品实行自愿登记。作品不论是否登记,作者或其他著作权人依法取得的著作权不受影响。申请作品登记应当提供表明作品权利归属的证明,如封面及版权页的复印件、部分手稿的复印件及照片、样本等。登记作品经作品登记机关核查后,由作品登记机关发给作品登记证(1994年国家版权局《作品自愿登记试行办法》第2条、第8条和第9条)。

---

❶ 张玉敏,张今. 知识产权法[M]. 北京:中国人民大学出版社,2009:78-79.

第五章 著作权的运用

第一节 著作权的内容与限制

一、著作权的含义

在中国,著作权与版权是同义语,包括经济权利和精神权利,是文学、艺术和科学作品的作者对其所创作的作品享有的各项权利的总称。

在学理上,著作权有广义和狭义之分,广义的著作权除了包括狭义上的作者就其作品所享有的权利以外,还包括作品传播者的权利,即"邻接权"或"相关权"。

二、著作权的内容

这里的著作权是指狭义的著作权,即作者就其作品所享有的权利。

(一)著作权中的精神权利

1. 发表权

发表权是决定作品是否公之于众的权利(2010年《中华人民共和国著作权法》第10条第1款第1项),其中"公之于众"是指著作权人自行或者经著作权人许可将作品向不特定的人公开,但不以公众知晓为构成条件(2002年《最高人民法院关于审理著作权民事纠纷案件适用法律若干问题的解释》第9条)。发表权应当由作者或者其授权的人享有,但作者生前未发表的作品,如果作者未明确表示不发表,作者死亡后50年内,其发表权可由继承人或者受遗赠人行使;没有继承人又无人受遗赠的,由作品原件的所有人行使(2013年《中华人民共和国著作权法实施条例》第17条)。需要注意的是,发表权的期间与著作权中的经济权利相同,而与其他精神权利不同,详见著作权的期间。

2. 署名权

署名权是表明作者身份,在作品上署名的权利。如无相反证明,在作品上署名的公民、法人或者其他组织为作者(2010年《中华人民共和国著作权法》第10条第1款第2项、第11条第4款)。因作品署名顺序发生的纠纷,人民法院按照下列原则处理:有约定的按约定确定署名顺序;没有约定的,可以按照创作作品付出的劳动、作品排列、作者姓氏笔画等确定署名顺序(2002年《最高人民法院关于审理著作权民事纠纷案件适用法律若干问题的解释》第11条)。作者死亡后,其著作权中的署名权由作者的继承人或者受遗赠人保护;著作权无人继承又无人受遗赠的,其署名权由著作权行政管理部门保护(2013年《中华人民共和国著作权法实施条例》第15条)。

3. 修改权

修改权是修改或者授权他人修改作品的权利。图书出版者经作者许可,可以对作品修改、删节;报社、期刊社可以对作品作文字性修改、删节,但对内容的修改应当经作者许可(2010年《中华人民共和国著作权法》第10条第1款第3项、第34条)。作者死亡后,其著作权中的修改权由作者的继承人或者受遗赠人保护;著作权无人继承又无人受遗赠的,其修改权由著作权行政管理部门保护(2013年《中华人民共和国著作权法实施条例》第15条)。

4. 保护作品完整权

保护作品完整权是保护作品不受歪曲、篡改的权利(2010年《中华人民共和国著作权法》第10条第1款第4项),其构成要件有二:①作品有歪曲、篡改之虞;②有损作者声誉。作者死亡后,其著作权中的保护作品完整权由作者的继承人或者受遗赠人保护;著作权无人继承又无人受遗赠的,其保护作品完整权由著作权行政管理部门保护(2013年《中华人民共和国著作权法实施条例》第15条)。

(二)著作权中的经济权利

2010年《中华人民共和国著作权法》第10条规定了13种经济权利,为了记忆和使用的方便,可以归纳为复制权、演绎权、传播权三大类。❶

1. 复制权

包括2010年《中华人民共和国著作权法》第10条第1款第5~7项规定的复制权、发行权和出租权。

(1)复制权:是以印刷、复印、拓印、录音、录像、翻录、翻拍等方式将作品制作一份或者多份的权利。复制是最原始、最基本、最重要、最普遍的作品利用形式。需要注意的是,2001年修改著作权法时,将"临摹"从复制方式中删除。

---

❶ 李明德. 知识产权法[M]. 北京:社会科学文献出版社,2007:101.

(2)发行权:是以出售或者赠予方式向公众提供作品的原件或者复制件的权利。发行应当具备四个要件:①发行的方式限定为出售和赠与;②发行的对象应该是社会公众,即不特定的多数人;③发行的客体应当是作品的原件或者复制件;④发行者必须是著作权人或者经著作权人授权的人。

(3)出租权:是有偿许可他人临时使用电影作品和以类似摄制电影的方法创作的作品、计算机软件的权利,计算机软件不是出租的主要标的的除外。需要注意的是,出租权只涉及电影作品和以类似摄制电影的方法创作的作品、计算机软件。

2. 演绎权

包括2010年《中华人民共和国著作权法》第10条第1款第13~16项规定的摄制权、改编权、翻译权、汇编权以及注释权与整理权。

(1)摄制权:是以摄制电影或者以类似摄制电影的方法将作品固定在载体上的权利。摄制权的权利人是作品的著作权人或者经著作权人授权的人,相对人是电影作品和以类似摄制电影的方法创作作品的著作权人。

(2)改编权:是改变作品,创作出具有独创性的新作品的权利。需要注意的是,改编权和改编者权不同,前者属于原作品的著作权,后者是改编作品的著作权。

(3)翻译权:是将作品从一种语言文字转换成另一种语言文字的权利。需要注意的是,翻译权和翻译者权不同,前者属于原作品的著作权,后者是翻译作品的著作权。

(4)汇编权:是将作品或者作品的片段通过选择或者编排,汇集成新作品的权利。需要注意的是,汇编权和汇编者权不同,前者属于原作品的著作权,后者是汇编作品的著作权。

(5)注释权与整理权:注释是对作品中的内容、用语、含义、风格等进行的说明或者解释,整理是对内容零散、层次不清、字迹模糊的已有作品进行条理化、系统化的加工。❶ 未经著作权人许可,以注释、整理等方式使用作品,属于侵权行为,应当承担停止侵害、消除影响、赔礼道歉、赔偿损失等民事责任(2010年《中华人民共和国著作权法》第47条第6项)。

3. 传播权

包括2010年《中华人民共和国著作权法》第10条第1款第8~12项规定的展览权、表演权、放映权、广播权、信息网络传播权。

---

❶ 孙国瑞,郑瑞琨.知识产权法教程[M].北京:对外经济贸易大学出版社,2007:34-35.

(1)展览权:是公开陈列美术作品、摄影作品的原件或者复制件的权利,也称为公开展览权或展示权。需要注意的是,展览权的客体仅限于美术作品、摄影作品;美术作品原件的展览权由原件所有人(而非著作权人)享有(2010年《中华人民共和国著作权法》第18条);以公民的肖像为内容的美术作品、摄影作品,其以营利为目的的展览必须征得本人的同意,否则构成侵犯公民肖像权(1986年《中华人民共和国民法通则》第100条)。

(2)表演权:是公开表演作品,以及用各种手段公开播送作品的表演的权利。表演的形式可以分为3种:①舞台表演,即在舞台上直接面对观众的现场表演,如朗诵、演奏、演唱、舞蹈等;②机械表演,即借助技术设备将舞台表演传播给现场以外的观众,如表演实况转播;③复制表演,即将舞台表演复制在物质载体上发行。需要注意的是,表演权和邻接权中的表演者权不同,详见邻接权部分。

(3)放映权:是通过放映机、幻灯机等技术设备公开再现美术、摄影、电影和以类似摄制电影的方法创作的作品等的权利。需要注意的是,放映权的客体仅限于美术作品、摄影作品、电影作品和以类似摄制电影的方法创作的作品。

(4)广播权:是以无线方式公开广播或者传播作品,以有线传播或者转播的方式向公众传播广播的作品,以及通过扩音器或者其他传送符号、声音、图像的类似工具向公众传播广播的作品的权利。播放他人未发表的作品,应当取得著作权人的许可,并支付报酬;播放他人已经发表的作品,可以不经著作权人的许可,但应当支付报酬;播放他人已经出版的录音制品,可以不经著作权人的许可,但应当支付报酬(2010年《中华人民共和国著作权法》第43条、第44条)。

(5)信息网络传播权:是以有线或者无线方式向公众提供作品,使公众可以在其个人选定的时间和地点获得作品的权利。需要注意的是,广义的信息网络传播权的客体除了作品以外,还包括表演、录音录像制品,后两者分别是邻接权中表演者权、录音录像制作者权的客体。

三、邻接权的内容

邻接权又称为作品传播者权、著作权相关权,是作品的传播者就其传播作品的过程中付出的创造性劳动和投资所享有的权利,包括出版者对其出版的图书和期刊的版式设计享有的权利,表演者对其表演享有的权利,录音录像制作者对其制作的录音录像制品享有的权利,广播电台、电视台对其播放的广播、电视节目享有的权利(2013年《中华人民共和国著作权法实施条例》第26条)。

邻接权以著作权为前提和基础,但二者又有明显的区别,主要表现在四个方面:①权利主体不同。著作权的主体是作者,邻接权的主体是出版者、表演者、录音录像制作者、广播电视组织。②保护对象不同。著作权保护的对象是作品,邻接权保护的对象是作品传播者的创造性劳动成果。③权利内容不同。著作权的内容包括发表权、署名权、修改权、保护作品完整权、复制权、演绎权、传播权等,邻接权的内容包括出版者权、表演者权、录音录像制作者权、广播电视组织权。④保护前提不同。著作权自动产生,而邻接权的获得以作者的授权或者对作品的再利用为前提条件。

(一)出版者权

出版者权是中国特有的邻接权。所谓"出版",是指作品的复制、发行(2010年《中华人民共和国著作权法》第58条)。

1. 出版者的权利

2010年《中华人民共和国著作权法》第31条规定了图书出版者的专有出版权,第34条规定了图书、报纸、期刊出版者的修改权,第36条规定了图书、期刊出版者的版式设计权。

(1)图书出版者的专有出版权。图书出版者对著作权人交付出版的作品,按照合同约定享有的专有出版权受法律保护,他人不得出版该作品。图书出版合同中约定图书出版者享有专有出版权但没有明确其具体内容的,视为图书出版者享有在合同有效期限内和在合同约定的地域范围内以同种文字的原版、修订版出版图书的专有权利(2013年《中华人民共和国著作权法实施条例》第28条)。但图书脱销后,图书出版者拒绝重印、再版的,著作权人有权终止合同(2010年《中华人民共和国著作权法》第32条第3款)。

(2)图书、报纸、期刊出版者的修改权。图书出版者经作者许可,可以对作品修改、删节;报社、期刊社可以对作品作文字性修改、删节,但对内容的修改应当经作者许可。

(3)图书、期刊出版者的版式设计权。出版者有权许可或者禁止他人使用其出版的图书、期刊的版式设计。

2. 出版者的义务

(1)图书出版者出版图书应当和著作权人订立出版合同,并支付报酬;应当按照合同约定的出版质量、期限出版图书,否则应当依法承担民事责任;重印、再版作品的,应当通知著作权人,并支付报酬。

(2)出版改编、翻译、注释、整理、汇编已有作品而产生的作品,应当取得改编、翻译、注释、整理、汇编作品的著作权人和原作品的著作权人许可,并支付报酬(2010年《中华人民共和国著作权法》第30条、第32条、第35条)。

(3)出版者行使权利,不得损害被使用作品和原作品著作权人的权利(2013

年《中华人民共和国著作权法实施条例》第 27 条)。

(4)出版者对其出版行为的授权、稿件来源和署名、所编辑出版物的内容等应当尽到合理注意义务,对著作权人交付出版的作品不得丢失、毁损致使出版合同不能履行(2002 年《最高人民法院关于审理著作权民事纠纷案件适用法律若干问题的解释》第 20 条、第 23 条)。

(二)表演者权

表演者是指演员、演出单位或者其他表演文学、艺术作品的人,表演者权是表演者对其表演享有的权利(2013 年《中华人民共和国著作权法实施条例》第 5 条第 6 项、第 26 条)。

1. 表演者的权利

根据 2010 年《中华人民共和国著作权法》第 38 条第 1 款,表演者对其表演享有下列权利:

(1)表明表演者身份;

(2)保护表演形象不受歪曲;

(3)许可他人从现场直播和公开传送其现场表演,并获得报酬;

(4)许可他人录音录像,并获得报酬;

(5)许可他人复制、发行录有其表演的录音录像制品,并获得报酬;

(6)许可他人通过信息网络向公众传播其表演,并获得报酬。

2. 表演者的义务

(1)使用他人作品演出,表演者(演员、演出单位)应当取得著作权人许可,并支付报酬。演出组织者组织演出,由该组织者取得著作权人许可,并支付报酬。

(2)使用改编、翻译、注释、整理已有作品而产生的作品进行演出,应当取得改编、翻译、注释、整理作品的著作权人和原作品的著作权人许可,并支付报酬(2010 年《中华人民共和国著作权法》第 37 条)。

(3)表演者行使权利,不得损害被使用作品和原作品著作权人的权利(2013 年《中华人民共和国著作权法实施条例》第 27 条)。

(三)录音录像制作者权

所谓录音录像制作者,是指录音制品、录像制品的首次制作人,其中:录音制品是指任何对表演的声音和其他声音的录制品,录像制品是指电影作品和以类似摄制电影的方法创作的作品以外的任何有伴音或者无伴音的连续相关形象、图像的录制品。录音录像制作者权是录音录像制作者对其制作的录音录像制品享有的权利(2013 年《中华人民共和国著作权法实施条例》第 5 条第 2~5 项、第

26条)。

1. 录音录像制作者的权利

根据2010年《中华人民共和国著作权法》第42条第1款,录音录像制作者对其制作的录音录像制品,享有许可他人复制、发行、出租、通过信息网络向公众传播并获得报酬的权利。

2. 录音录像制作者的义务

(1)录音录像制作者使用他人作品制作录音录像制品,应当取得著作权人许可,并支付报酬。

(2)录音录像制作者使用改编、翻译、注释、整理已有作品而产生的作品,应当取得改编、翻译、注释、整理作品的著作权人和原作品著作权人许可,并支付报酬。

(3)录音制作者使用他人已经合法录制为录音制品的音乐作品制作录音制品,可以不经著作权人许可,但应当按照规定支付报酬;著作权人声明不许使用的不得使用。

(4)录音录像制作者制作录音录像制品,应当同表演者订立合同,并支付报酬(2010年《中华人民共和国著作权法》第40条、第41条)。

(5)录音录像制作者行使权利,不得损害被使用作品和原作品著作权人的权利(2013年《中华人民共和国著作权法实施条例》第27条)。

(四)广播电视组织权

广播电视组织包括广播电台、电视台,广播电视组织权是广播电台、电视台对其播放的广播、电视节目享有的权利(2013年《中华人民共和国著作权法实施条例》第26条)。

1. 广播电视组织的权利

根据2010年《中华人民共和国著作权法》第45条第1款,广播电台、电视台有权禁止未经其许可的下列行为:

(1)将其播放的广播、电视转播;

(2)将其播放的广播、电视录制在音像载体上以及复制音像载体。

2. 广播电视组织的义务

(1)广播电台、电视台播放他人未发表的作品,应当取得著作权人许可,并支付报酬;播放他人已发表的作品,可以不经著作权人许可,但应当支付报酬;播放已经出版的录音制品,可以不经著作权人许可,但应当支付报酬(当事人另有约定的除外)。

(2)电视台播放他人的电影作品和以类似摄制电影的方法创作的作品、录像制品,应当取得制片者或者录像制作者许可,并支付报酬;播放他人的录像制品,还应当取得著作权人许可,并支付报酬(2010年《中华人民共和国著作权法》第43条、第44条、第46条)。

(3)广播电台、电视台行使权利,不得损害被使用作品和原作品著作权人的权利(2013年《中华人民共和国著作权法实施条例》第27条)。

四、著作权的限制

(一)著作权的保护期

著作权的保护期是指著作权受法律保护的时间界限。法律只在一定的期限内对著作权给予保护,超过一定的期限,有关作品就成为社会公共财富,任何人都可以自由、无偿地使用。著作权的性质、主体和作品性质不同,其保护期限有所不同:

(1)作者的署名权、修改权、保护作品完整权的保护期不受限制(2010年《中华人民共和国著作权法》第20条)。作者死亡后,其著作权中的署名权、修改权和保护作品完整权由作者的继承人或者受遗赠人保护;著作权无人继承又无人受遗赠的,其署名权、修改权和保护作品完整权由著作权行政管理部门保护(2013年《中华人民共和国著作权法实施条例》第15条)。

(2)公民的作品,其发表权、复制权、发行权、出租权、展览权、表演权、放映权、广播权、信息网络传播权、摄制权、改编权、翻译权、汇编权、注释权与整理权等权利的保护期为作者终生及其死亡后50年,截止于作者死亡后第50年的12月31日;如果是合作作品,截止于最后死亡的作者死亡后第50年的12月31日。

(3)法人或者其他组织的作品、著作权(署名权除外)由法人或者其他组织享有的职务作品,其发表权、复制权、发行权、出租权、展览权、表演权、放映权、广播权、信息网络传播权、摄制权、改编权、翻译权、汇编权、注释权与整理权等权利的保护期为50年,截止于作品首次发表后第50年的12月31日,但作品自创作完成后50年内未发表的,法律不再保护。

(4)电影作品和以类似摄制电影的方法创作的作品、摄影作品,其发表权、复制权、发行权、出租权、展览权、表演权、放映权、广播权、信息网络传播权、摄制权、改编权、翻译权、汇编权、注释权与整理权等权利的保护期为50年,截止于作品首次发表后第50年的12月31日,但作品自创作完成后50年内未发表的,法律不再保护(2010年《中华人民共和国著作权法》第21条)。

(5)作者身份不明的作品,其复制权、发行权、出租权、展览权、表演权、放映权、广播权、信息网络传播权、摄制权、改编权、翻译权、汇编权、注释权与整理权等权利的保护期截止于作品首次发表后第 50 年的 12 月 31 日(2013 年《中华人民共和国著作权法实施条例》第 18 条)。

(6)图书、期刊出版者许可或者禁止他人使用其出版的图书、期刊的版式设计权的保护期为十年,截止于使用该版式设计的图书、期刊首次出版后第十年的 12 月 31 日(2010 年《中华人民共和国著作权法》第 36 条)。

(7)表演者表明其身份、保护其表演形象不受歪曲的权利保护期不受限制;表演者许可他人从现场直播和公开传送其现场表演并获得报酬,许可他人录音录像并获得报酬,许可他人复制、发行录有其表演的录音录像制品并获得报酬,许可他人通过信息网络向公众传播其表演并获得报酬等,其权利保护期为五十年,截止于该表演发生后第 50 年的 12 月 31 日(2010 年《中华人民共和国著作权法》第 39 条)。

(8)录音录像制作者许可他人复制、发行、出租、通过信息网络向公众传播并获得报酬的权利保护期为 50 年,截止于该制品首次制作完成后第 50 年的 12 月 31 日(2010 年《中华人民共和国著作权法》第 42 条第 1 款)。

(9)广播电台、电视台的转播、录制和复制等权利的保护期为五十年,截止于该广播、电视首次播放后第 50 年的 12 月 31 日(2010 年《中华人民共和国著作权法》第 45 条第 2 款)。

(二)合理使用

合理使用是指在法律规定的具体的特殊情况下,基于正当目的而使用他人的作品,只要尊重作者的精神权利,不影响该作品的正常使用,也没有不合理地损害著作权人的合法利益,就可以既不必经过著作权人的许可,又不必向其支付报酬。2010 年《中华人民共和国著作权法》第 22 条规定的合理使用的具体情形如下:

(1)为个人学习、研究或者欣赏,使用他人已经发表的作品。其中,"已经发表的作品"是指著作权人自行或者许可他人公之于众的作品(2013 年《中华人民共和国著作权法实施条例》第 20 条)。

(2)为介绍、评论某一作品或者说明某一问题,在作品中适当引用他人已经发表的作品。

(3)为报道时事新闻,在报纸、期刊、广播电台、电视台等媒体中不可避免地再现或者引用已经发表的作品。其中,"时事新闻"是指通过报纸、期刊、广播电台、电视台等媒体报道的单纯事实消息(2010 年《中华人民共和国著作权法》第 5 条第 1 项)。

(4)报纸、期刊、广播电台、电视台等媒体刊登或者播放其他报纸、期刊、广播电台、电视台等媒体已经发表的关于政治、经济、宗教问题的时事性文章,但作者声明不许刊登、播放的除外。

(5)报纸、期刊、广播电台、电视台等媒体刊登或者播放在公众集会上发表的讲话,但作者声明不许刊登、播放的除外。

(6)为学校课堂教学或者科学研究,翻译或者少量复制已经发表的作品,供教学或者科研人员使用,但不得出版发行。其中,"学校课堂教学"专指面授教学,不包括函授、刊授、广播电视大学、互联网上的远程教育和带有营利性的培训班等。

(7)国家机关为执行公务在合理范围内使用已经发表的作品。其中,"国家机关"是指国家立法机关、司法机关、行政机关、军事机关等,不得作任何扩大的解释。

(8)图书馆、档案馆、纪念馆、博物馆、美术馆等为陈列或者保存版本的需要,复制本馆收藏的作品。其中,"本馆收藏的作品"包括已经发表和未发表的作品,其复制不得用于借阅、出租、出售、出版、广播或上网。

(9)免费表演已经发表的作品,该表演未向公众收取费用,也未向表演者支付报酬。需要注意的是,免费表演过程中应当指明表演作品的名称、作者的姓名。

(10)对设置或者陈列在室外公共场所的艺术作品进行临摹、绘画、摄影、录像。其中,"室外公共场所的艺术作品"是指设置或者陈列在室外社会公众活动处所的雕塑、绘画、书法等艺术作品(2002年《最高人民法院关于审理著作权民事纠纷案件适用法律若干问题的解释》第18条)。

(11)将中国公民、法人或者其他组织已经发表的以汉语语言文字创作的作品翻译成少数民族语言文字作品在国内出版发行。需要注意的是,翻译的作品不包括外国人的作品、电影电视等文字以外的作品。

(12)将已经发表的作品改成盲文出版。需要注意的是,盲文的翻译人应当享有新的独立的著作权。

另外,以上对他人作品著作权合理使用的情形,同样适用于对出版者、表演者、录音录像制作者、广播电台、电视台的权利的限制。

(三)法定许可

法定许可是指在法律规定的具体的特殊情况下,基于正当目的而使用他人的作品,可以不必经过著作权人的许可,但应当向其支付报酬,且要尊重作者的精神权利,不影响该作品的正常使用,也不得不合理地损害著作权人的合法利益。

合理使用和法定许可的共同点主要在于使用他人作品均无须征得权利人的许可,其区别表现在:①法定许可的使用者只能是表演者、录音制作者、广播电视台和报社,而合理使用无主体范围的限制;②法定许可须向权利人支付报酬,而合理使用无须支付报酬;③适用法定许可时,若权利人声明不许使用的则不得使用,而合理使用无此条件的限制。

法定许可的具体情形如下:

(1)为实施九年制义务教育和国家教育规划而编写出版教科书,除作者事先声明不许使用的外,可以不经著作权人许可,在教科书中汇编已经发表的作品片段或者短小的文字作品、音乐作品或者单幅的美术作品、摄影作品,但应当按照规定支付报酬,指明作者姓名、作品名称,并且不得侵犯著作权人依照本法享有的其他权利。这种情形同样适用于对出版者、表演者、录音录像制作者、广播电台、电视台的权利的限制(2010年《中华人民共和国著作权法》第23条)。

(2)著作权人向报社、期刊社投稿的,作品刊登后,除著作权人声明不得转载、摘编的外,其他报刊可以转载或者作为文摘、资料刊登,但应当按照规定向著作权人支付报酬(2010年《中华人民共和国著作权法》第33条第2款)。其中,"转载"是指报纸、期刊登载其他报刊已发表作品的行为(2002年《最高人民法院关于审理著作权民事纠纷案件适用法律若干问题的解释》第17条)。

(3)除著作权人声明不许使用的以外,录音制作者使用他人已经合法录制为录音制品的音乐作品制作录音制品,可以不经著作权人许可,但应当按照规定支付报酬(2010年《中华人民共和国著作权法》第40条第3款)。

(4)广播电台、电视台播放他人已发表的作品,可以不经著作权人许可,但应当支付报酬。但是,电视台播放他人的电影作品和以类似摄制电影的方法创作的作品、录像制品,应当取得制片者或者录像制作者许可,并支付报酬;播放他人的录像制品,还应当取得著作权人许可,并支付报酬(2010年《中华人民共和国著作权法》第43条第2款、第46条)。

(5)广播电台、电视台播放已经出版的录音制品,可以不经著作权人许可,但应当支付报酬。当事人另有约定的除外(2010年《中华人民共和国著作权法》第44条)。

第二节 著作权的许可、转让与出质

一、著作权的许可

(一)著作权许可概述

1.著作权许可的含义

著作权的许可是指作者或其他权利人将自己所享有的著作权,在一定的期限和地域内许可他人使用,并由此获得相应的报酬。❶ 在这里,著作权的许可是一个广义的概念,包括出版者权、表演者权、录音录像制作者权、广播电视组织权等邻接权的许可。

2.著作权许可的特征

(1)著作权的许可不改变著作权的归属,被许可人取得的只是使用权,一旦许可的期限届满,被许可的权利即回归作者或权利人。

(2)著作权许可的标的不是作品而是著作权,且著作权人未明确许可的权利,未经著作权人同意,另一方当事人不得行使(2010年《中华人民共和国著作权法》第27条)。

(3)著作权的被许可人只能按照约定的方式、期限和地域等使用作品,未经著作权人同意不得将所获得的使用权再许可给第三人。

(4)被许可使用的著作权只能是经济权利,具体包括复制权、发行权、出租权、展览权、表演权、放映权、广播权、信息网络传播权、摄制权、改编权、翻译权、汇编权、注释权与整理权等(2010年《中华人民共和国著作权法》第10条第2款)。

3.著作权许可的种类

(1)著作权的专有许可:即著作权人仅许可一个被许可人以某种方式使用自己的作品,不再向其他任何人发放同样的许可。根据著作权的被许可人是否有权排除著作权人本人以同样的方式使用作品,著作权的专有许可还分为独占的专有许可和排他(非独占)的专有许可两种。在合同约定的许可期间,发生第三人侵犯著作权的行为,专有许可的被许可人有权以自己的名义主张权利。

(2)著作权的非专有许可:也叫一般许可,是指著作权人在许可一个被许可

---

❶ 李明德.知识产权法[M].北京:社会科学文献出版社,2007:130.

人以某种方式使用自己的作品后,还可以再许可其他以同样的方式使用该作品。在合同约定的许可期间,发生第三人侵犯著作权的行为,一般许可的被许可人不能以自己的名义主张权利。

(二)著作权许可合同

1. 著作权许可合同概述

著作权许可合同是著作权人与被许可人达成的有关著作权许可事项的合同,包括下列主要内容:

(1)许可使用的权利种类,包括复制权、发行权、出租权、展览权、表演权、放映权、广播权、信息网络传播权、摄制权、改编权、翻译权、汇编权、注释权与整理权等权利。

(2)许可使用的权利是专有使用权或者非专有使用权。专有使用权的内容由合同约定,合同没有约定或者约定不明的,视为被许可人有权排除包括著作权人在内的任何人以同样的方式使用作品(2013年《中华人民共和国著作权法实施条例》第24条)。

(3)许可使用的地域范围、期间。

(4)付酬标准和办法。使用作品的付酬标准可以由当事人约定,也可以按照国务院著作权行政管理部门会同有关部门制定的付酬标准支付报酬。当事人约定不明确的,按照国务院著作权行政管理部门会同有关部门制定的付酬标准支付报酬(2010年《中华人民共和国著作权法》第28条)。目前,法定的付酬标准有:国家版权局1999年《出版文字作品报酬规定》,国家版权局2010年《电影作品著作权集体管理使用费收取标准》。需要说明的是,法定付酬标准只是最低标准,当事人可以约定高于法定标准的报酬。

(5)违约责任。

(6)双方认为需要约定的其他内容。

2. 图书出版合同

图书出版合同是典型的著作权许可合同。图书出版者出版图书应当和著作权人订立出版合同,并支付报酬(2010年《中华人民共和国著作权法》第30条)。国家版权局1999年3月修订的图书出版合同的标准样式如下:

图书出版合同

甲方(著作权人):　　　　　　地址:

乙方(出版者):　　　　　　　地址:

作品名称：
作品署名：

甲乙双方就上述作品的出版达成如下协议：

第一条 甲方授予乙方在合同有效期内,在(中国大陆、中国香港、中国台湾或其他国家和地区)※以图书形式出版发行上述作品(汉文、×文)※文本的专有使用权。

第二条 根据本合同出版发行的作品不得含有下列内容：

(一)反对宪法确定的基本原则；

(二)危害国家统一、主权和领土完整；

(三)危害国家安全、荣誉和利益；

(四)煽动民族分裂,侵害少数民族风俗习惯,破坏民族团结；

(五)泄露国家机密；

(六)宣扬淫秽、迷信或者渲染暴力,危害社会公德和民族优秀文化传统；

(七)侮辱或者诽谤他人；

(八)法律、法规规定禁止的其他内容。

第三条 甲方保证拥有第一条授予乙方的权利。因上述权利的行使侵犯他人著作权的,甲方承担全部责任并赔偿因此给乙方造成的损失,乙方可以终止合同。

第四条 甲方的上述作品含有侵犯他人名誉权、肖像权、姓名权等人身权内容的,甲方承担全部责任并赔偿因此给乙方造成的损失,乙方可以终止合同。

第五条 上述作品的内容、篇幅、体例、图表、附录等应符合下列要求：

第六条 甲方应于 年 月 日前将上述作品的誊清稿交付乙方。甲方不能按时交稿的,应在交稿期限届满前 日通知乙方,双方另行约定交稿日期。甲方到期仍不能交稿的,应按本合同第十一条约定报酬的 ％向乙方支付违约金,乙方可以终止合同。甲方交付的稿件应有作者的签章。

第七条 乙方应于 年 月 日前出版上述作品,最低印数为 册。乙方不能按时出版的,应在出版期限届满前 日通知甲方,并按本合同第十一条约定报酬的 ％向甲方支付违约金,双方另行约定出版日期。乙方在另行约定期限内仍不出版的,除非因不可抗力所致,乙方应按本合同第十一条约定向甲方支付报酬和归还作品原件,并按该报酬的 ％向甲方支付赔偿金,甲方可以终止合同。

第八条 在合同有效期内,未经双方同意,任何一方不得将第一条约定的权利许可第三方使用。如有违反,另一方有权要求经济赔偿并终止合同。一方经对方同意许可第三方使用上述权利,应将所得报酬的　%交付对方。

第九条　乙方尊重甲方确定的署名方式。乙方如需更动上述作品的名称,对作品进行修改、删节、增加图表及前言、后记,应征得甲方同意,并经甲方书面认可。

第十条　上述作品的校样由乙方审校。(上述作品的校样由甲方审样。甲方应在　日内签字后退还乙方。甲方未按期审校,乙方可自行审校,并按计划付印。因甲方修改造成版面改动超过　%或未能按期出版,甲方承担改版费用或推迟出版的责任。)※

第十一条　乙方采用下列方式及标准之一向甲方支付报酬:

(一)基本稿酬加印数稿酬:元/每千字×千字+印数(以千册为单位)×基本稿酬　%。或

(二)一次性付酬:　元。或

(三)版税:元(图书定价)×　%(版税率)×印数。

第十二条　以基本稿酬加印数稿酬方式付酬的,乙方应在上述作品出版后　日内向甲方支付报酬,但最长不得超过半年。

或

以一次性支付方式付酬的,乙方在甲方交稿后　日内向甲方付清。

或

以版税方式付酬的,乙方在出版后　日内向甲方付清。

乙方在合同签字后　日内,向甲方预付上述报酬的　%(　元)。※

乙方未在约定期限内支付报酬的,甲方可以终止合同并要求乙方继续履行付酬的义务。

第十三条　甲方交付的稿件未达到合同第五条约定的要求,乙方有权要求甲方进行修改,如甲方拒绝按照合同的约定修改,乙方有权终止合同并要求甲方返还本合同第十二条约定的预付报酬。如甲方同意修改,且反复修改仍未达到合同第五条的要求,预付报酬不返还乙方;如未支付预付报酬,甲方按合同第十一条约定报酬的　%向甲方支付酬金,并有权终止合同。

第十四条　上述作品首次出版 年内,乙方可以自行决定重印。首次出版　年后,乙方重印应事先通知甲方。如果甲方需要对作品进行修改,应于收到通知后　日内答复乙方,否则乙方可按原版重印。

第十五条　乙方重印、再版,应将印数通知甲方,并在重印、再版　日内按第十一条的约定向甲方支付报酬。

第十六条　甲方有权核查乙方应向甲方支付报酬的账目。如甲方指定第三

方进行核查,需提供书面授权书。如乙方故意少付甲方应得的报酬,除向甲方补齐应付报酬外,还应支付全部报酬　%的赔偿金并承担核查费用。如核查结果与乙方提供的应付报酬相符,核查费用由甲方承担。

第十七条 在合同有效期内,如图书脱销,甲方有权要求乙方重印、再版。如甲方收到乙方拒绝重印、再版的书面答复,或乙方收到甲方重印、再版的书面要求后月内未重印、再版,甲方可以终止合同。

第十八条 上述作品出版后　日内乙方应将作品原稿退还甲方。如有损坏,应赔偿甲方　元;如有遗失,赔偿　元。

第十九条 上述作品首次出版后　日内,乙方向甲方赠样书　册,并以　折价售予甲方图书　册。每次再版后　日内,乙方向甲方赠样书　册。

第二十条 在合同有效期内乙方按本合同第十一条(一)基本稿酬加印数稿酬方式,或者按本合同第十一条(二)一次性付酬方式向甲方支付报酬的,出版上述作品的修订本、缩编本的付酬的方式和标准应由双方另行约定。

第二十一条 在合同有效期内,甲方许可第三方出版包含上述作品的选集、文集、全集的,须取得乙方许可。

在合同有效期内,乙方出版包含上述作品的选集、文集、全集或者许可第三方出版包含上述作品的选集、文集、全集的,须另行取得甲方书面授权。乙方取得甲方授权的,应及时将出版包含上述作品选集、文集、全集的情况通知甲方,并将所得报酬的　%交付甲方。

第二十二条 在合同有效期内,甲方许可第三方出版上述作品的电子版的,须取得乙方的许可。

在合同有效期内,乙方出版上述作品电子版或者许可第三方出版上述作品电子版的,须另行取得甲方书面授权。乙方取得甲方授权的,应及时将出版上述作品电子版的情况通知甲方,并将所得报酬的　%交付甲方。

第二十三条 未经甲方书面许可,乙方不得使本合同第一条授权范围以外的权利。

(甲方授权乙方代理行使(本合同第一条授权范围以外)※使用上述作品的权利,其使用所得报酬甲乙双方按比例分成。)

第二十四条 双方因合同的解释或履行发生争议,由双方协商解决。协商不成将争议提交仲裁机构仲裁(向人民法院提起诉讼)。※

第二十五条 合同的变更、续签及其他未尽事宜,由双方另得商定。

第二十六条 本合同自签字之日起生效,有效期为　年。

第二十七条 本合同一式两份,双方各执一份为凭。

甲方：   乙方：
（签章）   （签章）
年   月   日   年   月   日

3. 其他著作权许可合同

（1）表演合同。表演合同是表演者、演出组织者与著作权人订立的关于表演者、演出组织者使用著作权人的作品演出、组织演出的合同。2010 年《中华人民共和国著作权法》第 37 条规定，使用他人作品演出，表演者（演员、演出单位）应当取得著作权人许可，并支付报酬；演出组织者组织演出，由该组织者取得著作权人许可，并支付报酬；使用改编、翻译、注释、整理已有作品而产生的作品进行演出，应当取得改编、翻译、注释、整理作品的著作权人和原作品的著作权人许可，并支付报酬。

（2）录制合同。录制合同是录制者与著作权人订立的关于录制者使用著作权人的作品制作录音录像制品的合同。2010 年《中华人民共和国著作权法》第 40 条、第 41 条规定，录音录像制作者使用他人作品制作录音录像制品，应当取得著作权人许可，并支付报酬；录音录像制作者使用改编、翻译、注释、整理已有作品而产生的作品，应当取得改编、翻译、注释、整理作品的著作权人和原作品著作权人许可，并支付报酬；录音制作者使用他人已经合法录制为录音制品的音乐作品制作录音制品，可以不经著作权人许可，但应当按照规定支付报酬（著作权人声明不许使用的不得使用）；录音录像制作者制作录音录像制品，应当同表演者订立合同，并支付报酬。

（3）播放合同。播放合同是广播电台、电视台与著作权人、录音录像制作者订立的关于著作权人、录音录像制作者许可广播电台、电视台播放其作品、录音录像制品的合同。2010 年《中华人民共和国著作权法》第 43 条、第 44 条、第 46 条规定，广播电台、电视台播放他人未发表的作品，应当取得著作权人许可，并支付报酬；播放他人已发表的作品，可以不经著作权人许可，但应当支付报酬；播放已经出版的录音制品，可以不经著作权人许可，但应当支付报酬（当事人另有约定的除外）；电视台播放他人的录像制品，应当取得录像制作者和原作品著作权人许可，并支付报酬。

二、著作权的转让

（一）著作权转让概述

1. 著作权转让的含义

著作权的转让是指作者或其他权利人将自己所享有的著作权,永久性地转移给他人所有,并由此获得相应的报酬。[1] 在这里,著作权的转让是一个广义的概念,包括著作权的继承、继受、遗赠和赠予等导致著作权永久转移的行为。

2. 著作权转让的特征

（1）著作权的转让改变了著作权的归属,著作权脱离作者或其他权利人而归属于受让人所有,受让人成为继受著作权人。

（2）著作权转让的标的不是作品而是著作权,作品原件所有权的转移不视为作品著作权的转移,但美术作品原件的展览权由原件所有人享有(2010年《中华人民共和国著作权法》第18条)。

（3）转让的著作权只能是经济权利,具体包括复制权、发行权、出租权、展览权、表演权、放映权、广播权、信息网络传播权、摄制权、改编权、翻译权、汇编权、注释权与整理权等(2010年《中华人民共和国著作权法》第10条第3款)。

（4）转让的著作权可以是其经济权利中的全部或部分权利,著作权人未转让的权利仍然归属于本人享有,未经著作权人同意,另一方当事人不得行使(2010年《中华人民共和国著作权法》第27条)。

3. 著作权转让的种类

（1）著作权的继承:著作权属于公民的,公民死亡后,其著作权中的经济权利在法定保护期内,依照继承法的规定转移(2010年《中华人民共和国著作权法》第19条第1款)。

（2）著作权的继受:著作权属于法人或者其他组织的,法人或者其他组织变更、终止后,著作权中的经济权利在法定保护期内,由承受其权利义务的法人或者其他组织享有;没有承受其权利义务的法人或者其他组织的,由国家享有(2010年《中华人民共和国著作权法》第19条第2款)。

（3）著作权的遗赠:公民通过遗嘱将其著作权的一部分或全部遗赠给国家、集体或法定继承人以外的公民,或者通过遗赠抚养协议将其著作权的一部分或全部遗赠给承担其生养死葬义务的抚养人或集体所有制组织(1985年《中华人民共和国继承法》第16条、第31条)。

---

[1] 李明德. 知识产权法[M]. 北京:社会科学文献出版社,2007:129.

(二)著作权转让合同

1.著作权转让合同的含义

著作权转让合同是著作权人与受让人达成的有关著作权中的全部或部分经济权利转移事项的合同。

2.著作权转让合同的形式

著作权转让合同应当采用书面形式(2010年《中华人民共和国著作权法》第25条第1款),可以向著作权行政管理部门备案(2013年《中华人民共和国著作权法实施条例》第25条)。

3.著作权转让合同的内容

著作权转让合同包括下列主要内容:

(1)作品的名称。

(2)转让的权利种类、地域范围。著作权人可以将其著作权中的经济权利概括地转让给同一人,也可以分别转让给不同的受让人,还可以转让其全部或部分地域的著作权,合同应当明确约定转让权利的种类和地域范围,否则受让人不能获得该种权利。

(3)转让价金。当事人可以协商确定,也可以通过专门机构评估、拍卖或竞标等方式确定。

(4)交付转让价金的日期和方式。

(5)违约责任。

(6)双方认为需要约定的其他内容(2010年《中华人民共和国著作权法》第25条第2款)。

三、著作权的出质

(一)著作权出质概述

著作权以及与著作权有关权利(以下统称"著作权")中的财产权可以出质。以共有的著作权出质的,除另有约定外,应当取得全体共有人的同意(国家版权局2010年《著作权质权登记办法》第3条)。

(二)著作权质权合同

以著作权出质的,出质人和质权人应当订立书面质权合同,一般包括以下内容:

(1)出质人和质权人的基本信息;

(2)被担保债权的种类和数额;

(3)债务人履行债务的期限;

(4)出质著作权的内容和保护期;

(5)质权担保的范围和期限;

(6)当事人约定的其他事项(国家版权局2010年《著作权质权登记办法》第4条、第7条)。

(三)著作权质权登记

1.著作权质权登记手续

以著作权出质的,出质人和质权人应当共同向登记机构办理著作权质权登记(2010年《中华人民共和国著作权法》第26条),提交下列文件:①著作权质权登记申请表;②出质人和质权人的身份证明;③主合同和著作权质权合同;④委托代理人办理的,提交委托书和受托人的身份证明;⑤以共有的著作权出质的,提交共有人同意出质的书面文件;⑥出质前授权他人使用的,提交授权合同;⑦出质的著作权经过价值评估的、质权人要求价值评估的或相关法律法规要求价值评估的,提交有效的价值评估报告;⑧其他需要提供的材料。提交的文件是外文的,需同时附送中文译本(国家版权局2010年《著作权质权登记办法》第4条、第6条)。

2.著作权质权登记审查

有下列情形之一的,登记机构不予登记:①出质人不是著作权人的;②合同违反法律法规强制性规定的;③出质著作权的保护期届满的;④债务人履行债务的期限超过著作权保护期的;⑤出质著作权存在权属争议的;⑥其他不符合出质条件的。

有下列情形之一的,登记机构应当撤销质权登记:①登记后发现有不予登记情形的;②根据司法机关、仲裁机关或行政管理机关做出的影响质权效力的生效裁决或行政处罚决定书应当撤销的;③著作权质权合同无效或者被撤销的;④申请人提供虚假文件或者以其他手段骗取著作权质权登记的;⑤其他应当撤销的。(国家版权局2010年《著作权质权登记办法》第12条、第15条)

3.著作权质权登记撤回与注销

登记机构办理著作权质权登记前,申请人可以撤回登记申请。

有下列情形之一的,申请人应当申请注销质权登记:①出质人和质权人协商一致同意注销的;②主合同履行完毕的;③质权实现的;④质权人放弃质权的;⑤其他导致质权消灭的。申请注销质权登记的,应当提交注销登记申请书、注销登记证明、申请人身份证明等材料,并交回原《著作权质权登记证书》。登记机构应当自受理之日起10日内办理完毕,并发放注销登记通知书(国家版权局2010年《著作权质权登记办法》第13条、第18条、第19条)。

4.著作权质权登记证书、登记簿

《著作权质权登记证书》的内容包括:①出质人和质权人的基本信息;②出质著作权的基本信息;③著作权质权登记号;④登记日期,并应当标明:著作权质权自登记之日起设立。《著作权质权登记证书》灭失或者毁损的,可以向登记机构申请补发或换发,登记机构应自收到申请之日起5日内予以补发或换发。

登记机构应当设立《著作权质权登记簿》,记载著作权质权登记的相关信息,供社会公众查询。《著作权质权登记簿》应当包括以下内容:①出质人和质权人的基本信息;②著作权质权合同的主要内容;③著作权质权登记号;④登记日期;⑤登记撤销情况;⑥登记变更情况;⑦登记注销情况;⑧其他需要记载的内容。著作权质权的设立、变更、转让和消灭,自记载于《著作权质权登记簿》时发生效力。

《著作权质权登记证书》的内容应当与《著作权质权登记簿》的内容一致。记载不一致的,除有证据证明《著作权质权登记簿》确有错误外,以《著作权质权登记簿》为准(国家版权局2010年《著作权质权登记办法》第5条、第11条、第20条、第22条)。

第六章 著作权的保护

第一节 著作权的民事保护

一、著作权侵权行为

(一)著作权侵权行为的构成要件

著作权侵权行为属于一般侵权行为,其构成要件有四:

(1)著作权侵害行为:指著作权侵权人做出的致他人的著作权或者与著作权有关的权利受到损害的行为。

(2)著作权损害事实:指著作权侵权行为对他人的著作权或者与著作权有关的权利造成的不利影响,包括财产损害、人身伤害和精神损害三种。

(3)著作权侵害行为与著作权损害事实之间有因果关系。

(4)著作权侵权人主观上有过错,包括故意和过失两种形式。根据法律规定推定行为人有过错,行为人不能证明自己没有过错的,应当承担侵权责任(2009年《中华人民共和国侵权责任法》第6条)。

(二)著作权侵权行为的具体情形

(1)未经著作权人许可,发表其作品的;

(2)未经合作作者许可,将与他人合作创作的作品当作自己单独创作的作品发表的;

(3)没有参加创作,为谋取个人名利,在他人作品上署名的;

(4)歪曲、篡改他人作品的;

(5)剽窃他人作品的;

(6)未经著作权人许可,复制、发行、表演、放映、广播、汇编、通过信息网络向公众传播其作品的,属于合理使用、法定许可使用情形的除外;

(7)未经著作权人许可,以展览、摄制电影和以类似摄制电影的方法使用作品,或者以改编、翻译、注释等方式使用作品的,属于合理使用、法定许可使用情

形的除外;

(8)使用他人作品,应当支付报酬而未支付的;

(9)未经电影作品和以类似摄制电影的方法创作的作品、计算机软件、录音录像制品的著作权人或者与著作权有关的权利人许可,出租其作品或者录音录像制品的,属于合理使用、法定许可使用情形的除外;

(10)未经出版者许可使用其出版的图书、期刊的版式设计,或者出版他人享有专有出版权的图书的;

(11)未经表演者许可,从现场直播或者公开传送其现场表演,或者录制其表演,或者复制、发行录有其表演的录音录像制品,或者通过信息网络向公众传播其表演的,属于合理使用、法定许可使用情形的除外;

(12)未经录音录像制作者许可,复制、发行、通过信息网络向公众传播其制作的录音录像制品的,属于合理使用、法定许可使用情形的除外;

(13)未经许可,播放或者复制广播、电视的,属于合理使用、法定许可使用情形的除外;

(14)未经著作权人或者与著作权有关的权利人许可,故意避开或者破坏权利人为其作品、录音录像制品等采取的保护著作权或者与著作权有关的权利的技术措施,或者故意删除或者改变作品、录音录像制品等的权利管理电子信息的,法律、行政法规另有规定的除外;

(15)制作、出售假冒他人署名的作品的;

(16)复制品的出版者、制作者不能证明其出版、制作有合法授权,或者复制品的发行者或者电影作品或者以类似摄制电影的方法创作的作品、计算机软件、录音录像制品的复制品的出租者不能证明其发行、出租的复制品有合法来源的;

(17)出版物侵犯他人著作权的;

(18)出版者将著作权人交付出版的作品丢失、毁损致使出版合同不能履行的;

(19)计算机软件用户未经许可或者超过许可范围商业使用计算机软件的;

(20)其他侵犯著作权以及与著作权有关的权益的行为(2010年《中华人民共和国著作权法》第47条、第48条、第53条,2002年《最高人民法院关于审理著作权民事纠纷案件适用法律若干问题的解释》第19~21条、第23条)。

(三)著作权侵权行为的民事责任形式

(1)停止侵害。

(2)消除影响。

(3)赔礼道歉。

(4)赔偿损失。

侵犯著作权或者与著作权有关的权利的,侵权人应当按照权利人的实际损失给予赔偿;权利人的实际损失难以计算的,可以按照侵权人的违法所得给予赔偿;当事人就赔偿数额达成协议的,应当准许。其中,权利人的实际损失可以根据权利人因侵权所造成复制品发行减少量或者侵权复制品销售量与权利人发行该复制品单位利润乘积计算。

权利人的实际损失或者侵权人的违法所得不能确定的,由人民法院根据侵权行为的情节,依当事人的请求或者依职权判决给予50万元以下的赔偿。人民法院在确定赔偿数额时,应当考虑作品类型、合理使用费、侵权行为性质、后果等情节综合确定。

赔偿数额还应当包括权利人为制止侵权行为所支付的合理开支,包括权利人或者委托代理人对侵权行为进行调查、取证的合理费用。人民法院根据当事人的诉讼请求和具体案情,可以将符合国家有关部门规定的律师费用计算在赔偿范围内(2010年《中华人民共和国著作权法》第47条、第49条,2002年《最高人民法院关于审理著作权民事纠纷案件适用法律若干问题的解释》第24~26条)。

二、著作权民事案件的司法措施

(一)诉前禁令

著作权人或者与著作权有关的权利人有证据证明他人正在实施或者即将实施侵犯其权利的行为,如不及时制止将会使其合法权益受到难以弥补的损害的,可以在起诉前向人民法院申请采取责令停止有关行为的措施(2010年《中华人民共和国著作权法》第50条)。其中,与著作权有关的权利人包括著作权许可合同的被许可人、著作权中经济权利的合法继承人。著作权许可合同被许可人中,独占的专有许可合同的被许可人可以单独向人民法院提出申请;排他的专有许可合同的被许可人在著作权人不申请的情况下,可以提出申请。

诉前责令停止侵犯著作权行为的申请,应当向侵权行为地或者被申请人住所地对著作权案件有管辖权的人民法院提出,并递交书面申请状。申请状应当载明:①当事人及其基本情况;②申请的具体内容、范围;③申请的理由,包括有关行为如不及时制止,将会使著作权人或者利害关系人的合法权益受到难以弥补的损害的具体说明。

申请人提出诉前停止侵犯著作权行为的申请时,应当提交下列证据:①著作权人应当提交涉及著作权的底稿、原件、合法出版物、著作权登记证书、认证机构出具的证明、取得权利的合同等证据,与著作权有关的权利人应当提交著作权许可合同、在版权局备案的材料及著作权证据复印件;排他的专有许可合同的被许可人单独提出申请的,应当提交著作权人放弃申请的证据材料;著作权中经济权利的继承人应当提交已经继承或者正在继承的证据材料。②证明被申请人正在实施或者即将实施侵犯著作权的行为的证据,包括被诉侵权商品。

申请人提出诉前停止侵犯著作权行为的申请时应当提供担保。申请人提供保证、抵押等形式的担保合理、有效的,人民法院应当准许。申请人不提供担保的,驳回申请。人民法院确定担保的范围时,应当考虑责令停止有关行为所涉及的商品销售收益,以及合理的仓储、保管等费用,停止有关行为可能造成的合理损失等。在执行停止有关行为裁定过程中,被申请人可能因采取该项措施造成更大损失,人民法院可以责令申请人追加相应的担保。申请人不追加担保的,可以解除有关停止措施。停止侵犯著作权行为裁定所采取的措施,不因被申请人提供担保而解除,但申请人同意的除外。

人民法院接受著作权人或者与著作权有关的权利人提出责令停止侵犯著作权行为的申请后,经审查符合法律规定的,应当在48小时内做出书面裁定。人民法院做出诉前停止侵犯著作权行为的裁定事项,应当限于著作权人或者与著作权有关的权利人申请的范围。裁定责令被申请人停止侵犯著作权行为的,应当立即开始执行。人民法院做出诉前责令停止有关行为的裁定,应当及时通知被申请人,至迟不得超过五日。

当事人对诉前责令停止侵犯著作权行为裁定不服的,可以在收到裁定之日起十日内申请复议一次。复议期间不停止裁定的执行。人民法院对当事人提出的复议申请应当从以下方面进行审查:①被申请人正在实施或者即将实施的行为是否侵犯著作权;②不采取有关措施,是否会给申请人合法权益造成难以弥补的损害;③申请人提供担保的情况;④责令被申请人停止有关行为是否损害社会公共利益。

著作权人或者与著作权有关的权利人在人民法院采取停止有关行为的措施后30日内不起诉的,人民法院应当解除裁定采取的措施。申请人不起诉或者申请错误造成被申请人损失的,被申请人可以向有管辖权的人民法院起诉请求申请人赔偿,也可以在著作权人或者与著作权有关的权利人提起的侵犯著作权的诉讼中提出损害赔偿请求,人民法院可以一并处理。

停止侵犯著作权行为裁定的效力,一般应维持到终审法律文书生效时止。人民法院也可以根据案情,确定停止有关行为的具体期限;期限届满时,根据当事人的请求及追加担保的情况,可以做出继续停止有关行为的裁定。被申请人违反人民法院责令停止侵犯著作权行为裁定的,人民法院可以根据情节轻重予以罚款、拘留;构成犯罪的,依法追究刑事责任(2002年《最高人民法院关于审理著作权民事纠纷案件适用法律若干问题的解释》第30条第2款,2001年《最高人民法院关于诉前停止侵犯注册商标专用权行为和保全证据适用法律问题的解释》第1~14条,2012年《中华人民共和国民事诉讼法》第101条、第111条)。

(二)诉前证据保全

为制止侵权行为,在证据可能灭失或者以后难以取得的情况下,著作权人或者与著作权有关的权利人可以在起诉前向人民法院申请保全证据(2010年《中华人民共和国著作权法》第51条)。其中,与著作权有关的权利人包括著作权许可合同的被许可人、著作权中经济权利的合法继承人。著作权许可合同被许可人中,独占的专有许可合同的被许可人可以单独向人民法院提出申请;排他的专有许可合同的被许可人在著作权人不申请的情况下,可以提出申请。

诉前保全证据的申请,应当向侵权行为地或者被申请人住所地对著作权案件有管辖权的人民法院提出,并递交书面申请状。申请状应当载明:①当事人及其基本情况;②申请保全证据的具体内容、范围、所在地点;③请求保全的证据能够证明的对象;④申请的理由,包括证据可能灭失或者以后难以取得,且当事人及其诉讼代理人因客观原因不能自行收集的具体说明。

申请人申请诉前保全证据可能涉及被申请人财产损失的,人民法院可以责令申请人提供相应的担保。申请人提供保证、抵押等形式的担保合理、有效的,人民法院应当准许。申请人不提供担保的,驳回申请。

人民法院接受申请后,必须在48小时内做出裁定。人民法院做出诉前保全证据的裁定事项,应当限于著作权人或者与著作权有关的权利人申请的范围。人民法院裁定采取保全措施的,应当立即开始执行。被申请人违反人民法院保全证据裁定的,人民法院可以根据情节轻重予以罚款、拘留;构成犯罪的,依法追究刑事责任。

著作权人或者与著作权有关的权利人在人民法院采取保全证据的措施后三十日内不起诉的,人民法院应当解除裁定采取的措施。申请人不起诉或者申请错误造成被申请人损失的,被申请人可以向有管辖权的人民法院起诉请求申请人赔偿,也可以在著作权人或者与著作权有关的权利人提起的侵犯著作权的诉讼中提出损害赔偿请求,人民法院可以一并处理(2002年《最高人民法院关于审理著作权民事纠纷案件适用法律若干问题的解释》第30条第2款,2001年《最高人民法院关于诉前停止侵犯注册商标专用权行为和保全证据适用法律问题的解释》第1~3条、第5条、第6条、第12条、第13条,2012年《中华人民共和国民事诉讼法》第101条、第111条)。

(三)诉前财产保全

著作权人或者与著作权有关的权利人有证据证明他人正在实施或者即将实施侵犯其权利的行为,如不及时制止将会使其合法权益受到难以弥补的损害的,可以在起诉前向人民法院申请采取财产保全的措施(2010年《中华人民共和国著作权法》第50条)。

申请人应当提供担保,不提供担保的,裁定驳回申请。被申请人提供担保的,人民法院应当裁定解除财产保全。

人民法院接受申请后,必须在48小时内做出裁定;裁定采取财产保全措施的,应当立即开始执行。申请人在人民法院采取保全措施后30日内不依法提起诉讼或者申请仲裁的,人民法院应当解除财产保全。申请有错误的,申请人应当赔偿被申请人因财产保全所遭受的损失。

财产保全限于请求的范围,或者与案件有关的财物。财产保全采取查封、扣押、冻结或者法律规定的其他方法。人民法院保全财产后,应当立即通知被保全财产的人。财产已被查封、冻结的,不得重复查封、冻结。

当事人对财产保全的裁定不服的,可以申请复议一次。复议期间不停止裁定的执行(2012年《中华人民共和国民事诉讼法》第101~105条、第108条)。

(四)民事制裁

人民法院审理案件,对于侵犯著作权或者与著作权有关的权利的,可以没收违法所得、侵权复制品以及进行违法活动的财物(2010年《中华人民共和国著作权法》第52条)。

三、著作权民事案件的管辖、证据和诉讼时效

(一)著作权民事案件的管辖

1. 著作权民事案件的管辖范围

人民法院受理以下著作权民事纠纷案件:

(1)著作权及与著作权有关权益权属、侵权、合同纠纷案件;

(2)申请诉前停止侵犯著作权、与著作权有关权益行为,申请诉前财产保全、诉前证据保全案件;

(3)对著作权行政管理部门查处的侵犯著作权行为,当事人向人民法院提起诉讼追究该行为人民事责任的案件;

(4)依法成立的著作权集体管理组织,根据著作权人的书面授权,以自己的

名义提起诉讼的案件;

(5)其他著作权、与著作权有关权益纠纷案件(2002年《最高人民法院关于审理著作权民事纠纷案件适用法律若干问题的解释》第1条、第3条第1款、第6条)。

2.著作权民事案件的级别管辖

著作权民事纠纷案件,由中级以上人民法院管辖。

各高级人民法院根据本辖区的实际情况,可以确定若干基层人民法院管辖第一审著作权民事纠纷案件(2002年《最高人民法院关于审理著作权民事纠纷案件适用法律若干问题的解释》第2条)。

3.著作权民事案件的地域管辖

因侵犯著作权行为提起的民事诉讼,由侵权行为的实施地、侵权复制品储藏地或者查封扣押地、被告住所地人民法院管辖。其中,侵权复制品储藏地是指大量或者经常性储存、隐匿侵权复制品所在地,查封扣押地是指海关、版权、工商等行政机关依法查封、扣押侵权复制品所在地。

对涉及不同侵权行为实施地的多个被告提起的共同诉讼,原告可以选择其中一个被告的侵权行为实施地人民法院管辖;仅对其中某一被告提起的诉讼,该被告侵权行为实施地的人民法院有管辖权(2002年《最高人民法院关于审理著作权民事纠纷案件适用法律若干问题的解释》第4条、第5条)。

(二)著作权民事案件的证据

(1)当事人提供的涉及著作权的底稿、原件、合法出版物、著作权登记证书、认证机构出具的证明、取得权利的合同等,可以作为证据。在作品或者制品上署名的自然人、法人或者其他组织视为著作权、与著作权有关权益的权利人,但有相反证明的除外。

(2)当事人自行或者委托他人以定购、现场交易等方式购买侵权复制品而取得的实物、发票等,可以作为证据。公证人员在未向涉嫌侵权的一方当事人表明身份的情况下,如实对另一方当事人按照规定的方式取得的证据和取证过程出具的公证书,应当作为证据使用,但有相反证据的除外。

(3)出版者、制作者应当对其出版、制作有合法授权承担举证责任,发行者、出租者应当对其发行或者出租的复制品有合法来源承担举证责任,出版者应当对其出版行为的授权、稿件来源和署名、所编辑出版物的内容等所尽合理注意义务情况承担举证责任(2002年《最高人民法院关于审理著作权民事纠纷案件适用法律若干问题的解释》第7条、第8条、第19条、第20条)。

（三）著作权民事案件的诉讼时效

侵犯著作权的诉讼时效为两年，自著作权人知道或者应当知道侵权行为之日起计算。权利人超过两年起诉的，如果侵权行为在起诉时仍在持续，在该著作权保护期内，人民法院应当判决被告停止侵权行为；侵权损害赔偿数额应当自权利人向人民法院起诉之日起向前推算两年计算（2002年《最高人民法院关于审理著作权民事纠纷案件适用法律若干问题的解释》第28条）。

第二节　著作权的行政保护

一、承担行政责任的著作权侵权行为

（一）承担行政责任的著作权侵权行为的构成要件
(1) 构成著作权侵权行为；
(2) 同时损害公共利益的（2010年《中华人民共和国著作权法》第48条）。

（二）承担行政责任的著作权侵权行为的具体情形
(1) 未经著作权人许可，复制、发行、表演、放映、广播、汇编、通过信息网络向公众传播其作品的，属于合理使用、法定许可使用情形的除外；
(2) 出版他人享有专有出版权的图书的；
(3) 未经表演者许可，复制、发行录有其表演的录音录像制品，或者通过信息网络向公众传播其表演的，属于合理使用、法定许可使用情形的除外；
(4) 未经录音录像制作者许可，复制、发行、通过信息网络向公众传播其制作的录音录像制品的，属于合理使用、法定许可使用情形的除外；
(5) 未经许可，播放或者复制广播、电视的，属于合理使用、法定许可使用情形的除外；
(6) 未经著作权人或者与著作权有关的权利人许可，故意避开或者破坏权利人为其作品、录音录像制品等采取的保护著作权或者与著作权有关的权利的技术措施的，法律、行政法规另有规定的除外；
(7) 未经著作权人或者与著作权有关的权利人许可，故意删除或者改变作品、录音录像制品等的权利管理电子信息的，法律、行政法规另有规定的除外；
(8) 制作、出售假冒他人署名的作品的（2010年《中华人民共和国著作权法》第48条）。

二、著作权侵权行为的行政处罚

(一)著作权侵权行为的行政处罚机关

(1)一般的承担行政责任的著作权侵权行为,由地方人民政府著作权行政管理部门负责查处。

(2)在全国有重大影响的承担行政责任的著作权侵权行为,国务院著作权行政管理部门可以查处(2013年《中华人民共和国著作权法实施条例》第37条)。

(二)著作权侵权行为的行政处罚措施

(1)责令停止侵权行为,没收违法所得,没收、销毁侵权复制品,并可处以罚款。非法经营额5万元以上的,著作权行政管理部门可处非法经营额1倍以上5倍以下的罚款;没有非法经营额或者非法经营额5万元以下的,著作权行政管理部门根据情节轻重,可处25万元以下的罚款。

(2)情节严重的,著作权行政管理部门还可以没收主要用于制作侵权复制品的材料、工具、设备等(2010年《中华人民共和国著作权法》第48条,2013年《中华人民共和国著作权法实施条例》第36条)。

(三)著作权侵权行为的行政处罚救济

当事人对行政处罚不服的,可以自收到行政处罚决定书之日起三个月内向人民法院起诉,期满不起诉又不履行的,著作权行政管理部门可以申请人民法院执行(2010年《中华人民共和国著作权法》第56条)。

第三节　著作权的刑事保护

一、侵犯著作权罪

(一)侵犯著作权罪的概念

侵犯著作权罪,是指以营利为目的,未经著作权人许可复制发行其文字作品、音乐、电影、电视、录像作品、计算机软件及其他作品,出版他人享有专有出版权的图书,未经录音录像制作者许可复制发行其制作的录音录像制品,制作、出售假冒他人署名的美术作品,违法所得数额较大或者有其他严重情节的行为(2015年《中华人民共和国刑法》第217条)。

(二)侵犯著作权罪的构成要件

(1)主体:侵犯著作权罪的主体为一般主体,既包括达到刑事责任年龄并具有刑事责任能力的自然人,也包括经国家批准和未经国家批准从事复制发行、出版或制作活动的单位。

(2)客体:侵犯著作权罪侵犯的客体既包括国家对文化市场的管理秩序,又包括著作权人对其作品依法享有的著作权,还包括与著作权有关的权利人在作品传播过程中依法享有的权利。

(3)主观方面:侵犯著作权罪在主观方面表现为故意,并且具有营利的目的。

(4)客观方面:侵犯著作权罪在客观方面表现为以营利为目的,未经著作权人许可复制发行其文字作品、音乐、电影、电视、录像作品、计算机软件及其他作品,出版他人享有专有出版权的图书,未经录音录像制作者许可复制发行其制作的录音录像制品,制作、出售假冒他人署名的美术作品,违法所得数额较大或者有其他严重情节的行为。

(三)侵犯著作权罪的犯罪对象

侵犯著作权罪的犯罪对象是他人的文字作品、音乐、电影、电视、录像作品、计算机软件及其他作品,他人享有专有出版权的图书,录音录像制品,假冒他人署名的美术作品。

(四)侵犯著作权罪的认定

(1)行为人主观方面是否"以营利为目的"。以刊登收费广告等方式直接或者间接收取费用的情形,属于侵犯著作权罪中的"以营利为目的"。

(2)复制发行、出版或制作行为有无合法根据,是区分侵犯著作权罪与非法的重要标准。合法的复制发行、出版或制作行为包括:①经著作权人许可的行为;②未经著作权人许可,但属于法律规定的合理使用、法定许可使用的行为。其中,"复制发行"包括复制、发行或者既复制又发行的行为,通过信息网络向公众传播他人文字作品、音乐、电影、电视、录像作品、计算机软件及其他作品或者通过信息网络传播他人制作的录音录像制品的行为应当视为"复制发行",侵权产品的持有人通过广告、征订等方式推销侵权产品的行为属于"发行";"未经著作权人许可",是指没有得到著作权人授权或者伪造、涂改著作权人授权许可文件或者超出授权许可范围的情形。

(3)注意掌握数额标准,正确区别侵犯著作权罪和民事侵权行为。违法所得数额较大或者有其他严重情节,是区别侵犯著作权罪和民事侵权行为的重要标准。在这里,"违法所得数额较大"是指违法所得数额在3万元以上;"有其他严重情节"是指:①非法经营数额在五万元以上的;②未经著作权人许可,复制发行其文字作品、音乐、电影、电视、录像作品、计算机软件及其他作品,复制品数量合计在500张(份)以上的;③未经录音录像制作者许可,复制发行其制作的录音录像制品,复制品数量合计500张(份)以上的;④其他严重情节的情形。其中,"非法经营数额",是指行为人在实施侵犯知识产权行为过程中,制造、储存、运输、销售侵权产品的价值;已销售的侵权产品的价值,按照实际销售的价格计算;制造、储存、运输和未销售的侵权产品的价值,按照标价或者已经查清的侵权产品的实际销售平均价格计算;侵权产品没有标价或者无法查清其实际销售价格的,按照被侵权产品的市场中间价格计算(2008年《最高人民检察院、公安部关于公安机关管辖的刑事案件立案追诉标准的规定(一)》第26条)。

(五)侵犯著作权罪的刑罚

(1)违法所得数额较大或者有其他严重情节的,处3年以下有期徒刑或者拘役,并处或者单处罚金;

(2)违法所得数额巨大或者有其他特别严重情节的,处3年以上7年以下有期徒刑,并处罚金;

(3)单位犯侵犯著作权罪的,对单位判处罚金,对其直接负责的主管人员和其他直接责任人员,依照上述规定处罚(2015年《中华人民共和国刑法》第217条、第220条)。

(六)侵犯著作权罪的量刑标准

1. 判处三年以下有期徒刑或者拘役的情形

(1)违法所得数额在3万元以上的;

(2)非法经营数额在5万元以上的;

(3)未经著作权人许可,复制发行其文字作品、音乐、电影、电视、录像作品、计算机软件及其他作品,复制品数量合计在500张(份)以上的;

(4)其他严重情节的情形。

2. 判处7年以下有期徒刑的情形

(1)违法所得数额在15万元以上的;

(2)非法经营数额在25万元以上的;

(3)未经著作权人许可,复制发行其文字作品、音乐、电影、电视、录像作品、计算机软件及其他作品,复制品数量合计在2500张(份)以上的;

(4)其他特别严重情节的情形。

3. 单位实施刑法规定的侵犯著作权的行为,按照个人犯罪的定罪量刑标准的3倍定罪量刑(2004年《最高人民法院、最高人民检察院关于办理侵犯知识产权刑事案件具体应用法律若干问题的解释》第5条、第15条,2007年《最高人民法院、最高人民检察院关于办理侵犯知识产权刑事案件具体应用法律若干问题的解释(二)》第1条)。

二、销售侵权复制品罪

(一)销售侵权复制品罪的概念

销售侵权复制品罪,是指以营利为目的,销售明知是侵犯他人著作权的文字作品、音乐、电影、电视、录像作品、计算机软件及其他作品,侵犯专有出版权的图书,侵犯录音录像制作者权的录音录像制品,假冒他人署名的美术作品,违法所得数额巨大的行为(2015年《中华人民共和国刑法》第218条)。

(二)销售侵权复制品罪的构成要件

(1)主体:销售侵权复制品罪的主体为一般主体,既包括达到刑事责任年龄,并具有刑事责任能力的自然人,也包括经国家批准和未经国家批准从事复制发行、出版或制作活动的单位。

(2)客体:销售侵权复制品罪侵犯的客体是国家的著作权管理制度以及他人的著作权及与著作权有关的权益。与侵犯著作权罪侵犯的客体所不同之处在于,销售侵权复制品罪的侵权具有间接性,其危害性比侵犯著作权罪相对要小些。

(3)主观方面:销售侵权复制品罪在主观方面表现为故意,并且具有营利目的。

(4)客观方面:销售侵权复制品罪在客观方面表现为以营利为目的,销售明知是侵犯他人著作权的文字作品、音乐、电影、电视、录像作品、计算机软件及其他作品,侵犯专有出版权的图书,侵犯录音录像制作者权的录音录像制品,假冒他人署名的美术作品,违法所得数额巨大的行为。

(三)销售侵权复制品罪的犯罪对象

销售侵权复制品罪的犯罪对象是侵权复制品。所谓侵犯复制品,主要是指未经著作权人许可而复制发行的文字作品、音乐、电影、电视、录像作品、计算机软件及其他作品,擅自出版的他人享有出版权的图书,未经录音录像制作者许可而复制发行其制作的录音录像制品,假冒他人署名的美术作品。

(四)销售侵权复制品罪的认定

1.罪与非罪的界限:判断销售侵权复制品是否构成犯罪,主要从三个方面进行考察。

(1)行为人是否明知销售的属于侵权复制品。如果并不明知,即使存在严重过失也不构成犯罪。

(2)犯罪对象是否属于刑法规定的侵权复制品。不属于上述对象的,不构成犯罪。

(3)违法所得数额是否达到巨大的程度。以营利为目的,销售明知是刑法规定的侵权复制品,涉嫌下列情形之一的,应予立案追诉:①违法所得数额十万元以上的;②违法所得数额虽未达到上述数额标准,但尚未销售的侵权复制品货值金额达到30万元以上的(2008年《最高人民检察院、公安部关于公安机关管辖的刑事案件立案追诉标准的规定(一)》第27条)。

2. 本罪与侵犯著作权罪的界限

(1)犯罪主体不同。销售侵权复制品罪的主体只能是侵权复制品制作者以外的其他自然人或单位,侵犯著作权罪的主体一般是制作者,有时可能是与制作者通谋的发行者或销售者。

(2)犯罪客观方面不同。销售侵权复制品罪在客观方面表现为销售侵权复制品且违法所得数额巨大的行为;侵犯著作权罪的行为方式则可以是复制发行、出版,也可以是制作、出售,且违法所得数额较大或有其他严重情节的就构成犯罪。实施侵犯著作权犯罪,又销售该侵权复制品,构成犯罪的,应当以侵犯著作权罪定罪处罚。但实施侵犯著作权犯罪,又销售明知是他人的侵权复制品,构成犯罪的,应当实行数罪并罚(2004年《最高人民法院、最高人民检察院关于办理侵犯知识产权刑事案件具体应用法律若干问题的解释》第14条)。

(五)销售侵权复制品罪的刑罚

(1)自然人犯销售侵权复制品罪的,处三年以下有期徒刑或者拘役,并处或者单处罚金。

(2)单位犯销售侵权复制品罪的,对单位判处罚金,对其直接负责的主管人员和其他直接责任人员,依照上述规定处罚(2015年《中华人民共和国刑法》第218条、第220条)。

(六)销售侵权复制品罪的量刑标准

(1)以营利为目的,实施刑法规定的销售侵权复制品的行为,违法所得数额在十万元以上的,属于"违法所得数额巨大",应当以销售侵权复制品罪判处三年以下有期徒刑或者拘役,并处或者单处罚金。

(2)单位实施刑法规定的销售侵权复制品的行为,按照个人犯罪的定罪量刑标准的三倍定罪量刑(2004年《最高人民法院、最高人民检察院关于办理侵犯知识产权刑事案件具体应用法律若干问题的解释》第6条、第15条)。

第七章 著作权的集体管理

第一节 著作权集体管理概述

一、著作权集体管理的概念

著作权集体管理是指著作权集体管理组织经权利人授权,集中行使权利人的有关权利并以自己的名义进行相关的活动。

二、著作权集体管理的有关权利

著作权法规定的表演权、放映权、广播权、出租权、信息网络传播权、复制权等权利人自己难以有效行使的权利,可以由著作权集体管理组织进行集体管理。

三、著作权集体管理活动

(1)与使用者订立著作权或者与著作权有关的权利许可使用合同。著作权集体管理组织许可他人使用其管理的作品、录音录像制品等,应当与使用者以书面形式订立许可使用合同。著作权集体管理组织不得与使用者订立专有许可使用合同。使用者以合理的条件要求与著作权集体管理组织订立许可使用合同,著作权集体管理组织不得拒绝。许可使用合同的期限不得超过2年;合同期限届满可以续订。

(2)向使用者收取使用费。除法定许可应当支付的使用费外,著作权集体管理组织应当根据国务院著作权管理部门公告的使用费收取标准,与使用者约定收取使用费的具体数额。两个或者两个以上著作权集体管理组织就同一使用方式向同一使用者收取使用费,可以事先协商确定由其中一个著作权集体管理组织统一收取。统一收取的使用费在有关著作权集体管理组织之间经协商分配。使用者向著作权集体管理组织支付使用费时,应当提供其使用的作品、录音录像制品等的名称、权利人姓名或者名称和使用的方式、数量、时间等有关使用情况;许可使用合同另有约定的除外。使用者提供的有关使用情况涉及该使用者商业秘密的,著作权集体管理组织负有保密义务。

(3)向权利人转付使用费。著作权集体管理组织可以从收取的使用费中提取一定比例作为管理费,用于维持其正常的业务活动。著作权集体管理组织提取管理费的比例应当随着使用费收入的增加而逐步降低。著作权集体管理组织收取的使用费,在提取管理费后,应当全部转付给权利人,不得挪作他用。著作权集体管理组织转付使用费,应当编制使用费转付记录。使用费转付记录应当载明使用费总额、管理费数额、权利人姓名或者名称、作品或者录音录像制品等的名称、有关使用情况、向各权利人转付使用费的具体数额等事项,并应当保存10年以上。

(4)进行涉及著作权或者与著作权有关的权利的诉讼、仲裁等。

第二节 著作权集体管理组织

一、著作权集体管理组织的概念

著作权集体管理组织是指为权利人的利益依法设立,根据权利人授权、对权利人的著作权或者与著作权有关的权利进行集体管理的社会团体。著作权集体管理组织应当依照有关规定进行登记并开展活动。

二、著作权集体管理组织的设立

(一)设立条件

(1)发起设立著作权集体管理组织的权利人不少于50人。依法享有著作权或者与著作权有关的权利的中国公民、法人或者其他组织,可以发起设立著作权集体管理组织。

(2)不与已经依法登记的著作权集体管理组织的业务范围交叉、重合。

(3)能在全国范围代表相关权利人的利益。

(4)有著作权集体管理组织的章程草案、使用费收取标准草案和向权利人转付使用费的办法草案。

(二)章程内容

(1)名称、住所。

(2)设立宗旨。

(3)业务范围。

(4)组织机构及其职权。

(5)会员大会的最低人数。

(6)理事会的职责及理事会负责人的条件和产生、罢免的程序。

(7)管理费提取、使用办法。

(8)会员加入、退出著作权集体管理组织的条件、程序。

(9)章程的修改程序。著作权集体管理组织修改章程,应当将章程修改草案报国务院著作权管理部门批准,并依法经国务院民政部门核准后,由国务院著作权管理部门予以公告。

(10)著作权集体管理组织终止的条件、程序和终止后资产的处理。著作权集体管理组织被依法撤销登记的,自被撤销登记之日起不得再进行著作权集体管理业务活动。

(三)设立手续

(1)申请设立著作权集体管理组织,应当向国务院著作权管理部门提交证明符合本条例第7条规定的条件的材料。国务院著作权管理部门应当自收到材料之日起60日内,做出批准或者不予批准的决定。批准的,发给著作权集体管理许可证;不予批准的,应当说明理由。

(2)申请人应当自国务院著作权管理部门发给著作权集体管理许可证之日起30日内,依照有关社会团体登记管理的行政法规到国务院民政部门办理登记手续。

(3)依法登记的著作权集体管理组织,应当自国务院民政部门发给登记证书之日起30日内,将其登记证书副本报国务院著作权管理部门备案;国务院著作权管理部门应当将报备的登记证书副本,以及著作权集体管理组织章程、使用费收取标准、使用费转付办法予以公告。

(4)著作权集体管理组织设立分支机构,应当经国务院著作权管理部门批准,并依照有关社会团体登记管理的行政法规到国务院民政部门办理登记手续。经依法登记的,应当将分支机构的登记证书副本报国务院著作权管理部门备案,由国务院著作权管理部门予以公告。

三、著作权集体管理组织的机构

(一)会员大会

著作权集体管理组织会员大会为著作权集体管理组织的权力机构。会员大会由理事会负责召集。理事会应当于会员大会召开60日以前将会议的时间、地点和拟审议事项予以公告;出席会员大会的会员,应当于会议召开 30 日以前报名。报名出席会员大会的会员少于章程规定的最低人数时,理事会应当将会员大会报名情况予以公告,会员可以于会议召开 5 日以前补充报名,并由全部报名出席的会员举行会员大会。

会员大会行使下列职权:
(1)制定和修改章程;
(2)制定和修改使用费收取标准;
(3)制定和修改使用费转付办法;
(4)选举和罢免理事;
(5)审议批准理事会的工作报告和财务报告;
(6)制定内部管理制度;
(7)决定使用费转付方案和著作权集体管理组织提取管理费的比例;
(8)决定其他重大事项。

会员大会每年召开一次;经 10% 以上会员或者理事会提议,可以召开临时会员大会。会员大会做出决定,应当经出席会议的会员过半数表决通过。

(二)理事会

著作权集体管理组织设立理事会,对会员大会负责,执行会员大会决定。理事会成员不得少于 9 人。

理事会任期为 4 年,任期届满应当进行换届选举。因特殊情况可以提前或者延期换届,但是换届延期不得超过 1 年。

四、著作权集体管理组织的监督

(一)管理部门的监督

著作权集体管理组织的资产使用和财务管理受国务院著作权管理部门和民政部门的监督。

国务院著作权管理部门可以采取下列方式对著作权集体管理组织进行监督,并应当对监督活动做出记录:

(1)检查著作权集体管理组织的业务活动是否符合本条例及其章程的规定;

(2)核查著作权集体管理组织的会计账簿、年度预算和决算报告及其他有关业务材料;

(3)派员列席著作权集体管理组织的会员大会、理事会等重要会议。

（二）权利人的监督

权利人有权查阅、复制著作权集体管理组织的财务报告、工作报告和其他业务材料；著作权集体管理组织应当提供便利。

权利人认为著作权集体管理组织有下列情形之一的，可以向国务院著作权管理部门检举：

（1）权利人符合章程规定的加入条件要求加入著作权集体管理组织，或者会员依照章程规定的程序要求退出著作权集体管理组织，著作权集体管理组织拒绝的；

（2）著作权集体管理组织不按照规定收取、转付使用费，或者不按照规定提取、使用管理费的；

（3）权利人要求查阅本条例第32条规定的记录、业务材料，著作权集体管理组织拒绝提供的。

（三）使用人的监督

使用者认为著作权集体管理组织有下列情形之一的，可以向国务院著作权管理部门检举：

（1）著作权集体管理组织违反本条例第23条规定拒绝与使用者订立许可使用合同的；

（2）著作权集体管理组织未根据公告的使用费收取标准约定收取使用费的具体数额的；

（3）使用者要求查阅本条例第32条规定的记录，著作权集体管理组织拒绝提供的。

（四）其他人的监督

权利人和使用者以外的公民、法人或者其他组织认为著作权集体管理组织有违反本条例规定的行为的，可以向国务院著作权管理部门举报（2004年《著作权集体管理条例》第2～4条、第7～12条、第15～18条、第23条、第25～29条、第31～35条、第37条）。

第三编

中国专利法律制度

第八章 专利权的创造

第一节 专利权的主体

一、专利权主体的概念

专利权的主体有广义和狭义之分。广义的专利权主体是指有权提出专利申请和获得专利权,并承担与此相适应义务的人,包括发明人或设计人、专利申请人和专利权人。狭义的专利权主体仅指专利权人,是指对某项已被国家授权的专利在法定期限内享有专有权的个人或单位。本节从广义上阐述专利权的主体,但在其他章节中如无特别说明仅指专利权人。

发明人或设计人、专利申请人及专利权人是专利权主体在发明创造活动和专利授权过程中不同阶段的具体称谓,既可能是同一个人,也可能是不同的人。通常情况下,发明人或设计人就是专利申请人,但也可能因为转让、赠与、继承、继受或依法律规定(如职务发明创造的规定)而使发明人或设计人以外的其他人成为专利申请人;而专利申请人获得专利授权后即成为专利权人,但也有可能因为转让、赠与、继承、继受等而使专利权申请人以外的其他人成为专利权人。

二、发明人或设计人

(一)发明人或设计人的概念和要件

发明人或设计人是指对发明创造的实质性特点做出创造性贡献的人。发明人或设计人必须具备以下要件:

(1)发明人或设计人必须是个人,且不论年龄大小、智力如何,而不能是单位或集体。

(2)发明人或设计人必须是直接参加发明创造活动的人,不包括在完成发明创造过程中只负责组织工作的人、为物质技术条件的利用提供方便的人或者从事其他辅助工作的人。

(3)发明人或设计人必须是对发明创造的实质性特点做出创造性贡献的人,仅仅提出发明所要解决的问题而未对如何解决该问题提出具体建设性意见的人,或者仅仅提出一般性意见的人,不是发明人或设计人(2010年《中华人民共和国专利法实施细则》第13条)。

(二)发明人或设计人的权利

1. 署名权

发明人或设计人有权在专利文件、专利证书中注明自己是发明人或设计人(2008年《中华人民共和国专利法》第17条),无论任何单位或个人因申请、受让而取得专利权,都不能改变发明人或设计人的身份和地位。

2. 申请专利的权利和专利权

对于非职务发明创造,申请专利的权利属于发明人或设计人;申请被批准后,该发明人或设计人为专利权人。对发明人或设计人的非职务发明创造专利申请,任何单位或个人不得压制(2008年《中华人民共和国专利法》第6条第2款、第7条)。

3. 获得奖励和报酬权

职务发明创造被授予专利权以后,获得专利权的单位应当对发明人或设计人给予奖励;在专利实施以后,应当根据其推广应用的范围和取得的经济效益,对发明人或设计人给予合理的报酬(2008年《中华人民共和国专利法》第16条)。被授予专利权的单位可以与发明人、设计人约定或者在其依法制定的规章制度中规定奖励、报酬的方式和数额(2010年《中华人民共和国专利法实施细则》第76条)。

被授予专利权的单位未与发明人、设计人约定也未在其依法制定的规章制度中规定奖励的方式和数额的,应当自专利权公告之日起3个月内发给发明人或者设计人奖金。一项发明专利的奖金最低不少于3000元;一项实用新型专利或外观设计专利的奖金最低不少于1000元。由于发明人或设计人的建议被其所属单位采纳而完成的发明创造,被授予专利权的单位应当从优发给奖金(2010年《中华人民共和国专利法实施细则》第77条)。

被授予专利权的单位未与发明人、设计人约定也未在其依法制定的规章制度中规定报酬的方式和数额的,在专利权有效期限内,实施发明创造专利后,每年应当从实施该项发明或实用新型专利的营业利润中提取不低于2%或者从实施该项外观设计专利的营业利润中提取不低于0.2%,作为报酬给予发明人或设计人,或者参照上述比例,给予发明人或设计人一次性报酬;被授予专利权的单位许可其他单位或个人实施其专利的,应当从收取的使用费中提取不低于

10%,作为报酬给予发明人或设计人(2010年《中华人民共和国专利法实施细则》第78条)。

(三)共同发明人或设计人

在一项发明创造中,发明人或设计人既可以是一个人也可以是多个人。如果两个或两个以上的人对同一发明创造共同构思,并对其实质性特点共同做出创造性贡献,这些人称为共同发明人或设计人,其所完成的发明创造称为共同发明创造。

共同发明人或设计人并不是人数上的简单相加。确定共同发明人或设计人,需要把握两点:一是以发明创造的事实和技术档案的真实记载为依据,确定每个发明人或设计人在整个发明创造过程中所做的贡献;二是以是否具有共同的发明创造构思、是否对发明创造的实质性特点做出了创造性贡献为判断标准。

共同发明创造申请专利的权利和取得的专利权归共同发明人或设计人共有。首先,共同发明创造应当由共同发明人或设计人共同提出专利申请,除非有协议明确约定其中一人或数人可以单独申请。其次,对于基于共同发明创造所获得的专利权,应当严格按照共同共有的原则由共同发明人或设计人分享。

(四)合作或委托发明人或设计人

合作完成的发明创造属于共同发明创造之一种,是合作各方签有合作合同或协议的共同发明创造。而合作各方作为共同发明人或设计人,称为合作发明人或设计人,其权利义务由合同或协议约定,包括署名权、申请专利的权利和专利权的归属。但如果没有约定或约定不明确时,发明人或设计人的署名权,以及申请专利的权利、专利权由合作发明人或设计人共有。

一项发明创造是一方委托另一方进行特定的技术研究、开发或外观设计而完成的,称为委托完成的发明创造,其中受托方称为委托发明人或设计人。委托发明人或设计人的权利义务由双方协商签订的委托协议或技术开发合同约定,包括署名权、申请专利的权利和专利权的归属。但如果没有约定或约定不明确时,发明人或设计人的署名权,以及申请专利的权利、专利权由委托发明人或设计人享有(2008年《中华人民共和国专利法》第8条)。

三、专利申请人

(一)专利申请人的概念

专利申请人也称为专利申请权人,是指对某项发明创造根据法律规定或合同约定有权以自己名义申请专利的人。专利申请人既可以是自然人,也可以是法人或其他组织。因为专利申请人可能是非职务发明创造中的发明人或设计人,也可能是职务发明创造中发明人或设计人所在的单位,还可能是其合法受让人、受赠人、继承人、继受人。

(二)职务发明创造专利申请人

职务发明创造是指执行本单位的任务或者主要是利用本单位的物质技术条件所完成的发明创造。这里的单位是指企业、事业、社会团体、国家机关和其他组织,既包括正式工作单位,也包括临时工作单位。

职务发明创造分为以下两类:

(1)执行本单位的任务所完成的发明创造,包括:①在本职工作中做出的发明创造;②履行本单位交付的本职工作之外的任务所作出的发明创造;③退休、调离原单位后或者劳动、人事关系终止后1年内做出的,与其在原单位承担的本职工作或者原单位分配的任务有关的发明创造。

(2)主要是利用本单位的物质技术条件所完成的发明创造。所谓"本单位的物质技术条件",是指本单位的资金、设备、零部件、原材料或者不对外公开的技术资料等。

职务发明创造的专利申请人区分两种情况来确定:①一般情况下,职务发明创造申请专利的权利属于发明人或设计人所在单位;②利用本单位的物质技术条件所完成的发明创造,单位与发明人或设计人订有合同,对申请专利的权利归属做出约定的,从其约定(2008年《中华人民共和国专利法》第6条第1款、第3款,2010年《中华人民共和国专利法实施细则》第12条)。

(三)非职务发明创造专利申请人

非职务发明创造包括:不在任何单位工作的独立的发明人或设计人所完成的发明创造,单位工作人员退休、调离原单位后或者劳动、人事关系终止1年后所完成的发明创造,以及虽在单位工作但不是执行本单位的任务也不是主要利用本单位的物质条件所完成的发明创造。

对于非职务发明创造,申请专利的权利属于发明人或设计人(2008年《中华人民共和国专利法》第6条第2款),即发明人或设计人是非职务发明创造的专利申请人。

(四)合作或委托完成的发明创造专利申请人

合作或委托完成的发明创造专利申请人首先由协议约定,在没有约定或约定不明确时,为完成或共同完成的单位或个人。合作完成的发明创造专利申请人可以转让、优先受让、放弃或阻止他方行使专利申请权或申请专利的权利,委托完成的发明创造专利申请人可能是通过优先受让而取得专利申请权的委托方

(2008年《中华人民共和国专利法》第8条,1999年《中华人民共和国合同法》第339条第2款、第340条)。

四、专利权人

专利权人是指对某项已经被国务院专利行政部门授予专利权的发明创造在法定期限内享有专有权的个人或者单位。专利权人可能是专利申请人,也可能是其合法受让人、受赠人、继承人、继受人。前者称为原始专利权人,后者称为继受专利权人。所谓原始专利权人,是指通过向国务院专利行政部门提出专利申请、获得批准而享有专利权的个人或者单位。所谓继受专利权人,是指未经由专利申请程序,而是通过转让、赠与、继承、继受等方式从原始专利权人处获得专利权的个人或者单位。

五、外国人专利权主体

外国人是指具有外国国籍的自然人和依据外国法律成立并在外国登记注册的外国公司、企业和其他组织。以外国人在中国境内是否有住所为标准,可将外国人分为在中国有经常居所或营业地的外国人和在中国没有经常居所或者营业地的外国人两种。

(1)在中国有经常居所或者营业所的外国人,主要是指在中国境内长期生活、工作的外国自然人和在中国设有机构并长期营业的外国公司、企业和其他组织,对这部分外国人在中国申请专利给予国民待遇,不附加任何条件和限制。

(2)在中国没有经常居所或者营业所的外国人,包括在中国没有经常居所或者营业所的外国企业或者外国其他组织,在中国申请专利的,依照其所属国同中国签订的协议或者共同参加的国际条约,或者依照互惠原则办理(2008年《中华人民共和国专利法》第18条)。

第二节 专利权的客体

专利权的客体是指专利权人的权利和义务所共同指向的对象,即专利。在美国、欧洲、日本等多数国家和地区,专利专指发明;而在中国,专利包括发明、实用新型和外观设计。

一、发明

(一)发明的概念和特征

发明是指对产品、方法或者其改进所提出的新的技术方案(2008年《中华人民共和国专利法》第2条第2款)。发明具有以下特征:

(1)必须利用自然规律。发明中的技术方案是对要解决的技术问题所采取的利用了自然规律的技术手段的集合,科学发现、智力活动的规则和方法由于未采用技术手段解决技术问题,以获得符合自然规律的技术效果的方案,不属于专利法意义上的发明。

(2)必须是具体技术方案。发明必须是采用技术手段解决特定技术问题并能产生一定技术效果的具体技术方案,要求清楚、完整,充分公开其技术内容,对所属领域普通技术人员来说能够实现。

(3)必须包含技术创新。发明必须具有新颖性和创造性。新颖性要求发明与现有技术和抵触申请不同,创造性要求这种不同必须达到一定高度(2008年《中华人民共和国专利法》第22条、第25~26条;国家知识产权局2014年《专利审查指南》第2部分第1章第2.4.1节、第2.4.2节,第2章第2.2.4节)。

(二)发明的种类

(1)按照发明的对象或载体分类,发明可分为产品发明和方法发明。①产品发明:关于新产品或新物质的发明,可以细分为物品发明、物质发明和材料发明;②方法发明:为解决某特定技术问题而采用的手段和步骤的发明,包括制作方法发明、化学方法发明、生物方法发明和其他的方法发明。

(2)根据发明与现有技术之间的区别分类,发明可分为开拓性发明和改进性发明。①开拓性发明:又称为首创性发明,它是一种全新的技术方案,在技术史上未曾有过先例。②改进性发明:指对已有的产品或方法做出实质性技术革新的发明,包括组合发明、选择发明、转用和用途发明和要素变更的发明。

二、实用新型

(一)实用新型的概念和特征

用新型是指对产品的形状、构造或者其结合所提出的适于实用的新的技术方案(2008年《中华人民共和国专利法》第2条第3款)。其中,产品的形状是指产品所具有的、可以从外部观察到的确定的空间形状,产品的构造是指产品的各个组成部分的安排、组织和相互关系。实用新型具有以下特征:

(1)必须是一种产品,且应当是经过产业方法制造的,有确定形状、构造且占据一定空间的实体,一切方法以及未经人工制造的自然存在的物品不属于实用新型专利保护的客体。

(2)必须具有一定形状、构造或者两者结合,不可以是气态、液态、粉末状、颗粒状等不确定的形状,也不可以是物质的分子结构、组分、金相结构(国家知识产权局2014年《专利审查指南》第1部分第2章第6.1节、第6.2节)。

(二)实用新型与发明的区别

(1)创造性要求不同。实用新型的创造性要求低于发明,发明与现有技术相比有突出的实质性特点和显著进步,而实用新型与现有技术相比有实质性特点和进步(2008年《中华人民共和国专利法》第22条第3款)。

(2)保护范围和期限不同。实用新型专利的保护范围比发明专利的保护范围窄,后者涵盖产品和方法,但前者仅限于具有形状、构造或者其结合的产品;实用新型专利的保护期限比发明专利的保护期限短,发明专利的保护期限为20年,实用新型专利的保护期限为10年(2008年《中华人民共和国专利法》第42条)。

(3)审查程序、期限和费用不同。实用新型专利申请无须进行实质审查,经国务院专利行政部门初步审查认为符合专利法要求即可做出授权决定,审查程序简单、期限较短、费用较低;而发明专利申请要经过初步审查、早期公开和实质审查后才能做出授权决定,审查程序复杂、期限较长、费用较高(2008年《中华人民共和国专利法》第34~40条)。❶

三、外观设计

(一)外观设计的概念和特征

外观设计是指对产品的形状、图案或者其结合,以及色彩与形状、图案的结合所作出的富有美感并适于工业应用的新设计(2008年《中华人民共和国专利法》第2条第4款)。其中,形状、图案、色彩称为外观设计要素。外观设计具有以下特征:

(1)必须以产品为依托,不能重复生产的手工艺品、农产品、畜产品、自然物不能作为外观设计的载体。

(2)必须是形状、图案或者其结合以及色彩与形状、图案的结合,产品的色彩不能独立构成外观设计,除非产品色彩变化的本身已形成一种图案。

(3)必须是适合于工业上应用的新设计。能够应用于产业上并形成批量生产,且不属于现有设计和抵触设计。

---

❶ 管荣齐.对实用新型实质条件改革的思考[J].知识产权,2015(9).

(4)必须富有美感,关注产品的外观给人的视觉感受,而不是产品的功能特性或者技术效果(国家知识产权局2014年《专利审查指南》第1部分第3章第7.1节~7.3节)。

(二)外观设计与立体商标、实用美术作品

(1)外观设计与立体商标。二者之间的联系在于可以相互转换,即外观设计可以作为立体商标注册,立体商标也可以申请外观设计专利。二者之间的区别在于:①实质要件不同。外观设计的实质要件包括新颖性、创造性、不与在先权利相冲突,而立体商标的实质要件只是显著性或识别性,相对要低一些。②附加要求不同。外观设计必须以产品为载体,且能够批量生产,而立体商标没有这些附加要求。

(2)外观设计与实用美术作品。二者之间的联系在于实用美术作品既可以获得外观设计专利保护,也可以获得著作权保护。二者之间的区别在于:①实质要件不同。外观设计的实质要件包括新颖性、创造性、不与在先权利相冲突,而实用美术作品的实质要件只是独创性,相对要低一些。②关注重点不同。外观设计的关注重点是其实用性,而实用美术作品的关注重点是其艺术性。

四、不授予专利权的客体

(一)不符合相应发明创造的定义

1. 不符合发明定义的客体

(1)申请文件仅描述某些技术指标、优点和效果,而对解决技术问题的技术方案未作任何描述,甚至未描述任何技术内容(国家知识产权局2014年《专利审查指南》第1部分第1章第7.1节);

(2)未采用技术手段解决技术问题,以获得符合自然规律的技术效果的方案;

(3)气味或者诸如声、光、电、磁、波等信号或者能量(国家知识产权局2014年《专利审查指南》第2部分第1章第2节)。

2. 不符合实用新型定义的客体

(1)一切方法以及未经人工制造的自然存在的物品;

(2)权利要求中既包含形状、构造特征,又包含对方法本身提出的改进;

(3)以生物的或自然形成的形状作为产品的形状特征,或者无确定形状的产品;

(4)以物质的分子结构、组分、金相结构等为构造特征的产品;

(5)权利要求中既包含形状、构造特征,又包含对材料本身提出的改进;

(6)未采用技术手段解决技术问题,以获得符合自然规律的技术效果的方案;

(7)产品的形状以及表面的图案、色彩或者其结合的新方案,没有解决技术问题(国家知识产权局2014年《专利审查指南》第1部分第2章第6节)。

3. 不符合外观设计定义的客体

(1)取决于特定地理条件、不能重复再现的固定建筑物、桥梁等。例如,包括特定的山水在内的山水别墅。

(2)因其包含有气体、液体及粉末状等无固定形状的物质而导致其形状、图案、色彩不固定的产品。

(3)产品的不能分割或者不能单独出售且不能单独使用的局部设计,例如袜跟、帽檐、杯把等。

(4)对于由多个不同特定形状或者图案的构件组成的产品,如果构件本身不能单独出售且不能单独使用,则该构件不属于外观设计专利保护的客体。例如,一组由不同形状的插接块组成的拼图玩具,只有将所有插接块共同作为一项外观设计申请时,才属于外观设计专利保护的客体。

(5)不能作用于视觉或者肉眼难以确定,需要借助特定的工具才能分辨其形状、图案、色彩的物品。例如,其图案是在紫外灯照射下才能显现的产品。

(6)要求保护的外观设计不是产品本身常规的形态,例如手帕扎成动物形态的外观设计。

(7)以自然物原有形状、图案、色彩作为主体的设计,通常指两种情形,一种是自然物本身;一种是自然物仿真设计。

(8)纯属美术、书法、摄影范畴的作品。

(9)仅以在其产品所属领域内司空见惯的几何形状和图案构成的外观设计。

(10)文字和数字的字音、字义不属于外观设计保护的内容。

(11)产品通电后显示的图案。例如,电子表表盘显示的图案、手机显示屏上显示的图案、软件界面等(国家知识产权局2014年《专利审查指南》第1部分第3章第6.4节)。

(二)违反公序良俗

(1)违反法律的发明创造。在这里,法律是指由全国人民代表大会或者全国人民代表大会常务委员会依照立法程序制定和颁布的法律,不包括行政法规和规章。如果发明创造与法律相违背的,则不能被授予专利权。但是,发明创造本身并没有违反法律,只是由于其被滥用而违反法律的,如用于医疗的各种毒药、麻醉品、镇静剂、兴奋剂和用于娱乐的棋牌等；仅其实施即产品的生产、销售或使用受到法律的限制或约束的，如用于国防的各种武器的生产、销售及使用，则该产品及其制造方法都不属于违反法律的发明创造。

（2）违反社会公德的发明创造。社会公德是指公众普遍认为是正当的、并被接受的伦理道德观念和行为准则，其内涵基于一定的文化背景，随着时间的推移和社会的进步不断地发生变化，而且因地域不同而各异。发明创造与社会公德相违背的，不能被授予专利权，例如：带有暴力凶杀或者淫秽的图片或者照片的外观设计，非医疗目的的人造性器官或者其替代物，人与动物交配的方法，改变人生殖系遗传同一性的方法或改变了生殖系遗传同一性的人，克隆的人或克隆人的方法，人胚胎的工业或商业目的的应用，可能导致动物痛苦而对人或动物的医疗没有实质性益处的改变动物遗传同一性的方法等。

（3）妨害公共利益的发明创造。妨害公共利益是指发明创造的实施或使用会给公众或社会造成危害，或者会使国家和社会的正常秩序受到影响。如果发明创造妨害公共利益的，则不能被授予专利权，例如：发明创造以致人伤残或损害财物为手段的，发明创造的实施或使用会严重污染环境、严重浪费能源或资源、破坏生态平衡、危害公众健康的，专利申请的文字或者图案涉及国家重大政治事件或宗教信仰、伤害人民感情或民族感情或者宣传封建迷信的。但是，如果发明创造因滥用而可能造成妨害公共利益的，或者发明创造在产生积极效果的同时存在某种缺点的，如对人体有某种副作用的药品，则不能以"妨害公共利益"为理由拒绝授予专利权。

（4）非法获取或利用遗传资源的发明创造。如果遗传资源的获取或者利用未按照有关法律、行政法规的规定事先获得有关行政管理部门的批准或者相关权利人的许可，并利用了该遗传资源对其遗传功能单位进行分离、分析、处理等而完成的发明创造，则不能被授予专利权。其中，遗传资源是指取自人体、动物、植物或者微生物等含有遗传功能单位并具有实际或者潜在价值的材料。例如，某发明创造的完成依赖于中国向境外出口的列入中国畜禽遗传资源保护名录的某畜禽遗传资源，未按照《中华人民共和国畜牧法》和《中华人民共和国畜禽遗传资源进出境和对外合作研究利用审批办法》的规定办理相关审批手续的，该发明创造不能被授予专利权（2008年《中华人民共和国专利法》第5条，国家知识产权局2014年《专利审查指南》第2部分第1章第3节）。

(三) 不授予专利权的客体

1. 科学发现

科学发现包括科学理论，是对自然界中客观存在的物质、现象、过程、特性和规律的认识,它不同于改造客观世界的技术方案,没有利用自然规律和采用技术手段以解决技术问题,不是专利法意义上的发明创造,因此不能被授予专利权。例如,从自然界找到一种以前未知的以天然形态存在的物质,仅仅是一种发现,而不能被授予专利权。

另外,发明和发现虽有本质不同,但很多发明是建立在发现的基础之上的,进而发明又促进了发现。发明与发现的这种密切关系在化学物质的"用途发明"上表现最为突出,当发现某种化学物质的特殊性质之后,利用这种性质的"用途发明"则应运而生。

2. *智力活动的规则和方法*

智力活动的规则和方法是指导人们进行思维、表述、判断和记忆的规则和方法,由于其没有采用技术手段或者利用自然规律,也未解决技术问题和产生技术效果,因而不构成技术方案,不能被授予专利权。例如:生产管理制度,体育比赛规则,图书分类方法,乐谱、食谱、棋谱,计算机程序本身等。

但是,如果一项发明创造既包含智力活动的规则和方法,又包含技术特征,则该发明创造就整体而言并不是一种智力活动的规则和方法,不应当排除其获得专利权的可能性。

3. *疾病的诊断和治疗方法*

疾病的诊断和治疗方法是指以有生命的人体或者动物体为直接实施对象,进行识别、确定或消除病因或病灶的过程。不授予其专利权的主要原因有二:①出于人道主义的考虑和社会伦理的原因,医生在诊断和治疗过程中应当有选择各种方法和条件的自由;②这类方法直接以有生命的人体或动物体为实施对象,无法在产业上利用,不属于专利法意义上的发明创造。❶ 但是,用于实施疾病诊断和治疗方法的仪器或装置,以及在疾病诊断和治疗方法中使用的物质或材料属于可被授予专利权的客体。

疾病的诊断和治疗方法包括诊断方法和治疗方法。诊断方法是指为识别、研究和确定有生命的人体或动物体病因或病灶状态的过程,如血压测量法、诊脉法、X光诊断法、内窥镜诊断法、基因筛查诊断法。诊断方法的构成要件有二:①以有生命的人体或动物体为对象;②以获得疾病诊断结果或健康状况为直接目的。治疗方法是指为使有生命的人体或者动物体恢复或获得健康或减少痛苦,进行阻断、缓解或者消除病因或病灶的过程,包括以治疗为目的或者具有治疗性质的各种方法,如以治疗为目的的外科手术方法。

---

❶ 管荣齐. 从 TPP 知识产权谈判审视医疗方法的可专利性[J]. 知识产权,2014(7).

4. 动物和植物品种

这里的动物和植物不包括人和微生物。动物是指不能自己合成,而只能靠摄取自然的碳水化合物及蛋白质来维系其生命的生物。植物是指可以借助光合作用,以水、二氧化碳和无机盐等无机物合成碳水化合物、蛋白质来维系生存,并通常不发生移动的生物。动物和植物品种可以通过专利法以外的其他法律法规保护,如植物新品种可以通过《植物新品种保护条例》给予保护。

对动物和植物品种的生产方法,可以授予专利权。但这里所说的生产方法是指非生物学的方法,不包括生产动物和植物主要是生物学的方法。一种方法是否属于"主要是生物学的方法",取决于在该方法中人的技术介入程度。如果人的技术介入对该方法所要达到的目的或者效果起了主要的控制作用或者决定性作用,则这种方法不属于"主要是生物学的方法"。例如,采用辐照饲养法生产高产牛奶的乳牛的方法、改进饲养方法生产瘦肉型猪的方法等属于可被授予发明专利权的客体。

5. 原子核变换方法和用该方法获得的物质

原子核变换方法以及用该方法所获得的物质关系到国家的经济、国防、科研和公共生活的重大利益,不宜为单位或私人垄断,因此不能被授予专利权。

原子核变换方法是指使一个或几个原子核经分裂或者聚合,形成一个或几个新原子核的过程,例如:完成核聚变反应的磁镜阱法、封闭阱法以及实现核裂变的各种方法等。为实现原子核变换而增加粒子能量的粒子加速方法(如电子行波加速法、电子驻波加速法、电子对撞法、电子环形加速法等),为实现核变换方法的各种设备、仪器及其零部件等,均不属于原子核变换方法,可以被授予专利权。

用原子核变换方法所获得的物质,主要是指用加速器、反应堆以及其他核反应装置生产、制造的各种放射性同位素,这些同位素不能被授予发明专利权。但是这些同位素的用途以及使用的仪器、设备属于可被授予专利权的客体。

6. 对平面印刷品的图案、色彩或者二者的结合做出的主要起标识作用的设计

这类外观设计的构成要件有三:①使用外观设计的产品属于平面印刷品。②该外观设计是针对图案、色彩或者二者的结合而做出的。由于不考虑形状要素,所以任何二维产品的外观设计均可认为是针对图案、色彩或者二者的结合而做出的。③该外观设计主要起标识作用。主要起标识作用是指所述外观设计的主要用途在于使公众识别所涉及的产品、服务的来源等(2008年《中华人民共和国专利法》第25条,国家知识产权局2014年《专利审查指南》第1部分第3章第6.2节、第2部分第1章第4节)。

第三节　专利权取得的实质条件

一、发明和实用新型专利权取得的实质条件

(一)新颖性

1.新颖性的概念

新颖性是指授予专利权的发明或者实用新型不属于现有技术和抵触申请，其中现有技术是指申请日以前在国内外为公众所知的技术，抵触申请是指申请日以前任何单位和个人就同样的发明或者实用新型向国务院专利行政部门提出、并记载在申请日以后公布的专利申请文件或者公告的专利文件中的专利申请(2008年《中华人民共和国专利法》第22条第2款、第5款)。

2.现有技术

现有技术包括在申请日(有优先权的，指优先权日)以前在国内外出版物上公开发表、在国内外公开使用或者以其他方式为公众所知的技术。现有技术应当是在申请日以前公众能够得知的技术内容，即现有技术应当在申请日以前处于能够为公众获得的状态，并包含有能够使公众从中得知实质性技术知识的内容。处于保密状态的技术内容不属于现有技术，其中保密状态包括受保密规定或协议约束的情形，还包括社会观念或者商业习惯上被认为应当承担保密义务的情形，即默契保密的情形。然而，如果负有保密义务的人违反规定、协议或者默契泄露秘密，导致技术内容公开，使公众能够得知这些技术，这些技术也就构成了现有技术的一部分。

(1)现有技术的时间界限。现有技术的时间界限是申请日，享有优先权的，则指优先权日。广义上说，申请日以前公开的技术内容都属于现有技术，但申请日当天公开的技术内容不包括在现有技术范围内。

(2)现有技术的公开方式。现有技术公开方式包括出版物公开、使用公开和以其他方式公开三种，均无地域限制。

①出版物公开。专利法意义上的出版物是指记载有技术或设计内容的独立存在的传播载体，并且应当表明或者有其他证据证明其公开发表或出版的时间。符合这一含义的出版物可以是各种印刷的、打字的纸件，如杂志、书籍、专业文献等，也可以是用电、光、磁、照相等方法制成的视听资料，例如胶片、磁带、光盘等，还可以是以其他形式存在的资料，例如存在于互联网或其他在线数据库中的资

料等。

出版物不受地理位置、语言、获得方式和年代的限制,其出版发行量多少、是否有人阅读过、申请人是否知道是无关紧要的。但是,印有"内部资料""内部发行"等字样的出版物,确系在特定范围内发行并要求保密的,不属于公开出版物。

除非有其他证据证明,出版物的印刷日视为公开日,只写明年月或者年份的以所写月份的最后一日或者所写年份的 12 月 31 日为公开日。

②使用公开。使用公开是指由于使用而导致技术方案的公开,或者导致技术方案处于公众可以得知的状态,包括能够使公众得知其技术内容的制造、使用、销售、进口、交换、馈赠、演示、展出等方式。只要通过上述方式使有关技术内容处于公众想得知就能够得知的状态,就构成使用公开,而不取决于是否有公众得知。但是,未给出任何有关技术内容的说明,以致所属技术领域的技术人员无法得知其结构和功能或材料成分的产品展示,不属于使用公开。

如果使用公开的是一种产品,即使所使用的产品或者装置需要经过破坏才能够得知其结构和功能,也仍然属于使用公开。此外,使用公开还包括放置在展台上、橱窗内公众可以阅读的信息资料及直观资料,例如招贴画、图纸、照片、样本、样品等。

使用公开是以公众能够得知该产品或者方法之日为公开日。

③以其他方式公开。为公众所知的其他方式,主要是指口头公开等。例如,口头交谈、报告、讨论会发言、广播、电视、电影等能够使公众得知技术内容的方式。口头交谈、报告、讨论会发言以其发生之日为公开日。公众可接收的广播、电视或电影的报道,以其播放日为公开日(国家知识产权局 2014 年《专利审查指南》第 2 部分第 3 章第 2.1 节)。

3. 抵触申请

(1)抵触申请的范围:抵触申请不仅包括国内专利申请,还包括进入了中国国家阶段的国际专利申请,即申请日以前由任何单位或个人提出、并在申请日之后(含申请日)由专利局做出公布或公告的且为同样的发明或实用新型的国际专利申请。其中,同样的发明或实用新型是指技术领域、所解决的技术问题、技术方案和预期效果实质上相同的发明或实用新型。

(2)抵触申请的确定:确定是否存在抵触申请,应当以权利要求书、说明书(包括附图)等专利申请文件的全文内容为准。

(3)抵触申请的时限:抵触申请仅指在申请日以前提出的,不包含在申请日提出的同样的发明或实用新型专利申请(国家知识产权局 2014 年《专利审查指南》第 2 部分第 3 章第 2.2 节、第 3.1 节)。

4. 优先权

(1) 优先权的概念:优先权是指申请人自发明创造第一次提出专利申请之日起的法定期限内,又就相同主题提出的专利申请,视为在第一次申请的申请日提出。其中,"自发明创造第一次提出专利申请之日起的法定期限"称为优先权期限。优先权包括外国优先权和本国优先权。

(2) 外国优先权:申请人自发明或实用新型在外国第一次提出专利申请之日起12个月内,或者自外观设计在外国第一次提出专利申请之日起6个月内,又在中国就相同主题提出专利申请的,依照该外国同中国签订的协议或者共同参加的国际条约,或者依照相互承认优先权的原则,可以享有优先权。这种优先权,称为外国优先权。享有外国优先权的专利申请应当满足以下条件:①申请人就相同主题的发明创造在外国第一次提出专利申请(以下简称外国首次申请)后又在中国提出专利申请(以下简称中国在后申请)。②就发明和实用新型而言,中国在后申请之日不得迟于外国首次申请之日起12个月;就外观设计而言,中国在后申请之日不得迟于外国首次申请之日起6个月。③申请人提出首次申请的国家或政府间组织应当是同中国签有协议或者共同参加国际条约,或者相互承认优先权原则的国家或政府间组织。

(3) 本国优先权:申请人就相同主题的发明或者实用新型在中国第一次提出专利申请之日起12个月内,又以该发明专利申请为基础向专利局提出发明专利申请或者实用新型专利申请的,或者又以该实用新型专利申请为基础向专利局提出实用新型专利申请或者发明专利申请的,可以享有优先权。这种优先权称为本国优先权。享有本国优先权的专利申请应当满足以下条件:①只适用于发明或实用新型专利申请;②申请人就相同主题的发明或实用新型在中国第一次提出专利申请(以下简称中国首次申请)后又向专利局提出专利申请(以下简称中国在后申请);③中国在后申请之日不得迟于中国首次申请之日起12个月;④中国首次申请的主题尚未授予专利权,且没有要求过外国优先权或本国优先权,或者虽然要求过外国优先权或本国优先权,但未享有优先权。

(4) 优先权声明和撤回:申请人要求优先权的,应当在申请的时候提出书面声明,写明作为优先权基础的首次申请的申请日、申请号和原受理机构名称,并且在3个月内提交第一次提出的专利申请文件的副本;未提出书面声明或者逾期未提交专利申请文件副本的,视为未要求优先权。申请人要求优先权之后,可以撤回优先权要求;申请人要求撤回优先权要求的,应当提交全体申请人签字或者盖章的撤回优先权声明(2008年《中华人民共和国专利法》第29条、第30条,国家知识产权局2014年《专利审查指南》第1部分第1章第6.2节、第2部分第3章第4节)。

5. 宽限期

(1)宽限期的含义:宽限期是指申请专利的发明创造在公开后至申请日前不丧失新颖性的法定期限。

(2)不丧失新颖性的情形:申请专利的发明创造在申请日以前6个月内,有下列情形之一的,不丧失新颖性:①在中国政府主办或者承认的国际展览会上首次展出。其中,"中国政府主办的国际展览会"是指国务院及其各部委主办或者国务院批准由其机关或地方政府举办的国际展览会;"中国政府承认的国际展览会"是指外国在中国境内举行的,得到中国政府承认的国际展览会。②在规定的学术会议或者技术会议上首次发表。其中,"规定的学术会议或者技术会议"是指国务院有关主管部门或者全国性学术团体组织召开的学术会议或者技术会议。③他人未经申请人同意而泄漏发明创造的内容,包括他人未遵守明示或者默示的保密信约而将发明创造的内容公开,也包括他人用威胁、欺诈或者间谍活动等手段从发明人或者申请人那里得知发明创造的内容而后造成的公开。

(3)宽限期的效力:宽限期仅仅是把申请人(包括发明人)的某些公开,或者第三人从申请人或发明人那里以合法手段或者不合法手段得来的发明创造的某些公开,认为是不损害该专利申请新颖性的公开。实际上,发明创造公开以后已经成为现有技术,从公开之日至提出申请的期间,如果第三人独立地做出了同样的发明创造,而且在申请人提出专利申请以前提出了专利申请,那么根据先申请原则,申请人就不能取得专利权,同时由于申请人(包括发明人)的公开,使该发明创造成为现有技术,故第三人的申请没有新颖性,也不能取得专利权。另外,在宽限期内,申请人提出申请之前,发明创造再次被公开的,如果该公开不属于不丧失新颖性的三种情形,则该申请将由于此在后公开而丧失新颖性;如果再次公开属于不丧失新颖性的三种情形的,该申请不会因此而丧失新颖性,但宽限期自发明创造的第一次公开之日起计算。

(4)宽限期的证据:申请人要求不丧失新颖性宽限期的,应当在提出申请时在请求书中声明,并在自申请日起两个月内提交证明材料。申请人未按照规定提出声明和提交证明文件的,其申请不能享受新颖性宽限期。对宽限期的适用发生争议时,主张宽限期效力的一方有责任举证或者做出使人信服的说明(2008年《中华人民共和国专利法》第24条,国家知识产权局2014年《专利审查指南》第1部分第1章第6.3节、第2部分第3章第5节)。

(二)创造性

1.创造性的概念

创造性是指与现有技术相比,该发明具有突出的实质性特点和显著的进步,该实用新型具有实质性特点和进步(2008年《中华人民共和国专利法》第22条第3款)。其中,发明具有突出的实质性特点,实用新型具有实质性特点,是指对所属技术领域的技术人员来说,发明或实用新型相对于现有技术是非显而易见的;发明具有显著的进步,实用新型具有进步,是指发明或实用新型与现有技术相比能够产生有益的技术效果(国家知识产权局2014年《专利审查指南》第2部分第4章第2.2节、第2.3节,第4部分第6章第4节)。

2.创造性的要素

创造性的要素主要有现有技术、技术领域、技术人员、技术启示和技术效果。

(1)现有技术。关于现有技术的含义、时间界限、公开方式,已经在新颖性部分详述,在此不再重述。需要注意的是,用以判断创造性、新颖性的现有技术的范围不同,判断新颖性的现有技术不受技术领域的限制,而判断创造性的现有技术必须属于相同或相关技术领域。

(2)技术领域。发明创造的技术方案所属或相关的技术领域,是判断创造性必须首先界定的要素。技术领域往往与发明创造在国际专利分类表中可能分入的最低位置有关。按照国际专利分类表确定技术领域的步骤如下:①查阅国际专利分类表每个部开始部分的"部的内容"栏,按类名选择可能的分部和大类。②阅读所选定分部和大类下面的类名,从中选择最适合于覆盖检索的主题内容的小类。③参看小类开始部分的"小类索引",阅读大组完整的类名及附注和参见,选择最适合于覆盖检索的主题的大组。④阅读所选择的大组下面全部带一个圆点的小组,确定一个最适合于覆盖检索的主题小组。如果该小组有附注和参见部分,则应当根据它们考虑其他分类位置,以便找到一个或者多个更适合于检索的主题的分类位置。⑤选择带一个以上圆点的,但仍旧覆盖检索的主题的小组。⑥用上述方法考虑同一小类中可能的其他大组或小组,以及通过步骤②选择的其他小类。

(3)技术人员。发明是否具备创造性,应当基于所属技术领域的技术人员的知识和能力进行评价。所属技术领域的技术人员,也可称为本领域的技术人员,是指一种假设的"人",假定他知晓申请日或者优先权日之前发明所属技术领域所有的普通技术知识,能够获知该领域中所有的现有技术,并且具有应用该日期之前常规实验手段的能力,但他不具有创造能力。如果所要解决的技术问题能够促使本领域的技术人员在其他技术领域寻找技术手段,他也应具有从该其他技术领域中获知该申请日或优先权日之前的相关现有技术、普通技术知识和常规实验手段的能力。

（4）技术启示。现有技术整体上是否存在某种技术启示，是指现有技术中是否给出将发明创造的区别特征应用到最接近的现有技术以解决其存在的技术问题（即发明实际解决的技术问题）的启示，这种启示会使本领域的技术人员在面对所述技术问题时，有动机改进该最接近的现有技术并获得要求保护的发明。如果现有技术存在这种技术启示，则发明是显而易见的，不具有突出的实质性特点。下述情况，通常认为现有技术中存在上述技术启示：①所述区别特征为公知常识；②所述区别特征为与最接近的现有技术相关的技术手段；③所述区别特征为另一份对比文件中披露的相关技术手段，该技术手段在该对比文件中所起的作用与该区别特征在要求保护的发明中为解决该重新确定的技术问题所起的作用相同。

（5）技术效果。技术效果主要包括有益的技术效果和预料不到的技术效果。只要与现有技术相比能够产生有益的技术效果，就表明发明具有创造性之显著的进步，实用新型具有创造性之进步。以下情况，通常应当认为发明或实用新型具有有益的技术效果：①发明与现有技术相比具有更好的技术效果，例如，质量改善、产量提高、节约能源、防治环境污染等；②发明提供了一种技术构思不同的技术方案，其技术效果能够基本上达到现有技术的水平；③发明代表某种新技术发展趋势；④尽管发明在某些方面有负面效果，但在其他方面具有明显积极的技术效果。

预料不到的技术效果是判断创造性时需考虑的其他因素之一。发明创造取得了预料不到的技术效果，是指发明创造同现有技术相比，其技术效果产生"质"的变化，具有新的性能；或者产生"量"的变化，超出人们预期的想象。这种"质"的或者"量"的变化，对所属领域普通技术人员来说，事先无法预测或者推理出来。当发明创造产生了预料不到的技术效果时，一方面说明发明创造具有显著的进步，同时也反映出发明创造的技术方案是非显而易见的，具有突出的实质性特点，该发明创造具备创造性。但是，如果以通常方法可以判断出发明创造的技术方案对本领域的技术人员来说是非显而易见的，且能够产生有益的技术效果，则发明创造具有突出的实质性特点和显著的进步，具备创造性，此种情况不应强调发明创造是否具有预料不到的技术效果（国家知识产权局2014年《专利审查指南》第2部分第2章第2.2.2节，第2部分第4章第2.1节、第2.4节、第3.2.1.1节、第3.2.2节、第5.3节、第6.3节，第2部分第7章第5.3.2节）。

3. 创造性的判断

（1）判断原则。

①整体判断原则：在评价发明创造是否具备创造性时，不仅要考虑发明创造的技术方案本身，而且还要考虑发明创造所属技术领域、所解决的技术问题和所产生的技术效果，将发明创造作为一个整体看待。

②多项对比原则：与新颖性"单独对比"的判断原则不同，判断创造性时，将一份或者多份现有技术中的不同的技术内容组合在一起对要求保护的发明创造进行评价。

③避免事后诸葛亮原则：判断创造性时，由于是在了解了发明创造内容之后才作出判断，因而容易对创造性估计偏低，从而犯"事后诸葛亮"的错误。应当牢记的是，创造性评价是由所属领域普通技术人员依据申请日以前的现有技术与发明创造进行比较而做出的，以减少和避免主观因素的影响。

（2）判断方法。判断要求保护的发明创造相对于现有技术是否显而易见，通常可按照以下三个步骤进行：

①确定最接近的现有技术。最接近的现有技术，是指现有技术中与要求保护的发明创造最密切相关的一个技术方案，例如可以是，与要求保护的发明创造技术领域相同，所要解决的技术问题、技术效果或者用途最接近和/或公开了发明创造的技术特征最多的现有技术，或者虽然与要求保护的发明创造技术领域不同，但能够实现发明创造的功能，并且公开发明创造的技术特征最多的现有技术。应当注意的是，在确定最接近的现有技术时，应首先考虑技术领域相同或相近的现有技术。

②确定发明创造的区别特征和发明创造实际解决的技术问题。首先应当分析要求保护的发明创造与最接近的现有技术相比有哪些区别特征，然后根据该区别特征所能达到的技术效果确定发明创造实际解决的技术问题。发明创造实际解决的技术问题是指为获得更好的技术效果而需对最接近的现有技术进行改进的技术任务，可能不同于说明书中所描述的技术问题，且要依据每项发明创造的具体情况而定。作为一个原则，发明创造的任何技术效果都可以作为确定发明创造实际解决的技术问题的基础，只要本领域的技术人员从该申请说明书中所记载的内容能够得知该技术效果即可。

③判断要求保护的发明创造对本领域的技术人员来说是否显而易见。在该步骤中，要从最接近的现有技术和发明创造实际解决的技术问题出发，判断要求保护的发明创造对本领域的技术人员来说是否显而易见。判断过程中，要确定的是现有技术整体上是否存在某种技术启示。

(3) 需考虑的其他因素。

①发明创造解决了人们一直渴望解决但始终未能获得成功的技术难题。如果发明创造解决了人们一直渴望解决但始终未能获得成功的技术难题,这种发明创造具有突出的实质性特点和显著的进步,具备创造性。

②发明创造克服了技术偏见。技术偏见,是指在某段时间内、某个技术领域中,技术人员对某个技术问题普遍存在的、偏离客观事实的认识,它引导人们不去考虑其他方面的可能性,阻碍人们对该技术领域的研究和开发。如果发明创造克服了这种技术偏见,采用了人们由于技术偏见而舍弃的技术手段,从而解决了技术问题,则这种发明创造具有突出的实质性特点和显著的进步,具备创造性。

③发明创造取得了预料不到的技术效果。关于预料不到的技术效果,在创造性的要素之技术效果部分已详述,在此不再重述。

④发明创造在商业上获得成功。当发明创造的产品在商业上获得成功时,如果这种成功是由于发明创造的技术特征直接导致的,则一方面反映了发明创造具有有益效果,同时也说明了发明创造是非显而易见的,因而这类发明创造具有突出的实质性特点和显著的进步,具备创造性。但是,如果商业上的成功是由于其他原因所致,例如由于销售技术的改进或者广告宣传造成的,则不能作为判断创造性的依据(国家知识产权局2014年《专利审查指南》第2部分第4章第3.1节、第3.2.1.1节、第5节、第6.2节)。

4. 不同类型发明的创造性

(1) 开拓性发明。开拓性发明,是指一种全新的技术方案,在技术史上未曾有过先例,它为人类科学技术在某个时期的发展开创了新纪元。开拓性发明同现有技术相比,具有突出的实质性特点和显著的进步,具备创造性。例如,中国的四大发明——指南针、造纸术、活字印刷术和火药。此外,作为开拓性发明的例子还有蒸汽机、白炽灯、收音机、雷达、激光器、利用计算机实现汉字输入等。

(2) 组合发明。组合发明,是指将某些技术方案进行组合,构成一项新的技术方案,以解决现有技术客观存在的技术问题。在进行组合发明创造性的判断时通常需要考虑:组合后的各技术特征在功能上是否彼此相互支持、组合的难易程度、现有技术中是否存在组合的启示以及组合后的技术效果等。

①显而易见的组合:如果要求保护的发明仅仅是将某些已知产品或方法组合或连接在一起,各自以其常规的方式工作,而且总的技术效果是各组合部分效果之总和,组合后的各技术特征之间在功能上无相互作用关系,仅仅是一种简单的叠加,则这种组合发明不具备创造性。此外,如果组合仅仅是公知结构的变

形,或者组合处于常规技术继续发展的范围之内,而没有取得预料不到的技术效果,则这样的组合发明不具备创造性。

②非显而易见的组合:如果组合的各技术特征在功能上彼此支持,并取得了新的技术效果;或者说组合后的技术效果比每个技术特征效果的总和更优越,则这种组合具有突出的实质性特点和显著的进步,发明具备创造性。其中组合发明的每个单独的技术特征本身是否完全或部分已知并不影响对该发明创造性的评价。

(3)选择发明。选择发明,是指从现有技术中公开的宽范围中,有目的地选出现有技术中未提到的窄范围或个体的发明。在进行选择发明创造性的判断时,选择所带来的预料不到的技术效果是考虑的主要因素。

①如果发明仅是从一些已知的可能性中进行选择,或者发明仅仅是从一些具有相同可能性的技术方案中选出一种,而选出的方案未能取得预料不到的技术效果,则该发明不具备创造性。

②如果发明是在可能的、有限的范围内选择具体的尺寸、温度范围或者其他参数,而这些选择可以由本领域的技术人员通过常规手段得到并且没有产生预料不到的技术效果,则该发明不具备创造性。

③如果发明是可以从现有技术中直接推导出来的选择,则该发明不具备创造性。

④如果选择使得发明取得了预料不到的技术效果,则该发明具有突出的实质性特点和显著的进步,具备创造性。

(4)转用发明。转用发明,是指将某一技术领域的现有技术转用到其他技术领域中的发明。在进行转用发明的创造性判断时通常需要考虑转用的技术领域的远近、是否存在相应的技术启示、转用的难易程度、是否需要克服技术上的困难、转用所带来的技术效果等。

①如果转用是在类似的或者相近的技术领域之间进行的,并且未产生预料不到的技术效果,则这种转用发明不具备创造性。

②如果这种转用能够产生预料不到的技术效果,或者克服了原技术领域中未曾遇到的困难,则这种转用发明具有突出的实质性特点和显著的进步,具备创造性。

(5)已知产品的新用途发明。已知产品的新用途发明,是指将已知产品用于新的目的的发明。在进行已知产品新用途发明的创造性判断时通常需要考虑:新用途与现有用途技术领域的远近、新用途所带来的技术效果等。

①如果新的用途仅仅是使用了已知材料的已知的性质,则该用途发明不具

备创造性。

②如果新的用途是利用了已知产品新发现的性质,并且产生了预料不到的技术效果,则这种用途发明具有突出的实质性特点和显著的进步,具备创造性。

(6)要素变更的发明。要素变更的发明,包括要素关系改变的发明、要素替代的发明和要素省略的发明。在进行要素变更发明的创造性判断时通常需要考虑要素关系的改变、要素替代和省略是否存在技术启示、其技术效果是否可以预料等。

①要素关系改变的发明。要素关系改变的发明,是指发明与现有技术相比,其形状、尺寸、比例、位置及作用关系等发生了变化。

a. 如果要素关系的改变没有导致发明效果、功能及用途的变化,或者发明效果、功能及用途的变化是可预料到的,则发明不具备创造性。

b. 如果要素关系的改变导致发明产生了预料不到的技术效果,则发明具有突出的实质性特点和显著的进步,具备创造性。

②要素替代的发明。要素替代的发明,是指已知产品或方法的某一要素由其他已知要素替代的发明。

a. 如果发明是相同功能的已知手段的等效替代,或者是为解决同一技术问题,用已知最新研制出的具有相同功能的材料替代公知产品中的相应材料,或者是用某一公知材料替代公知产品中的某材料,而这种公知材料的类似应用是已知的,且没有产生预料不到的技术效果,则该发明不具备创造性。

b. 如果要素的替代能使发明产生预料不到的技术效果,则该发明具有突出的实质性特点和显著的进步,具备创造性。

③要素省略的发明。要素省略的发明,是指省去已知产品或者方法中的某一项或多项要素的发明。

a. 如果发明省去一项或多项要素后其功能也相应地消失,则该发明不具备创造性。

b. 如果发明与现有技术相比,发明省去一项或多项要素(例如,一项产品发明省去了一个或多个零、部件或者一项方法发明省去一步或多步工序)后,依然保持原有的全部功能,或者带来预料不到的技术效果,则具有突出的实质性特点和显著的进步,该发明具备创造性(国家知识产权局 2014 年《专利审查指南》第 2 部分第 4 章第 4 节)。[1]

---

[1] 管荣齐. 发明专利的创造性[M]. 北京:知识产权出版社,2012:62-239.

5. 实用新型创造性的特殊性

实用新型与发明的主要区别之一是创造性要求不同,实用新型创造性的标准应当低于发明创造性的标准。两者在创造性判断标准上的不同,主要体现在现有技术中是否存在"技术启示"。在判断现有技术中是否存在技术启示时,发明与实用新型存在区别,体现在下述两个方面:

(1) 现有技术的领域。对于发明专利而言,不仅要考虑该发明专利所属的技术领域,还要考虑其相近或者相关的技术领域,以及该发明所要解决的技术问题能够促使本领域的技术人员到其中去寻找技术手段的其他技术领域。对于实用新型专利而言,一般着重于考虑该实用新型专利所属的技术领域。但是现有技术中给出明确的启示,例如现有技术中有明确的记载,促使本领域的技术人员到相近或者相关的技术领域寻找有关技术手段的,可以考虑其相近或者相关的技术领域。

(2) 现有技术的数量。对于发明专利而言,可以引用一项、两项或者多项现有技术评价其创造性。对于实用新型专利而言,一般情况下可以引用一项或者两项现有技术评价其创造性,对于由现有技术通过"简单的叠加"而成的实用新型专利,可以根据情况引用多项现有技术评价其创造性(国家知识产权局2014年《专利审查指南》第4部分第6章第4节)。

(三) 实用性

1. 实用性的概念

实用性是指该发明或者实用新型能够制造或者使用,并且能够产生积极效果(2008年《中华人民共和国专利法》第22条第4款)。其中,"能够制造或者使用"是指发明或者实用新型的技术方案具有在产业中被制造或使用的可能性,包括工业、农业、林业、水产业、畜牧业、交通运输业,以及文化体育、生活用品和医疗器械等行业;"能够产生积极效果"是指发明或实用新型产生的经济、技术和社会的效果是所属技术领域的技术人员可以预料到的,应当是积极的和有益的。

2. 实用性的判断

判断一件发明或实用新型专利申请是否具有实用性,应以申请日提交的说明书(包括附图)和权利要求书所公开的整体技术内容为依据,而不仅仅局限于权利要求所记载的内容,并综合考虑以下几个方面:

(1) 可实施性。即"能够制造或者使用",其中"能够制造"是指产品在产业中能够制造,并且能够解决技术问题;"能够使用"是指方法在产业中能够使用,并且能够解决技术问题。可实施性并不意味着发明或实用新型已经在产业上制造或者使用,而是强调其现实可能性。实用性与所申请专利的发明或者实用新型是怎样创造出来的或者是否已经实施无关。因此,发明或实用新型必须是一项完整的、成熟的且不违反自然规律的技术方案。尚未完成的发明创造,不具有可实施性,因而没有实用性。

(2)可再现性。即发明或实用新型的实施具有能够重复多次的可能性,包括重复制造和重复使用。这种重复不得依赖任何随机的因素,在数量上也不应有限制,且无论何时实施具有相同的结果。那些利用发明创造客体本身所具有的特殊条件以及只能在独一无二的自然条件下才能实施的技术方案,都不具有可再现性,因而不能授予专利权。

(3)有益性。是指发明或实用新型实施后"能够产生积极效果",包括三个方面的含义:第一,能够产生积极的社会效果,不损害社会公共道德,不危害人类生存、安全、环境;第二,能够产生积极的技术效果,有利于促进科学技术的发展;第三,能够产生积极的经济效果,给专利权人及其利害关系人、社会公众带来良好的经济效益,如节省原材料、节约能源、增加财富和提高收入等。需要注意的是,允许发明创造存在缺陷,只要整体上具有有益性即可(国家知识产权局2014年《专利审查指南》第2部分第5章第2节、第3节)。

3. 实用性与创造性

(1)实用性与创造性在内涵和外延上具有相关性。实用性与创造性在内涵上都有"效果",其共同点在于两个"效果"都是正向的、包含技术因素的,其区别在于:实用性之"积极效果"是预料之内的,而创造性之"有益的技术效果"通常是出乎预料的;实用性之"积极效果"不仅是技术方面的,还有经济和社会方面的,其外延大于创造性之"有益的技术效果"。

(2)实用性与创造性在审查的顺序和方式有所不同。发明或实用新型专利申请是否具备实用性,应当在新颖性和创造性审查之前首先进行判断。实用性相对于与创造性而言,审查起来比较简单,只要申请专利的发明创造不属于否定性列举的情形就具有实用性。[1]

二、外观设计专利权取得的实质条件

(一)新颖性

1. 新颖性的概念

外观设计的新颖性是指授予专利权的外观设计不属于现有设计和抵触申

---

[1] 管荣齐. 发明专利的创造性[M]. 北京:知识产权出版社,2012:57-59.

请,其中现有设计是指申请日以前在国内外为公众所知的设计,抵触申请是指申请日以前任何单位和个人就同样的外观设计向国务院专利行政部门提出、并记载在申请日以后公告的专利文件中(2008年《中华人民共和国专利法》第23条第1款、第4款)。

2. 新颖性的要素

现有设计与现有技术在时间界限、公考方式上完全相同,外观设计抵触申请的范围、确定和时限与发明或实用新型的类似,发明和实用新型新颖性的优先权、宽限期同样适用于外观设计,在此都不再重述。

3. 新颖性的判断

(1)判断主体。在判断外观设计新颖性时,应当基于涉案专利产品的一般消费者的知识水平和认知能力进行评价。不同种类的产品具有不同的消费者群体,作为某种类外观设计产品的一般消费者应当具备下列特点:

①对涉案专利申请日之前相同种类或者相近种类产品的外观设计及其常用设计手法具有常识性的了解。例如,对于汽车,其一般消费者应当对市场上销售的汽车及诸如大众媒体中常见的汽车广告中所披露的信息等有所了解。常用设计手法包括设计的转用、拼合、替换等类型。

②对外观设计产品之间在形状、图案及色彩上的区别具有一定的分辨力,但不会注意到产品的形状、图案及色彩的微小变化。

(2)判断基准。判断外观设计的新颖性,就是判断该外观设计是否属于现有设计和抵触申请。所谓"不属于现有设计",是指在现有设计中,既没有与涉案专利相同的外观设计,也没有与涉案专利实质相同的外观设计。抵触申请中"同样的外观设计",是指外观设计相同或者实质相同。由此可见,外观设计新颖性判断的基准点在于外观设计相同或实质相同。

①外观设计相同:指涉案专利与对比设计是相同种类产品的外观设计,并且涉案专利的全部外观设计要素与对比设计的相应设计要素相同,其中外观设计要素是指形状、图案及色彩。如果涉案专利与对比设计仅属于常用材料的替换,或者仅存在产品功能、内部结构、技术性能或者尺寸的不同,而未导致产品外观设计的变化,二者仍属于相同的外观设计。在确定产品的种类时,可以参考产品的名称、国际外观设计分类及产品销售时的货架分类位置,但是应当以产品的用途是否相同为准。相同种类产品是指用途完全相同的产品。例如机械表和电子表尽管内部结构不同,但是它们的用途是相同的,所以属于相同种类的产品。

②外观设计实质相同。外观设计实质相同的判断仅限于相同或者相近种类

的产品外观设计。对于产品种类不相同也不相近的外观设计,不进行涉案专利与对比设计是否实质相同的比较和判断,即可认定涉案专利与对比设计不构成实质相同。相近种类的产品是指用途相近的产品,即使部分用途相同而其他用途不同,也属于相近种类的产品。如果一般消费者经过对涉案专利与对比设计的整体观察可以看出,二者的区别仅属于下列情形,则涉案专利与对比设计实质相同:

a. 其区别在于施以一般注意力不能察觉到的局部的细微差异,例如,百叶窗的外观设计仅有具体叶片数不同;

b. 其区别在于使用时不容易看到或者看不到的部位,但有证据表明在不容易看到部位的特定设计对于一般消费者能够产生引人瞩目的视觉效果的情况除外;

c. 其区别在于将某一设计要素整体置换为该类产品的惯常设计的相应设计要素,例如,将带有图案和色彩的饼干桶的形状由正方体置换为长方体;

d. 其区别在于将对比设计作为设计单元按照该种类产品的常规排列方式作重复排列或者将其排列的数量作增减变化,例如,将影院座椅成排重复排列或者将其成排座椅的数量作增减;

e. 其区别在于互为镜像对称。

(3) 判断方式。

① 单独对比。一般应当用一项对比设计与涉案专利进行单独对比,而不能将两项或者两项以上对比设计结合起来与涉案专利进行对比。如果涉案专利包含有若干项具有独立使用价值的产品的外观设计的,例如,成套产品外观设计或者同一产品两项以上的相似外观设计,则可以用不同的对比设计与其所对应的各项外观设计分别进行单独对比。如果涉案专利是由组装在一起使用的至少两个构件构成的产品的外观设计的,则可以将与其构件数量相对应的明显具有组装关系的构件结合起来作为一项对比设计与涉案专利进行对比。

② 直接观察。在对比时应当通过视觉进行直接观察,不能借助放大镜、显微镜、化学分析等其他工具或者手段进行比较,不能由视觉直接分辨的部分或者要素不能作为判断的依据。例如,有些纺织品用视觉观看其形状、图案和色彩是相同的,但在放大镜下观察,其纹路有很大的不同。

③ 仅以产品的外观作为判断的对象。在对比时应当仅以产品的外观作为判断的对象,考虑产品的形状、图案、色彩这三个要素产生的视觉效果。在涉案专利仅以部分要素限定其保护范围的情况下,其余要素在与对比设计比较时不予考虑。在涉案专利为产品零部件的情况下,仅将对比设计中与涉案专利相对应

的零部件部分作为判断对象,其余部分不予考虑。对于外表使用透明材料的产品而言,通过人的视觉能观察到的其透明部分以内的形状、图案和色彩,应当视为该产品的外观设计的一部分。

④整体观察、综合判断。对比时应当采用整体观察、综合判断的方式。所谓整体观察、综合判断是指由涉案专利与对比设计的整体来判断,而不从外观设计的部分或者局部出发得出判断结论。

a.确定对比设计公开的信息。对比设计的图片或者照片未反映产品各面视图的,应当依据一般消费者的认知能力来确定对比设计所公开的信息。依据一般消费者的认知能力,根据对比设计图片或者照片已经公开的内容即可推定出产品其他部分或者其他变化状态的外观设计的,则该其他部分或者其他变化状态的外观设计也视为已经公开。例如,在轴对称、面对称或者中心对称的情况下,如果图片或者照片仅公开了产品外观设计的一个对称面,则其余对称面也视为已经公开。

b.确定涉案专利。在确定涉案专利时,应当以外观设计专利授权文本中的图片或者照片表示的外观设计为准。简要说明可以用于解释图片或者照片所表示的该产品的外观设计。

c.涉案专利与对比设计的对比。在进行涉案专利与对比设计的对比时,应当采用整体观察、综合判断的方式。如果对比设计图片或者照片未公开的部位属于该种类产品使用状态下不会被一般消费者关注的部位,并且涉案专利在相应部位的设计的变化也不足以对产品的整体视觉效果产生影响,则不影响对二者进行整体观察、综合判断。如果涉案专利中对应于对比设计图片或者照片未公开的内容仅仅是该种类产品的惯常设计并且不受一般消费者关注,也不影响对二者进行整体观察、综合判断。

⑤组件产品和变化状态产品的判断。

a.组件产品:指由多个构件相结合构成的一件产品。对于组装关系唯一的组件产品,应当以组合状态下的整体外观设计为对象,而不是以所有单个构件的外观为对象进行判断。对于组装关系不唯一的组件产品,应当以组件产品的所有单个构件的外观为对象,而不是以组件产品整体的外观设计为对象进行判断。对于各构件之间无组装关系的组件产品,应当以所有单个构件的外观为对象进行判断。

b.变化状态产品:指在销售和使用时呈现不同状态的产品。对于对比设计而言,所述产品在不同状态下的外观设计均可用作与涉案专利进行比较的对象。对于涉案专利而言,应当以其使用状态所示的外观设计作为与对比设计进行比较的对象,其判断结论取决于对产品各种使用状态的外观设计的综合考虑。

⑥设计要素的判断。

a. 形状的判断。对于产品外观设计整体形状而言,圆形和三角形、四边形相比,其形状有较大差异,通常不能认定为实质相同,但产品形状是惯常设计的除外。对于包装盒这类产品,应当以其使用状态下的形状作为判断依据。

b. 图案的判断。图案不同包括题材、构图方法、表现方式及设计纹样等因素的不同,色彩的不同也可能使图案不同。如果题材相同,但其构图方法、表现方式、设计纹样不相同,则通常也不构成图案的实质相同。产品外表出现的包括产品名称在内的文字和数字应当作为图案予以考虑,而不应当考虑字音、字义。

c. 色彩的判断。对色彩的判断要根据颜色的色相、纯度和明度三个属性以及两种以上颜色的组合、搭配进行综合判断。色相指各类色彩的相貌称谓,例如朱红、湖蓝、柠檬黄、粉绿等;纯度即彩度,指色彩的鲜艳程度;明度指色彩的亮度。白色明度最高,黑色明度最低。单一色彩的外观设计仅作色彩改变,两者仍属于实质相同的外观设计(国家知识产权局2014年《专利审查指南》第4部分第5章第2节、第4节、第5节)。

(二)创造性

1. 创造性的概念

创造性是指授予专利权的外观设计与现有设计或者现有设计特征的组合相比,应当具有明显区别(2008年《中华人民共和国专利法》第23条第2款)。其中,现有设计特征是指现有设计的部分设计要素或者其结合,如现有设计的形状、图案、色彩要素或者其结合,或者现有设计的某组成部分的设计,如整体外观设计产品中的零部件的设计;明显区别是将申请专利的外观设计与相同或者相近种类产品现有设计相比而得出的。

2. 创造性的要素

外观设计创造性的要素主要有现有设计、一般消费者、设计启示和独特视觉效果,其中现有设计、一般消费者已经在新颖性部分详述,在此不再重述。但需要注意的是,用以判断创造性、新颖性的现有设计的范围不同,判断新颖性的现有设计不受产品种类的限制,而判断创造性的现有设计仅限于相同或相近种类产品。

(1)设计启示。设计启示是指一般消费者基于现有设计容易想到,将具体的转用和/或组合手法应用于相同或相近种类的产品,能够获得与现有设计或现有设计特征相同或者仅存在细微差别的外观设计专利申请。如果现有设计存在这种设计启示,则申请专利的外观设计和现有设计之间不具有明显区别。

以下几种类型的转用属于明显存在转用手法的启示的情形,由此得到的外观设计与现有设计相比不具有明显区别:①单纯采用基本几何形状或者对其仅作细微变化得到的外观设计;②单纯模仿自然物、自然景象的原有形态得到的外观设计;③单纯模仿著名建筑物、著名作品的全部或者部分形状、图案、色彩得到的外观设计;④由其他种类产品的外观设计转用得到的玩具、装饰品、食品类产品的外观设计。

以下几种类型的组合属于明显存在组合手法的启示的情形,由此得到的外观设计属于与现有设计或者现有设计特征的组合相比没有明显区别的外观设计:①将相同或者相近种类产品的多项现有设计原样或者作细微变化后进行直接拼合得到的外观设计。②将产品外观设计的设计特征用另一项相同或相近种类产品的设计特征原样或者作细微变化后替换得到的外观设计。③将产品现有的形状设计与现有的图案、色彩或其结合通过直接拼合得到该产品的外观设计;或者将现有设计中的图案、色彩或其结合替换成其他现有设计的图案、色彩或其结合得到的外观设计。

(2)独特视觉效果。独特视觉效果是指涉案专利相对于现有设计产生了预料不到的视觉效果。在组合后的外观设计中,如果各项现有设计或设计特征在视觉效果上并未产生呼应关系,而是各自独立存在、简单叠加,通常不会形成独特视觉效果。外观设计如果具有独特视觉效果,则与现有设计或现有设计特征的组合相比具有明显区别。

3. 创造性的判断

(1)与相同或者相近种类产品现有设计对比。如果一般消费者经过对涉案专利与现有设计的整体观察可以看出,二者的差别对于产品外观设计的整体视觉效果不具有显著影响,则涉案专利与现有设计相比不具有明显区别。显著影响的判断仅限于相同或者相近种类的产品外观设计。

在确定涉案专利与相同或者相近种类产品现有设计相比是否具有明显区别时,一般还应当综合考虑如下因素:①对涉案专利与现有设计进行整体观察时,应当更关注使用时容易看到的部位,使用时容易看到部位的设计变化相对于不容易看到或者看不到部位的设计变化,通常对整体视觉效果更具有显著影响。②当产品上某些设计被证明是该类产品的惯常设计时,其余设计的变化通常对整体视觉效果更具有显著的影响。③由产品的功能唯一限定的特定形状对整体视觉效果通常不具有显著的影响。④若区别点仅在于局部细微变化,则其对整体视觉效果不足以产生显著影响,二者不具有明显区别。⑤对于包括图形用户界面的产品外观设计,如果涉案专利其余部分的设计为惯常设计,其图形用户界面对整体视觉效果更具有显著的影响。

(2)现有设计的转用、现有设计及其特征的组合。

①判断方法。在判断现有设计的转用,以及现有设计及其特征的组合时,通常可以按照以下步骤进行判断:

a. 确定现有设计的内容,包括形状、图案、色彩或者其结合;

b. 将现有设计或者现有设计特征与涉案专利对应部分的设计进行对比;

c. 在现有设计或者现有设计特征与涉案专利对应部分的设计相同或者仅存在细微差别的情况下,判断在与涉案专利相同或者相近种类产品的现有设计中是否存在具体的转用和/或组合手法的启示。

②现有设计的转用。转用,是指将产品的外观设计应用于其他种类的产品。模仿自然物、自然景象以及将无产品载体的单纯形状、图案、色彩或者其结合应用到产品的外观设计中,也属于转用。

③现有设计及其特征的组合。组合包括拼合和替换,是指将两项或者两项以上设计或者设计特征拼合成一项外观设计,或者将一项外观设计中的设计特征用其他设计特征替换。以一项设计或者设计特征为单元重复排列而得到的外观设计属于组合设计。上述组合也包括采用自然物、自然景象以及无产品载体的单纯形状、图案、色彩或者其结合进行的拼合和替换(国家知识产权局2014年《专利审查指南》第4部分第5章第6节)。

(三)合法性

授予专利权的外观设计不得与他人在申请日以前已经取得的合法权利相冲突(《中华人民共和国专利法》第23条第3款)。其中,"他人"是指专利权人以外的民事主体,包括自然人、法人或者其他组织;"在申请日以前已经取得"简称在先取得,是指在先合法权利的取得日在涉案专利申请日之前;"合法权利"是指依照中华人民共和国法律享有并且在涉案专利申请日仍然有效的权利或者权益,包括商标权、著作权、企业名称权(包括商号权)、肖像权及知名商品特有包装或者装潢使用权等;"相冲突"是指未经权利人许可,外观设计专利使用了在先合法权利的客体,从而导致专利权的实施将会损害在先权利人的相关合法权利或者权益。

1. 商标权

在先商标权是指在涉案专利申请日之前,他人在中华人民共和国法域内依法受到保护的商标权。未经商标所有人许可,在涉案专利中使用了与在先商标相同或者相似的设计,专利的实施将会误导相关公众或者导致相关公众产生混淆,损害商标所有人的相关合法权利或者权益的,应当判定涉案专利权与在先商标权相冲突。在先商标与涉案专利中含有的相关设计的相同或者相似的认定，原则上适用商标相同、相似的判断标准。对于在中国境内为相关公众广为知晓的注册商标，在判定权利冲突时可以适当放宽产品种类。

2. 著作权

在先著作权，是指在涉案专利申请日之前，他人通过独立创作完成作品或者通过继承、转让等方式合法享有的著作权。其中作品是指受中华人民共和国著作权法及其实施条例保护的客体。在接触或者可能接触他人享有著作权的作品的情况下，未经著作权人许可，在涉案专利中使用了与该作品相同或者实质性相似的设计，从而导致涉案专利的实施将会损害在先著作权人的相关合法权利或者权益的，应当判定涉案专利权与在先著作权相冲突（国家知识产权局2014年《专利审查指南》第4部分第5章第7节）。

第四节　专利权取得的形式条件

一、专利申请

(一) 申请原则

1. 先申请原则

为了避免重复授权，两个以上的申请人分别就同样的发明创造申请专利的，专利权授予最先申请的人（2008年《中华人民共和国专利法》第9条）。在判断是否为同样的发明创造时，应当将两件发明或者实用新型专利申请或专利的权利要求书的内容进行比较，而不是将权利要求书与专利申请或专利文件的全部内容进行比较。如果一件专利申请或专利的一项权利要求与另一件专利申请或专利的某一项权利要求保护范围相同，应当认为它们是同样的发明创造。

如果两个以上的申请人同日（指申请日，有优先权的指优先权日）就同样的发明创造分别提出专利申请，并且这些申请符合授予专利权的其他条件的，国务院专利行政部门应当通知申请人自行协商确定申请人。申请人期满不答复的，其申请被视为撤回；协商不成，或者经申请人陈述意见或进行修改后仍不符合不能重复授予专利权原则的，两件申请均予以驳回。

如果同一申请人同日（指申请日，有优先权的指优先权日）就同样的发明创造提出两件以上专利申请，并且这些申请符合授予专利权的其他条件的，应当通知申请人就这些申请进行选择或者修改。申请人期满不答复的，相应的申请被视为撤回。经申请人陈述意见或者进行修改后仍不符合不能重复授予专利权原则的,两件申请均予以驳回。

如果同一申请人在同日(指申请日)对同样的发明创造既申请实用新型专利又申请发明专利的,应当在申请时分别说明对同样的发明创造已申请了另一专利。实用新型专利授权后,发明专利申请经审查没有发现驳回理由,国务院专利行政部门应当通知申请人声明放弃实用新型专利权。申请人不同意放弃的,国务院专利行政部门应当驳回该发明专利申请;申请人期满未答复的,视为撤回该发明专利申请(2010年《中华人民共和国专利法实施细则》第41条,国家知识产权局2014年《专利审查指南》第2部分第3章第6节)。

2. 优先权原则

关于优先权的论述参见上节,在此不再重述。

3. 单一性原则

专利申请的单一性原则,是指一份专利申请文件只能就一项发明创造提出专利申请,即"一发明一申请"原则。实行专利申请的单一性原则,主要有两方面原因:①技术原因:为了便于专利申请的分类、检索和审查;②经济原因:为了防止申请人只支付一件专利的费用而获得几项不同专利的保护。

虽然专利申请的单一性原则不允许在一份专利申请中就两项或两项以上的发明创造提出专利申请,但却允许就属于一个总的发明构思的两项以上的发明或者实用新型提出一件专利申请,允许就同一产品相似的或者用于同一类别且成套出售或使用产品的两项以上外观设计提出一件专利申请。所谓"属于一个总的发明构思",是指在技术上相互关联,包含一个或多个相同或相应的特定技术特征,其中特定技术特征是指每一项发明或者实用新型作为整体,对现有技术做出贡献的技术特征。所谓"同一产品的相似外观设计",应当与指定的基本设计相似,且不得超过10项。

具备单一性的两项以上的发明创造通常包括:①各发明创造间存在着从属关系,其中一个发明创造在概念上是其他发明创造的属概念;②各发明创造间存在着并列关系,其基本特征相同;③产品和专用于制造该产品的方法,该"专用"方法使用的结果就是获得该产品,两者之间在技术上相关联;④产品和该产品的用途,该用途必须是由该产品的特定性能决定的,它们在技术上相关联;⑤产品、专用于制造该产品的方法和该产品的用途;⑥方法和为实施该方法而专门设计的设备,除了该"专门设计"的设备能够实施该方法外,该设备对现有技术作出的贡献还必须与该方法对现有技术作出的贡献相对应;⑦产品、专用于制造该产品的方法和为实施该方法而专门设计的设备。

如果几项发明创造没有包含相同或相应的技术特征,或所包含的相同或相应的技术特征均属于本领域惯用的技术手段,则它们不可能包含相同或相应的特定技术特征,因而明显不具有单一性。对于不明显缺乏单一性的两项以上发明创造,即需要通过检索之后才能判断单一性的情形,通常采用以下的分析方法:①将第一项发明创造的主题与相关的现有技术进行比较,确定体现发明创造对现有技术做出贡献的特定技术特征。②判断第二项发明创造中是否存在一个或者多个与第一项发明创造相同或者相应的特定技术特征,从而确定这两项发明创造是否在技术上相关联。③如果在发明创造之间存在一个或者多个相同或者相应的特定技术特征,即存在技术上的关联,则可以得出它们属于一个总的发明构思的结论。相反,如果各项发明创造之间不存在技术上的关联,则可以做出它们不属于一个总的发明构思的结论,进而确定它们不具有单一性(2008 年《中华人民共和国专利法》第 31 条,2010 年《中华人民共和国专利法实施细则》第 34 条、第 35 条,国家知识产权局 2014 年《专利审查指南》第 2 部分第 6 章第 2 节)。

(二)申请文件

1. 发明或实用新型的专利申请文件

发明或实用新型的专利申请文件包括请求书、说明书及其摘要和权利要求书(2008 年《中华人民共和国专利法》第 26 条第 1 款)。

(1)请求书。请求书是指专利申请人向专利行政机关提交的请求授予其发明或实用新型专利权的正式书面文件。发明或实用新型专利申请的请求书应当使用由国务院专利行政部门统一制作的格式化表格,并且应当写明如下事项:

①发明或实用新型的名称:应当准确、简洁地表明专利申请要求保护的主题和类型,不得含有非技术词语,如人名、单位名称、商标、代号、型号等;也不得含有含糊的词语,如"及其他""及其类似物"等;还不得仅使用笼统的词语,致使未给出任何发明信息,如仅用"方法""装置""组合物""化合物"等词;一般最多控制在 25 个字,特殊情况(如化学领域)下可允许达到 40 个字。

②申请人的信息:中国单位或个人应当写明其名称或姓名、地址、邮政编码、组织机构代码或居民身份证件号码,其中个人应当使用本人真实姓名,不得使用笔名或者其他非正式的姓名;单位应当使用正式全称,不得使用缩写或者简称,并且应当与所使用的公章上的单位名称一致。外国人、外国企业或外国其他组织应当写明其姓名或名称、国籍或注册的国家或者地区,其中个人的中文译名中可以使用外文缩写字母,姓和名之间用置于中间位置的圆点分开,不应当含有学位、职务等称号;企业或者其他组织的名称应当使用中文正式译文的全称,允许

使用申请人所属国法律规定具有独立法人地位的某些称谓。

③发明人的信息:应当是个人,不得填写单位或集体;应当使用本人真实姓名,不得使用笔名或其他非正式的姓名,多人的应当自左向右顺序填写;可以请求不公布其姓名,应当在请求书"发明人"一栏所填写的相应发明人后面注明"(不公布姓名)";外国人中文译名中可以使用外文缩写字母,姓和名之间用置于中间位置的圆点分开。

④地址:包括申请人、专利代理机构和联系人的地址,应当符合邮件能够迅速、准确投递的要求。本国的地址应当包括所在地区的邮政编码,以及省(自治区)、市(自治州)、区、街道门牌号码和电话号码,或者省(自治区)、县(自治县)、镇(乡)、街道门牌号码和电话号码,或者直辖市、区、街道门牌号码和电话号码。有邮政信箱的,可以按照规定使用邮政信箱。地址中可以包含单位名称,但单位名称不得代替地址。外国的地址应当注明国别、市(县、州),并附具外文详细地址。

⑤其他应当写明的事项:包括联系人、代表人、专利代理机构和专利代理人,其中联系人是专利局所发信函的收件人,单位在未委托专利代理机构时必填,且应当是本单位的工作人员,只能填写1人且需要同时填写其通信地址、邮政编码和电话号码;代表人是申请人有两人以上且未委托专利代理机构时,代表全体申请人办理除直接涉及共有权利的手续以外的其他手续的人;专利代理机构应当使用其在国家知识产权局登记的全称,并且要与其公章上的名称一致,不得使用简称或者缩写,还应当填写国家知识产权局给予的机构代码;专利代理人应当使用其真实姓名,同时填写专利代理人执业证号码和联系电话,并且一件专利申请不得超过两人(2008年《中华人民共和国专利法》第26条第2款,2010年《中华人民共和国专利法实施细则》第16条,国家知识产权局2014年《专利审查指南》第1部分第1章第4.1节、第2章第7.1节)。

(2)说明书。说明书是清楚、完整地记载发明或实用新型技术方案及其相关技术内容的陈述性书面文件,包括必要的附图。发明或实用新型专利申请的说明书应当清楚、完整,使所属领域普通技术人员能够实现,还应当按照规定的方式和顺序撰写,具体要求如下:

①说明书的内容应当清楚,具体表现在两个方面:一是主题明确。说明书应当从现有技术出发,明确地反映出发明或实用新型想要做什么和如何去做,使所属技术领域的技术人员能够确切地理解该发明或实用新型要求保护的主题。换句话说,说明书应当写明发明或实用新型所要解决的技术问题及解决其技术问题采用的技术方案,并对照现有技术写明发明或实用新型的有益效果。上述技

术问题、技术方案和有益效果应当相互适应,不得出现相互矛盾或不相关联的情形。二是表述准确。说明书应当准确地表达发明或实用新型的技术内容,不得含糊不清或模棱两可,以致所属技术领域的技术人员不能清楚、正确地理解该发明或实用新型。说明书应当使用发明或实用新型所属技术领域的技术术语,包括国家统一规定的、所属领域约定俗成的或者鲜为人知、最新出现和直接外来的但所属领域普通技术人员清楚的自然科学名词,以及明确定义或说明的必要的自定义词。说明书应当使用中文,个别词语在不产生歧义的前提下可以使用中文以外的其他文字,如计量单位、数学符号、数学公式、各种编程语言、计算机程序、特定意义的表示符号等,但在第一次使用非中文技术名词时,应当用中文译文加以注释或使用中文给予说明。此外,所引用的外国专利文献、专申请、非专利文献的出处和名称应当使用原文,必要时给出中文译文,并将译文放置在括号内;说明书中的计量单位应当使用国家法定计量单位,包括国际单位制计量单位和国家选定的其他计量单位,必要时可以在括号内同时标注本领域公知的其他计量单位;说明书中无法避免使用商品名称时,其后应当注明其型号、规格、性能及制造单位;说明书中应当避免使用注册商标来确定物质或者产品。

②说明书的内容应当完整,包含四个方面的内容:一是帮助理解发明或实用新型不可缺少的内容,如有关所属技术领域、背景技术状况的描述,对附图的说明等;二是确定发明或实用新型具有新颖性、创造性和实用性所需的内容,如发明或实用新型所要解决的技术问题,解决其技术问题采用的技术方案和发明或实用新型的有益效果;三是实现发明或实用新型所需的内容,如为解决发明或者实用新型的技术问题而采用的技术方案的具体实施方式;四是其他所属领域普通技术人员不能从现有技术中直接、唯一地得出的有关内容,如对于克服了技术偏见的发明或者实用新型,说明书中还应当解释为什么说该发明或者实用新型克服了技术偏见,新的技术方案与技术偏见之间的差别以及为克服技术偏见所采用的技术手段。

③说明书应当充分公开,达到所属领域普通技术人员能够实现的程度。所属领域普通技术人员能够实现,是指所属领域普通技术人员按照说明书记载的内容,就能够实现发明或实用新型的技术方案,解决其技术问题,并且产生预期的技术效果。说明书应当清楚地记载发明或者实用新型的技术方案,详细地描述实现发明或者实用新型的具体实施方式,完整地公开对于理解和实现发明或者实用新型必不可少的技术内容,达到所属领域普通技术人员能够实现该发明或者实用新型的程度。

④说明书的撰写方式和顺序:

a. 名称。应当与请求书中的名称一致,一般不得超过 25 个字,特殊情况(如化学领域)下最多到 40 个字;采用所属技术领域通用的技术术语,最好采用国际专利分类表中的技术术语,不得采用非技术术语;清楚、简要、全面地反映要求保护的发明或实用新型的主题和类型(产品或方法),以利于专利申请的分类;不得使用人名、地名、商标、型号或者商品名称等,也不得使用商业性宣传用语。

b. 技术领域。应当是发明或实用新型直接所属或直接应用的具体技术领域,而不是上位的或相邻的技术领域,也不是发明或实用新型本身。该具体技术领域往往与发明或实用新型在国际专利分类表中可能分入的最低位置有关。例如,一项关于挖掘机悬臂的发明,其改进之处是将背景技术中的长方形悬臂截面改为椭圆形截面。其所属技术领域可以写成"本发明涉及一种挖掘机,特别是涉及一种挖掘机悬臂"(具体的技术领域),而不宜写成"本发明涉及一种建筑机械"(上位的技术领域),也不宜写成"本发明涉及挖掘机悬臂的椭圆形截面"或者"本发明涉及一种截面为椭圆形的挖掘机悬臂"(发明本身)。

c. 背景技术。应当写明对发明或实用新型的理解、检索、审查有用的背景技术,并且尽可能引证反映这些背景技术的文件,尤其要引证与发明或者实用新型专利申请最接近的现有技术文件。引证文件可以是申请日前(外国)或公开日前(中国)公开出版的专利文件,要写明专利文件国别、公开号和公开日期;也可以是申请日之前公开出版的非专利文件,如期刊、杂志、手册和书籍等,要写明这些文件的标题和详细出处。此外,还要客观地指出背景技术存在的涉及由发明或实用新型的技术方案所解决的问题和缺点,并尽可能说明存在这种问题和缺点的原因,以及解决这些问题时曾经遇到的困难。

d. 发明目的。即发明或实用新型要解决的现有技术中存在的问题。撰写发明目的应当针对现有技术中存在的缺陷或不足,用正面的、尽可能简洁的语言客观而有根据地反映,不得采用广告式宣传用语。一件专利申请的说明书可以列出一个或多个发明或实用新型所要解决的技术问题,但同时应当在说明书中描述解决这些技术问题的技术方案。当一件申请包含多项发明或实用新型时,说明书中列出的多个要解决的技术问题应当都与一个总的发明构思相关。

e. 技术方案。应当清楚、完整地描述发明或实用新型解决其技术问题所采取的技术方案的技术特征。首先,应当写明独立权利要求的技术方案,其用语应当与独立权利要求的用语相应或相同,以发明或实用新型必要技术特征总和的形式阐明其实质,必要时说明必要技术特征总和与发明或实用新型效果之间的关系;然后,可以通过对该发明或实用新型的附加技术特征的描述,反映对其作进一步改进的从属权利要求的技术方案。

f.有益效果。是指由构成发明或实用新型的技术特征直接带来的,或者是由所述的技术特征必然产生的技术效果。说明书应当清楚、客观地写明发明或者实用新型与现有技术相比所具有的有益效果。有益效果应当与现有技术进行比较,可以通过产率、质量、精度和效率的提高,能耗、原材料、工序的节省,加工、操作、控制、使用的简便,环境污染的治理或根治,以及有用性能的出现等方面反映出来;还可以通过对发明或实用新型结构特点的分析和理论说明相结合,或者通过列出实验数据的方式予以说明。

g.附图及其说明。附图是说明书的一个组成部分,但并非每个专利申请的说明书都有附图。用文字足以清楚、完整地描述每个技术特征和整体技术方案的,可以没有附图,但实用新型专利申请的说明书必须有附图。说明书有附图的,应当写明各幅附图的图名,并且对图示的内容作简要说明。在零部件较多的情况下,允许用列表的方式对附图中具体零部件名称列表说明。附图不止一幅的,应当对所有附图做出图面说明。

h.具体实施方式。优选的具体实施方式应当体现申请中解决技术问题所采用的技术方案,并应当对权利要求的技术特征给予详细说明,以支持权利要求。对优选的具体实施方式的描述应当详细,尤其对发明或实用新型区别于现有技术的技术特征以及从属权利要求中的附加技术特征应当足够详细地描述,使所属领域普通技术人员能够实现该发明或实用新型。实施例是对发明或实用新型的优选的具体实施方式的举例说明,其数量应当根据发明或实用新型的性质、所属技术领域、现有技术状况,以及要求保护的范围来确定(2008年《中华人民共和国专利法》第26条第3款,2010年《中华人民共和国专利法实施细则》第17条、第18条,国家知识产权局2014年《专利审查指南》第1部分第1章第4.2节、第4.3节、第1部分第2章第7.2节、第7.3节、第2部分第2章第2.1~2.3节)。

(3)说明书摘要。说明书摘要不具有法律效力,只是提供一种技术信息,便于分类、检索和了解专利的主要技术内容。说明书摘要应当写明发明或实用新型专利申请所公开的内容的概要,即写明发明或实用新型的名称和所属技术领域,清楚反映所要解决的技术问题、解决该问题的技术方案的要点以及主要用途。摘要文字部分(包括标点符号)不得超过300字,并不得使用商业性宣传用语。发明或实用新型专利申请的说明书有附图的,申请人应当提交其中一幅最能说明其技术方案主要技术特征的说明书附图作为摘要附图。摘要附图的大小及清晰度应当保证在该图缩小到4厘米×6厘米时,仍能清晰地分辨出图中的各个细节。摘要中可以包含最能说明发明或实用新型的化学式,视为摘要附图

(2008年《中华人民共和国专利法》第26条第3款,2010年《中华人民共和国专利法实施细则》第23条,国家知识产权局2014年《专利审查指南》第1部分第1章第4.5节、第1部分第2章第7.5节、第2部分第2章第2.4节)。

(4)权利要求书。权利要求书是发明或实用新型专利申请人向专利行政机关提交的用以确定发明或实用新型专利保护范围的正式书面文件。发明或实用新型专利申请的权利要求书应当以说明书为依据,清楚、简要地限定要求专利保护的范围,按照规定撰写,具体要求如下:

①以说明书为依据。以说明书为依据是指权利要求应当得到说明书的支持。权利要求书中的每一项权利要求所要求保护的技术方案应当是所属领域普通技术人员能够从说明书充分公开的内容中得到或概括得出的技术方案,并且不得超出说明书公开的范围。如果所属领域普通技术人员可以合理预测说明书给出的实施方式的所有等同替代方式或明显变型方式都具备相同的性能或用途,则应当允许申请人将权利要求的保护范围概括至覆盖其所有的等同替代或明显变型的方式。对于一个概括较宽又与整类产品有关的权利要求,如果说明书中有较好的支持,并且也没有理由怀疑发明或者实用新型在权利要求范围内不可以实施,即使这个权利要求范围较宽也是可以接受的。产品权利要求通常应当尽量避免使用功能或者效果特征来限定,除非在某一技术特征无法用结构特征来限定,或者用结构特征限定不如用功能或效果特征限定更为恰当,而且该功能或效果能通过说明书中规定的实验或操作或者所属领域的惯用手段直接和肯定地验证。在判断权利要求是否得到说明书的支持时,应当考虑说明书的全部内容,而不是仅限于具体实施方式部分的内容,并且对于独立权利要求和从属权利要求或者不同类型权利要求需要逐一判断。

②清楚。首先,每项权利要求的类型应当清楚。权利要求的主题名称应当能够清楚地表明该权利要求的类型是产品权利要求还是方法权利要求,还应当与权利要求的技术内容相适应。产品权利要求通常应当用产品的结构特征来描述,方法权利要求通常应当用工艺过程、操作条件、步骤或者流程等技术特征来描述。其次,每项权利要求所确定的保护范围应当清楚。权利要求的保护范围应当根据其所用词语的含义来理解,不得使用"厚""薄""强""弱"等含义不确定的用语,不得出现"例如""最好是""尤其是""必要时",以及"约""接近""等""或类似物"等类似的用语,尽量避免使用括号(附图标记或化学式及数学式除外)。最后,构成权利要求书的所有权利要求作为一个整体即权利要求之间的引用关系应当清楚。

③简要。一是指每一项权利要求应当简要,除记载技术特征外,不得对原因

或者理由作不必要的描述,也不得使用商业性宣传用语。二是指构成权利要求书的所有权利要求作为一个整体也应当简要。例如,一件专利申请中不得出现两项或两项以上保护范围实质上相同的同类权利要求。权利要求的数目应当合理,允许有合理数量的限定发明或者实用新型优选技术方案的从属权利要求。为避免权利要求之间相同内容的不必要重复,在可能的情况下,权利要求应尽量采取引用在前权利要求的方式撰写。

④撰写规定。

a.统一规定:有几项权利要求的,应当用阿拉伯数字顺序编号,且一项权利要求通常用一个自然段表述(除非技术特征较多,内容和相互关系较复杂,借助于标点符号难以将其关系表达清楚),但每一项权利要求只允许在其结尾处使用句号;权利要求中使用的科技术语应当与说明书一致,通常不允许使用表格(除非使用表格能够更清楚地说明发明或者实用新型要求保护的主题),可以有化学式或数学式但不得有插图,可以引用说明书附图中相应的标记但应当用括号括起来放在相应的技术特征后面,数值范围尽量以数学方式表达;通常,开放式的权利要求宜采用"包含""包括""主要由……组成"的表达方式,封闭式的权利要求宜采用"由……组成"的表达方式,但在得到说明书支持的情况下,允许权利要求对发明或者实用新型作概括性的限定。

b.独立权利要求的撰写规定。发明或实用新型的独立权利要求应当包括前序部分和特征部分,其中前序部分写明要求保护的发明或实用新型技术方案的主题名称和发明或实用新型主题与最接近的现有技术共有的必要技术特征;特征部分使用"其特征是……"或者类似的用语,写明发明或实用新型区别于最接近的现有技术的技术特征,这些特征和前序部分写明的特征合在一起,限定发明或实用新型要求保护的范围。独立权利要求也可以不分前序部分和特征部分,例如:开拓性发明;由几个状态等同的已知技术整体组合而成的发明,其发明实质在组合本身;已知方法的改进发明,其改进之处在于省去某种物质或材料,或者是用一种物质或材料代替另一种物质或材料,或者是省去某个步骤;已知发明的改进在于系统中部件的更换或其相互关系上的变化。

c.从属权利要求的撰写规定:发明或实用新型的从属权利要求应当包括引用部分和限定部分,其中引用部分写明引用的权利要求的编号及其主题名称,当从属权利要求是引用两项以上权利要求的多项从属权利要求时,其引用的权利要求的编号应当用"或"或者其他与"或"同义的择一引用方式表达,并且不得作为另一项多项从属权利要求的引用基础;限定部分写明发明或实用新型附加的技术特征,不仅可以进一步限定独立权利要求特征部分中的特征,也可以进一步地限定前序部分中的特征。另外,直接或间接从属于某一项独立权利要求的所有从属权利要求都应当写在该独立权利要求之后,另一项独立权利要求之前(2008年《中华人民共和国专利法》第26条第4款,2010年《中华人民共和国专利法实施细则》第19~22条,国家知识产权局2014年《专利审查指南》第1部分第1章第4.4节、第1部分第2章第7.4节、第2部分第2章第3节)。

2. 外观设计的专利申请文件

(1)请求书。外观设计专利申请的请求书是指专利申请人向专利行政机关提交的请求授予其外观设计专利权的正式书面文件。外观设计专利申请的请求书应当使用由国务院专利行政部门统一制作的格式化表格,并且应当写明如下事项:

①使用外观设计的产品名称。应当与外观设计图片或照片中表示的外观设计相符合,准确、简明地表明要求保护的产品的外观设计,一般不得超过20个字;一般应当符合国际外观设计分类表中小类列举的名称,避免使用含有人名、地名、国名、单位名称、商标、代号、型号或以历史时代命名的产品名称,概括不当、过于抽象的名称,描述技术效果、内部构造的名称,附有产品规格、大小、规模、数量单位的名称,以外国文字或无确定的中文意义的文字命名的名称。

②申请人、设计人、地址以及联系人、代表人、专利代理机构、专利代理人等其他应当写明的事项,与发明或实用新型专利申请的请求书中的完全相同,在此不再重述。

(2)图片或照片。图片或照片是外观设计专利申请人向专利行政机关提交的用以确定外观设计专利保护范围的正式书面文件。外观设计的图片或照片应当清楚地显示要求专利保护产品的外观设计,具体要求如下:

①总体要求就立体产品的外观设计而言,产品设计要点涉及六个面的,应当提交六面正投影视图;产品设计要点仅涉及一个或几个面的,应当至少提交所涉及面的正投影视图和立体图,并应当在简要说明中写明省略视图的原因。就平面产品的外观设计而言,产品设计要点涉及一个面的,可以仅提交该面正投影视图;产品设计要点涉及两个面的,应当提交两面正投影视图。就包括图形用户界面的产品外观设计而言,应当提交整体产品外观设计视图。图形用户界面为动态图案的,申请人应当至少提交一个状态的上述整体产品外观设计视图,对其余状态可仅提交关键帧的视图,所提交的视图应当能唯一确定动态图案中动画的变化趋势。必要时,申请人还应当提交该外观设计产品的展开图、剖视图、剖面图、放大图以及变化状态图。此外,申请人可以提交参考图,参考图通常用于表明使用外观设计的产品的用途、使用方法或者使用场所等。

②视图名称及其标注。六面正投影视图包括主视图、后视图、左视图、右视图、俯视图和仰视图,其中主视图所对应的面应当是使用时通常朝向消费者的面或最大程度反映产品的整体设计的面。对于成套产品,应当在其中每件产品的视图名称前以阿拉伯数字顺序编号标注,并在编号前加"套件"字样。对于同一产品的相似外观设计,应当在每个设计的视图名称前以阿拉伯数字顺序编号标注,并在编号前加"设计"字样。对于组装关系唯一的组件产品,应当提交组合状态的产品视图。对于无组装关系或者组装关系不唯一的组件产品,应当提交各构件的视图,并在每个构件的视图名称前以阿拉伯数字顺序编号标注,且在编号前加"组件"字样。

③图片的绘制。图片应当参照中国技术制图和机械制图国家标准中有关正投影关系、线条宽度,以及剖切标记的规定绘制,并应当以粗细均匀的实线而不得以阴影线、指示线、虚线、中心线、尺寸线、点画线等线条表达外观设计的形状。图面上可以用两条平行的双点画线或自然断裂线表示细长物品的省略部分,可以用指示线表示剖切位置和方向、放大部位、透明部位等,但不得有不必要的线条或标记。图片可以使用包括计算机在内的制图工具绘制,但图面分辨率应当满足清晰的要求,不得使用铅笔、蜡笔、圆珠笔绘制,也不得使用蓝图、草图、油印件。

④照片的拍摄。照片的拍摄通常应当遵循正投影规则,避免因对焦、透视和强光、反光、阴影、倒影等影响产品的外观设计的表达;照片背景应当单一,并与产品应有适当的明度差,避免边出现该外观设计产品以外的其他内容和产品的外观设计无法清楚地显示;照片中的产品通常应当不包含内装物或衬托物,但必须依靠内装物或衬托物才能清楚地显示产品的外观设计的除外。

(3)简要说明。简要说明是外观设计专利申请必备的文件之一,可以用于解释图片或照片所表示的产品的外观设计。外观设计的简要说明不得使用商业性宣传用语,也不能用来说明产品的性能和内部结构,应当包括下列内容:

①外观设计产品的名称:应当与请求书中的产品名称一致。

②外观设计产品的用途:简要说明中应当写明有助于确定产品类别的用途,包括所述产品的多种用途。

③外观设计的设计要点:是指与现有设计相区别的产品的形状、图案及其结合,或者色彩与形状、图案的结合,或者部位,其描述应当简明扼要。

④指定一幅最能表明设计要点的图片或照片:用于出版专利公报。

⑤其他应当写明的情形:请求保护色彩或省略视图的情况;在同一产品的多项相似外观设计中指定其中一项作为基本设计;花布、壁纸等平面产品中单元图

案两方连续或四方连续等无限定边界的情况;细长物品的长度采用省略画法;产品的外观设计是由透明材料或具有特殊视觉效果的新材料制成的;成套产品中各套件所对应的产品名称;对于包括图形用户界面的产品外观设计专利申请,必要时说明图形用户界面的用途、图形用户界面在产品中的区域、人机交互方式以及变化状态等(2008年《中华人民共和国专利法》第27条,2010年《中华人民共和国专利法实施细则》第16条、第27~29条,国家知识产权局2014年《专利审查指南》第1部分第3章第4节)。

(三)申请手续

申请人向专利局提出专利申请,以及在专利审批程序中办理其他专利事务,统称为专利申请手续。办理各种手续应当提交相应的文件,缴纳相应的费用,并且符合相应的期限要求(国家知识产权局2014年《专利审查指南》第5部分第1章第1节)。

1. 专利申请文件的提交和受理

专利申请文件包括发明或实用新型的请求书、说明书、权利要求书、说明书附图和摘要,以及外观设计的请求书、图片或照片、简要说明。除此之外,在办理与专利申请(或专利)有关的各种手续时提交的各种请求、申报、意见陈述、补正以及各种证明、证据材料,称为其他文件。专利申请文件提交和受理的具体要求如下:

(1)文件形式。专利申请文件应当以书面形式(纸件形式)或电子文件形式提交,且只能二选一,不能两种形式都选。在选定其中一种文件形式以后,除另有规定外,以另一种文件形式提交的相关文件视为未提交。

(2)文件份数。专利申请文件应当一式两份,原本和副本各一份,并应当注明其中的原本。申请人未注明原本的,专利局指定一份作为原本。两份文件的内容不同时,以原本为准。除另有规定,以及申请文件的替换页外,其他文件(如专利代理委托书、实质审查请求书、著录项目变更申报书、转让合同等)为一份。文件需要转送其他有关方的,专利局可以根据需要在通知书中规定文件的份数。

(3)申请费的缴纳。申请费(含公布印刷费、申请附加费)的缴纳期限是自申请日起2个月内,或者自收到受理通知书之日起15日内,未在规定的期限内缴纳或缴足的,该申请被视为撤回。费用可以直接向专利局(包括专利局各代办处)缴纳,也可以通过邮局或银行汇付,或者以规定的其他方式缴纳。自汇出费用之日起1年内,可以凭银行汇单复印件、邮局汇款凭证复印件或收据复印件,查询费用缴纳情况。

(4)受理地点。专利局的受理部门包括专利局受理处和专利局各代办处,其地址由专利局以公告形式公布,其中专利局受理处负责受理专利申请及其他有关文件,代办处按照相关规定受理境内申请人面交或寄交的、港澳台居民委托内地专利代理机构代理的专利申请文件。未经过受理登记的文件,不得进入审批程序。

(5)受理条件。申请文件中有请求书;发明专利申请文件中有说明书和权利要求书,实用新型专利申请文件中有说明书、说明书附图和权利要求书,外观设计专利申请文件中有图片或照片和简要说明;申请文件是使用中文打字或印刷的,且没有涂改;申请人是外国人、外国企业或外国其他组织的,或者是香港、澳门或台湾地区的个人、企业或其他组织的,符合中国《专利法》和《专利审查指南》的有关规定(2010年《中华人民共和国专利法实施细则》第15条,国家知识产权局2014年《专利审查指南》第5部分第1章第1~2、7节,第2章第1~2、5节,第3章第1节、第2.1节)。

2. 专利申请日的确定和更正

专利申请日即提出专利申请的日期,这一日期关系重大,直接影响专利权的归属、优先权的行使、专利的新颖性和创造性、专利权保护的起止期限。专利申请日确定和更正的具体要求如下:

(1)专利申请日的确定。向专利局受理处或代办处窗口直接递交的专利申请,以收到日为申请日;通过邮局邮寄递交到专利局受理处或代办处的专利申请,以信封上的寄出邮戳日为申请日,但寄出的邮戳日不清晰无法辨认的,以专利局受理处或代办处收到日为申请日,并将信封存档;通过速递公司递交到专利局受理处或代办处的专利申请,以收到日为申请日;邮寄或递交到专利局非受理部门或者个人的专利申请,其邮寄日或者递交日不具有确定申请日的效力,如果该专利申请被转送到专利局受理处或代办处,以受理处或代办处实际收到日为申请日;分案申请以原申请的申请日为申请日,并在请求书上记载分案申请递交日。

(2)专利申请日的更正。申请人收到专利申请受理通知书之后认为该通知书上记载的申请日与邮寄该申请文件日期不一致的,可以请求专利局更正申请日。专利局受理处收到申请人的申请日更正请求后,应当检查更正请求是否符合下列规定:①在递交专利申请文件之日起2个月内或者申请人收到专利申请受理通知书1个月内提出;②附有收寄专利申请文件的邮局出具的寄出日期的有效证明,该证明中注明的寄出挂号号码与请求书中记录的挂号号码一致。符合上述规定的应予更正申请日,否则不予更正申请日。准予更正申请日的,应当做出重新确定申请日通知书,送交申请人,并修改有关数据;不予更正申请日的,应当对此更正申请日的请求发出视为未提出通知书,并说明理由。当事人对专利局确定的其他文件递交日有异议的,应当提供专利局出具的收到文件回执、收寄邮局出具的证明或者其他有效证明材料。证明材料符合规定的,专利局应当重新确定递交日并修改有关数据(2008年《中华人民共和国专利法》第28条,国家知识产权局2014年《专利审查指南》第5部分第3章第2.3节、第4节)。

3.专利申请的修改、分案和撤回

专利申请修改、分案和撤回的具体要求如下:

(1)专利申请的修改。申请人可以对其专利申请文件进行修改,但是,对发明和实用新型专利申请文件的修改不得超出原说明书和权利要求书记载的范围,对外观设计专利申请文件的修改不得超出原图片或照片表示的范围。因此,对专利申请的修改应当注意把握以下三点:

①修改的范围。对于发明或实用新型专利申请来说,允许修改的范围即原说明书和权利要求书记载的范围,包括原说明书和权利要求书文字记载的内容、根据原说明书和权利要求书文字记载的内容,以及说明书附图能直接地、毫无疑义地确定的内容。对于外观设计专利申请来说,允许修改的范围即原图片或照片表示的范围,包括原图片或照片表示的内容和根据原图片或照片能直接地、毫无疑义地确定的内容。

②修改的时机。申请人主动要求修改专利申请的,应当在规定的时间内进行,即发明专利申请人在提出实质审查请求时,以及在收到国务院专利行政部门发出的发明专利申请进入实质审查阶段通知书之日起的3个月内,可以对发明专利申请主动提出修改;实用新型或外观设计专利申请人自申请日起2个月内,可以对实用新型或外观设计专利申请主动提出修改。申请人在收到国务院专利行政部门发出的审查意见通知书后对专利申请文件进行修改的,应当按照通知书的要求进行修改。国务院专利行政部门依法也可以自行修改专利申请文件中文字和符号的明显错误,但应当通知申请人。

③修改的形式。发明或实用新型专利申请的说明书或权利要求书的修改部分,除个别文字修改或者增删外,应当按照规定格式提交重新打印的替换页和修改对照表(修改内容较多时)或在原文复制件上做出修改的对照页(修改内容较少时)。外观设计专利申请的图片或照片的修改,应当按照规定提交替换页一式两份。需要注意的是,违反单一性原则的专利申请的修改,必须将原申请分成两个或更多的申请,即专利申请的分案(2008年《中华人民共和国专利法》第33条,2010年《中华人民共和国专利法实施细则》第51条~第52条,国家知识产权局2014年《专利审查指南》第1部分第1章第7.6节、第1部分第2章第8

节、第 1 部分第 3 章第 10 节、第 2 部分第 8 章第 5.2 节)。

(2) 专利申请的分案。专利申请的单一性原则要求一份专利申请文件只能就一项发明创造提出专利申请，如果一件专利申请包括两项以上发明、实用新型或外观设计，申请人可以在收到授予专利权通知书之日起 2 个月期限(即办理登记手续的期限)届满之前，向国务院专利行政部门提出分案申请，其具体情形和要求如下：

①分案申请的具体情形。

a. 原专利申请中包含不符合单一性原则的两项以上发明创造。原专利申请中包含不属于一个总的发明构思的两项以上发明或实用新型的，或者包含不属于同一产品相似的或者用于同一类别且成套出售或使用产品的两项以上外观设计的，应当要求申请人将该专利申请限制至其中一项发明、实用新型或外观设计，或者属于一个总的发明构思的两项以上的发明或实用新型，或者属于同一产品相似的或者用于同一类别且成套出售或使用产品的两项以上外观设计，对于其余的发明、实用新型或外观设计，申请人可以提交分案申请。

b. 在修改的专利申请文件中所增加或替换的内容与原专利申请中的发明、实用新型或外观设计之间不具有单一性。申请人在主动修改或因答复审查意见通知书而修改专利申请文件时，将原来仅在说明书中描述的发明或实用新型作为独立权利要求增加或替换原权利要求书，或者将原图片或照片中已有表示或可以直接地、毫无疑义地确定的内容增加到或替换原图片或照片，而该发明、实用新型或外观设计与原专利申请中的发明、实用新型或外观设计之间缺乏单一性，一般应当要求申请人将后增加或替换的发明、实用新型或外观设计从专利申请中删除，申请人可以对这些删除的发明、实用新型或外观设计提交分案申请。

c. 发明或实用新型的独立权利要求之一或者外观设计的照片或图片之一缺乏新颖性或创造性，而导致发明或实用新型的其余权利要求之间、外观设计的其余图片或照片之间缺乏单一性。发明或实用新型的某一独立权利要求、外观设计的某一图片或照片缺乏新颖性或创造性，导致与其并列的发明或实用新型的其余独立权利要求之间甚至其从属权利要求之间失去相同或相应的特定技术特征，或者导致与其并列或从属的外观设计的其余图片或照片之间缺乏同一性或整体性，即缺乏单一性，因此需要修改，对于因修改而删除的主题，申请人可以提交分案申请。例如，一件包括产品、制造方法及用途的申请，经检索和审查发现，产品是已知的，其余的该产品制造方法独立权利要求与该产品用途独立权利要求之间显然不可能有相同或者相应的特定技术特征，因此它们需要修改，可以提出分案申请。

②分案申请的具体要求。

a. 分案申请的文本。发明或实用新型的分案申请应当在其说明书的起始部分,即发明或实用新型所属技术领域之前,说明本申请是哪一件申请的分案申请,并写明原申请的申请日、申请号和发明创造名称。在提交分案申请时,应当提交原申请文件的副本;要求优先权的,还应当提交原申请的优先权文件副本。

b. 分案申请的内容。分案申请的内容不得超出原发明或实用新型的说明书和权利要求书记载的范围,或者原外观设计的图片或照片表示的范围。

c. 分案申请的文件。发明或实用新型专利申请分案以后的原申请与分案申请的权利要求书应当分别要求保护不同的发明;而它们的说明书可以允许有不同的情况。例如,分案前原申请有 A、B 两项发明;分案之后,原申请的权利要求书若要求保护 A,其说明书可以仍然是 A 和 B,也可以只保留 A;分案申请的权利要求书若要求保护 B,其说明书可以仍然是 A 和 B,也可以只是 B。外观设计专利申请分案以后,应当相应修改其简要说明。(2010 年《中华人民共和国专利法实施细则》第 42 条、第 43 条,国家知识产权局 2014 年《专利审查指南》第 1 部分第 1 章第 5.1 节、第 1 部分第 2 章第 10 节、第 1 部分第 3 章第 9.4 节、第 2 部分第 6 章第 3 节)

(3)专利申请的撤回。专利申请提出后至专利权授予前,专利申请可能由于各种不同的原因而被申请人主动撤回,或被国务院专利行政部门视为撤回。

①专利申请的主动撤回。授予专利权之前,申请人随时可以主动要求撤回其专利申请。申请人撤回专利申请的,应当向国务院专利行政部门提交撤回专利申请声明,写明发明创造的名称、申请号和申请日,并附具全体申请人签字或盖章同意撤回专利申请的证明材料,或者仅提交由全体申请人签字或盖章的撤回专利申请声明。委托专利代理机构的,撤回专利申请的手续应当由专利代理机构办理,并附具全体申请人签字或盖章同意撤回专利申请的证明材料,或者仅提交由专利代理机构和全体申请人签字或盖章的撤回专利申请声明。撤回专利申请的声明是在专利申请进入公布准备后提出的,申请文件照常公布或公告,但撤回专利申请的声明应当在以后出版的专利公报上予以公告。撤回专利申请不得附有任何条件,其生效日为手续合格通知书的发文日,对于已经公布的发明专利申请,还应当在专利公报上予以公告。申请人无正当理由不得要求撤销撤回专利申请的声明,但在申请权非真正拥有人恶意撤回专利申请后,申请权真正拥有人(应当提交生效的法律文书来证明)可要求撤销撤回专利申请的声明。

②专利申请的视为撤回。专利申请被视为撤回,主要存在以下几个方面的情形:

a. 申请人期满未答复的,视为撤回专利申请。例如:国务院专利行政部门将初步审查意见通知申请人,要求其在指定期限内陈述意见或补正,申请人期满未答复的,其申请视为撤回;国务院专利行政部门认为一件专利申请不符合专利法及其实施细则的有关规定,通知申请人在指定期限内对其申请进行修改,申请人期满未答复的,该申请视为撤回;国务院专利行政部门对发明专利申请进行实质审查后,认为不符合专利法规定的,通知申请人在指定的期限内陈述意见或者对其申请进行修改,申请人无正当理由逾期不答复的,该申请即被视为撤回;同一申请人在同日(指申请日)对同样的发明创造既申请实用新型专利又申请发明专利的,实用新型专利已授权且发明专利申请未发现驳回理由,国务院专利行政部门通知申请人在规定期限内声明放弃实用新型专利权,申请人期满未答复的,视为撤回该发明专利申请。

b. 申请人期满未补正的,视为撤回专利申请。例如:涉及核苷酸或者氨基酸序列的申请,申请人未提交计算机可读形式的副本,或者所提交的副本与说明书中的序列表明显不一致的,国务院专利行政部门通知申请人在指定期限内补正,期满未补正的,该申请视为撤回;申请文件出版条件的格式不符合规定的,国务院专利行政部门通知申请人补正,期满未补正的,该申请视为撤回;国际申请已进入中国国家阶段,但不符合法定要求,国务院专利行政部门通知申请人在指定期限内补正,期满未补正的,其申请视为撤回。

c. 申请人期满未缴纳或未缴足的相应费用的,视为撤回专利申请。例如:申请人应当自申请日起 2 个月内或在收到受理通知书之日起 15 日内缴纳申请费、公布印刷费和必要的申请附加费,期满未缴纳或未缴足的,其申请视为撤回;国际申请存在单一性问题且在国际阶段未按照规定缴纳附加费,在进入中国国家阶段后,国务院专利行政部门通知申请人在指定期限内缴纳单一性恢复费,期满未缴纳或未足额缴纳的,国际申请中未经检索或未经国际初步审查的部分视为撤回。

d. 申请人期满未办理相应手续的,视为撤回专利申请。例如:发明专利申请自申请日起 3 年内,国务院专利行政部门可以根据申请人随时提出的请求,对其申请进行实质审查,申请人无正当理由逾期不请求实质审查的,该申请即被视为撤回;发明专利已经在外国提出过申请的,国务院专利行政部门可以要求申请人在指定期限内提交该国为审查其申请进行检索的资料或者审查结果的资料,无正当理由逾期不提交的,该申请即被视为撤回。

e. 其他情形。例如:申请人要求本国优先权的,其在先申请自后一申请提出之日起即视为撤回(2008 年《中华人民共和国专利法》第 32 条、第 35~37 条,

2010年《中华人民共和国专利法实施细则》第32条第3款、第36条、第41条第4款、第42条、第44条第2款、第95条,国家知识产权局2014年《专利审查指南》第1部分第1章第6.6节、第2章第4.4节、第3章第5.4节)。

二、专利审查

(一)发明专利申请的审查

对发明专利申请实行延迟审查制,其主要程序包括初步审查、早期公开和实质审查。

1. 初步审查

发明专利申请的初步审查是国务院专利行政部门受理发明专利申请后、公布申请以前的一个必要程序,在严格遵循保密、书面审查、听证、程序节约等原则的基础上,主要进行以下几个方面的审查:

(1)申请文件的形式审查,包括专利申请是否包含专利法第26条规定的申请文件,以及这些文件格式上是否明显不符合专利法实施细则第16条(请求书的内容)、第17条(说明书的内容和要求)、第18条(说明书附图的要求)、第19条(权利要求书的内容和要求)、第23条(说明书摘要的内容和要求)的规定,是否符合专利法实施细则第2条(手续形式)、第3条(语言和用词)、第26条第2款(遗传资源说明)、第119条(文件和手续的签章及著录项目变更)、第121条(文件打印和编号)的规定。

(2)明显实质性缺陷审查,包括专利申请是否明显属于专利法第5条(违反公序良俗)、第25条(不授予专利权)规定的情形,是否不符合专利法第18条(对外国申请人所属国的要求)、第19条第1款(外国申请人委托代理的要求)、第20条第1款(向外国申请专利的要求)的规定,是否明显不符合专利法第2条第2款(发明的定义)、第26条第5款(遗传资源来源说明)、第31条第1款(单一性原则)、第33条(文件修改要求)或者专利法实施细则第17条(说明书的内容和要求)、第19条(权利要求书的内容和要求)的规定。

(3)其他文件的形式审查,包括与专利申请有关的其他手续和文件是否符合专利法第10条(权利转让要求)、第24条(宽限期)、第29条(优先权的享有)、第30条(优先权的提出)以及专利法实施细则第2条(手续形式)、第3条(语言和用词)、第6条(恢复权利和延长期限)、第7条(国防专利)、第15条第3款(委托代理)和第4款(代表人)、第24条(生物材料保藏)、第30条(宽限期)、第31条第1~3款(要求优先权的手续)、第32条(多项优先权及本国优先权的在先申请、在后申请)、第33条(外国申请人要求外国优先权)、第36条(申请的撤回)、第 40 条(附图的补交和取消)、第 42 条(分案申请的提出)、第 43 条(分案申请的手续)、第 45 条(其他文件的提交)、第 46 条(请求早日公布)、第 86 条(因纠纷中止与恢复程序)、第 87 条(因保全中止与恢复程序)、第 100 条(费用减缓)的规定。

(4)有关费用的审查,包括专利申请是否按照专利法实施细则第 93 条(费用清单)、第 95 条(申请费、公布印刷费、必要的申请附加费及优先权要求费的缴纳)、第 96 条(实质审查费的缴纳)、第 99 条(恢复权利请求费、延长期限请求费及著录事项变更费、专利权评价报告请求费、无效宣告请求费的缴纳)的规定缴纳了相关费用。

经初步审查,对于符合专利法及其实施细则有关规定并且不存在明显实质性缺陷的发明专利申请,包括经过补正符合初步审查要求的发明专利申请,应当认为初步审查合格。审查员应当发出初步审查合格通知书,指明公布所依据的申请文本,之后进入公布程序。

如果发明专利申请存在明显实质性缺陷,在审查员发出审查意见通知书后,经申请人陈述意见或修改后仍然没有消除的;或者申请文件存在形式缺陷,审查员针对该缺陷已发出过两次补正通知书,经申请人陈述意见或补正后仍然没有消除的,审查员可以做出驳回决定。申请人对驳回决定不服的,可以自收到驳回通知之日起 3 个月内,向专利复审委员会提出复审请求(2010 年《中华人民共和国专利法实施细则》第 44 条,国家知识产权局 2014 年《专利审查指南》第 1 部分第 1 章第 1~3 节)。

2. 早期公开

早期公开是指国务院专利行政部门在对发明专利申请进行形式审查后、实质审查前,在法定期间或依专利申请人请求公开其发明专利申请的法定程序,主要涉及以下具体事项:

(1)早期公开的基础。发明专利申请早期公开的前提和基础有二:一是发明专利申请初步审查合格。自申请日(有优先权的,为优先权日)起满 15 个月,因各种原因初步审查尚未合格的发明专利申请将延迟公布。在初步审查程序中被驳回、被视为撤回、申请人主动撤回和确定保密的发明专利申请不予公布。二是做好了公布准备。发明专利申请经初步审查合格后,自申请日(有优先权的,为优先权日)起满 15 个月进行公布准备,并于 18 个月期满时公布。发明专利申请人在初步审查合格前,要求提前公布其专利申请的,自初步审查合格之日起进行公布准备;在初步审查合格后,要求提前公布其专利申请的,自提前公布请求合格之日起进行公布准备,并及时予以公布。

（2）早期公开的内容。发明专利申请早期公开的主要内容有两大方面：一是著录事项，包括国际专利分类号、申请号、公开号（出版号）、公开日、申请日、优先权事项、申请人事项、发明人事项、专利代理事项、发明名称等；二是摘要和摘要附图，但说明书没有附图的，可以没有摘要附图。

（3）早期公开的后果。发明专利申请早期公开以后，主要产生三个法律后果：第一，可能构成对他人在后申请的抵触申请。在先申请公开以前撤回的，不影响在后申请的新颖性。但是在先申请一旦公布，不论是否被授予专利权，均构成对在后申请的抵触申请。第二，申请专利的发明成为现有技术。发明专利申请公开以前处于保密状态、属于商业秘密，公开以后则自公开日起成为现有技术的一部分，即使该发明最终不被授予专利权，专利申请人也不能再按商业秘密对之进行保护。第三，发明专利申请公开后，获得临时保护。发明专利申请公布后，申请人可以要求实施其发明的单位或者个人支付适当的费用。管理专利工作的部门应当事人请求，可以对在发明专利申请公布后专利权授予前使用发明而未支付适当费用的纠纷进行调解（2008 年《中华人民共和国专利法》第 18 条、第 34 条，2010 年《中华人民共和国专利法实施细则》第 46 条、第 85 条第 1 款第 4 项，国家知识产权局 2014 年《专利审查指南》第 2 部分第 3 章第 2.2 节、第 5 部分第 8 章第 1.2.1.1 节）。

3. 实质审查

实质审查是国务院专利行政部门对发明专利申请进行形式审查和早期公开以后，依专利申请人请求或依职权，对申请专利发明的新颖性、创造性和实用性等进行审查的法定程序，主要涉及以下具体事项：

（1）实质审查的启动。发明专利申请的实质审查程序主要依据申请人的实质审查请求而启动，国务院专利行政部门认为必要时可以自行对发明专利申请进行实质审查。实质审查请求应当在自申请日（有优先权的，指优先权日）起 3 年内提出，同时提交在申请日（有优先权的，指优先权日）前与其发明有关的参考资料，并在此期限内缴纳实质审查费。发明专利已经在外国提出过申请的，国务院专利行政部门可以要求申请人在指定期限内提交该国为审查其申请进行检索的资料（指有关外国专利局或地区专利局对该申请的检索报告）或审查结果的资料（包括审查意见通知书、授权决定及授权文件、驳回决定等）。申请人无正当理由逾期不请求实质审查的，无正当理由逾期不提交检索资料或审查结果资料的，其发明专利申请被视为撤回。

（2）实质审查的内容。首先审查申请的主题是否属于专利法第 5 条、第 25 条规定的不授予专利权的情形；是否符合专利法第 2 条第 2 款关于发明定义的规定;是否具有专利法第 22 条第 4 款所规定的实用性;说明书是否按照专利法第 26 条第 3 款的要求充分公开了请求保护的主题。然后审查权利要求所限定的技术方案是否具备专利法第 22 条第 2 款和第 3 款规定的新颖性和创造性;权利要求书是否按照专利法第 26 条第 4 款的规定,以说明书为依据,清楚、简要地限定要求专利保护的范围;独立权利要求是否表述了一个解决技术问题的完整的技术方案。在进行上述审查的过程中,还应当审查权利要求书是否存在缺乏单一性的缺陷;申请的修改是否符合专利法第 33 条及实施细则第 51 条的规定;分案申请是否符合专利法实施细则第 43 条第 1 款的规定;对于依赖遗传资源完成的发明,还需审查申请文件是否符合专利法第 26 条第 5 款的规定。

(3)实质审查的结果。申请不符合专利法及其实施细则有关规定的,国务院专利行政部门通知申请人在指定的期限内陈述意见或对其申请进行修改。申请人在接到通知后,无正当理由不答复的,该申请被视为撤回。发明专利申请经申请人陈述意见或进行修改后,仍然不符合专利法实施细则第 53 条规定的,应予以驳回。对经实质审查没有发现驳回理由的,国务院专利行政部门应当做出授予专利权的决定,发给发明专利证书,同时予以登记和公告(2008 年《中华人民共和国专利法》第 35～39 条,2010 年《中华人民共和国专利法实施细则》第 53 条,国家知识产权局 2014 年《专利审查指南》第 2 部分第 8 章第 10 节)。

(二)实用新型和外观设计专利申请的审查

对实用新型和外观设计专利申请实行形式审查制,其主要程序只有初步审查。

1. 实用新型专利申请的初步审查

实用新型专利申请的初步审查是国务院专利行政部门受理实用新型专利申请之后、授予专利权之前的一个必要程序,在严格遵循保密、书面审查、听证、程序节约等原则的基础上,主要进行以下几个方面的审查:

(1)申请文件的形式审查,包括专利申请是否包含专利法第 26 条规定的申请文件,以及这些文件是否符合专利法实施细则第 2 条(手续形式)、第 3 条(语言和用词)、第 16 条(请求书的内容)、第 17 条(说明书的内容和要求)、第 18 条(说明书附图的要求)、第 19 条(权利要求书的内容和要求)、第 20 条(独立权利要求与从属权利要求)、第 21 条(独立权利要求的撰写)、第 22 条(从属权利要求的撰写)、第 23 条(说明书摘要的内容和要求)、第 40 条(附图的补交和取消)、第 42 条(分案申请的提出)、第 43 条第 2 款和第 3 款(分案申请的手续)、第 51 条(申请的修改)、第 52 条(替换页)、第 119 条(文件和手续的签章及著录项目变更)、第 121 条(文件打印和编号)的规定。

(2)申请文件的明显实质性缺陷审查,包括专利申请是否明显属于专利法第 5 条(违反公序良俗)、第 25 条(不授予专利权)规定的情形,是否不符合专利法第 18 条(对外国申请人所属国的要求)、第 19 条第 1 款(外国申请人委托代理的要求)、第 20 条第 1 款(向外国申请专利的要求)的规定,是否明显不符合专利法第 2 条第 3 款(实用新型的定义)、第 22 条第 2 款或第 4 款(新颖性)、第 26 条第 3 款或第 4 款(说明书和权利要求书的要求)、第 31 条第 1 款(单一性原则)、第 33 条(文件修改要求)或专利法实施细则第 17 条(说明书的内容和要求)、第 18 条(说明书附图的要求)、第 19 条(权利要求书的内容和要求)、第 20 条(独立权利要求与从属权利要求)、第 21 条(独立权利要求的撰写)、第 22 条(从属权利要求的撰写)、第 43 条第 1 款(分案申请的权利)的规定,是否依照专利法第 9 条(先申请原则)规定不能取得专利权。

(3)其他文件的形式审查,包括与专利申请有关的其他手续和文件是否符合专利法第 10 条第 2 款(向外国转让权利)、第 24 条(宽限期)、第 29 条(优先权的享有)、第 30 条(优先权的提出)以及专利法实施细则第 2 条(手续形式)、第 3 条(语言和用词)、第 6 条(恢复权利和延长期限)、第 15 条(申请形式、委托代理和代表人)、第 30 条(宽限期)、第 31 条第 1 款至第 3 款(要求优先权的手续)、第 32 条(多项优先权及本国优先权的在先申请、在后申请)、第 33 条(外国申请人要求外国优先权)、第 36 条(申请的撤回)、第 45 条(其他文件的提交)、第 86 条(因纠纷中止与恢复程序)、第 100 条(费用减缓)、第 119 条(文件和手续的签章及著录项目变更)的规定。

(4)有关费用的审查,包括专利申请是否按照专利法实施细则第 93 条(费用清单)、第 95 条(申请费、公布印刷费、必要的申请附加费及优先权要求费的缴纳)、第 99 条(恢复权利请求费、延长期限请求费及著录事项变更费、专利权评价报告请求费、无效宣告请求费的缴纳)的规定缴纳了相关费用。

实用新型专利申请经初步审查没有发现驳回理由的,审查员应当做出授予实用新型专利权通知。能够授予专利权的实用新型专利申请包括不需要补正就符合初步审查要求的专利申请,以及经过补正符合初步审查要求的专利申请。

如果申请文件存在审查员认为不可能通过补正方式克服的明显实质性缺陷,审查员发出审查意见通知书后,在指定的期限内申请人未提出有说服力的意见陈述和/或证据,也未针对通知书指出的缺陷进行修改,审查员可以做出驳回决定。

如果是针对通知书指出的缺陷进行了修改,即使所指出的缺陷仍然存在,也应当给申请人再次陈述和/或修改文件的机会。对于此后再次修改涉及同类缺陷的,如果修改后的申请文件仍然存在已通知过申请人的缺陷,审查员可以做出驳回决定。

如果申请文件存在可以通过补正方式克服的缺陷,审查员针对该缺陷已发出过两次补正通知书,并且在指定的期限内经申请人陈述意见或者补正后仍然没有消除的,审查员可以做出驳回决定。

申请人对驳回决定不服的,可以自收到驳回通知之日起3个月内,向专利复审委员会提出复审请求(2008年《中华人民共和国专利法》第40条、第41条,2010年《中华人民共和国专利法实施细则》第44条,国家知识产权局2014年《专利审查指南》第1部分第2章第1~3节)。

2. 外观设计专利申请的初步审查

外观设计专利申请的初步审查是国务院专利行政部门受理外观设计专利申请之后、授予专利权之前的一个必要程序,在严格遵循保密、书面审查、听证、程序节约等原则的基础上,主要进行以下几个方面的审查:

(1)申请文件的形式审查,包括专利申请是否具备专利法第27条第1款规定的申请文件,以及这些文件是否符合专利法实施细则第2条(手续形式)、第3条第1款(语言和用词)、第16条(请求书的内容)、第27条(图片或照片的要求)、第28条(简要说明的内容和要求)、第29条(样品或模型的要求)、第35条第3款(具有单一性之顺序编号标注)、第51条(申请的修改)、第52条(替换页)、第119条(文件和手续的签章及著录项目变更)、第121条(文件打印和编号)的规定。

(2)申请文件的明显实质性缺陷审查,包括专利申请是否明显属于专利法第5条第1款(违反公序良俗)、第25条第1款第(6)项(不授予专利权的平面设计)规定的情形,或者不符合专利法第18条(对外国申请人所属国的要求)、第19条第1款(外国申请人委托代理的要求)的规定,或者明显不符合专利法第2条第4款(外观设计的定义)、第23条第1款(新颖性)、第27条第2款(图片或照片的要求)、第31条第2款(单一性原则)、第33条(文件修改要求),以及专利法实施细则第43条第1款(分案申请的权利)的规定,或者依照专利法第9条(先申请原则)规定不能取得专利权。

(3)其他文件的形式审查,包括与专利申请有关的其他手续和文件是否符合专利法第24条(宽限期)、第29条第1款(优先权的享有)、第30条(优先权的提出),以及专利法实施细则第6条(恢复权利和延长期限)、第15条第3款(委托代理)和第4款(代表人)、第30条(宽限期)、第31条(要求优先权的手续)、第32条第1款(多项优先权)、第33条(外国申请人要求外国优先权)、第36

条(申请的撤回)、第 42 条(分案申请的提出)、第 43 条第 2 款和第 3 款(分案申请的手续)、第 45 条(其他文件的提交)、第 86 条(因纠纷中止与恢复程序)、第 100 条(费用减缓)的规定。

(4)有关费用的审查,包括专利申请是否按照专利法实施细则第 93 条(费用清单)、第 95 条(申请费、公布印刷费、必要的申请附加费及优先权要求费的缴纳)、第 99 条(恢复权利请求费、延长期限请求费及著录事项变更费、专利权评价报告请求费、无效宣告请求费的缴纳)的规定缴纳了相关费用。

外观设计专利申请经初步审查没有发现驳回理由的,审查员应当做出授予外观设计专利权通知。能够授予专利权的外观设计专利申请包括不需要补正就符合初步审查要求的专利申请,以及经过补正符合初步审查要求的专利申请。

申请文件存在明显实质性缺陷,在审查员发出审查意见通知书后,经申请人陈述意见或者修改后仍然没有消除的,或者申请文件存在形式缺陷,审查员针对该缺陷已发出过两次补正通知书,经申请人陈述意见或者补正后仍然没有消除的,审查员可以做出驳回决定。申请人对驳回决定不服的,可以自收到驳回通知之日起 3 个月内,向专利复审委员会提出复审请求(2008 年《中华人民共和国专利法》第 40 条、第 41 条,2010 年《中华人民共和国专利法实施细则》第 44 条,国家知识产权局 2014 年《专利审查指南》第 1 部分第 3 章第 1～3 节)。

(三)专利申请的复审

复审程序是因申请人对驳回决定不服而启动的救济程序,同时也是专利审批程序的延续。复审程序在一定条件下才能启动,审查范围涵盖驳回决定所依据的理由和证据,以及驳回决定未提及的明显实质性缺陷,复审后做出决定并通知专利申请人,具体如下:

(1)复审条件。启动专利申请的复审程序需要具备以下条件:①复审请求只能针对国务院专利行政部门做出的驳回专利申请的决定,向国务院专利行政部门下设的专利复审委员会提出。对于国务院专利行政部门及其下属部门做出的其他决定或通知,诸如"不予受理""视为撤回""视为未提出",专利申请人若不服则只能向国务院专利行政部门申请复议,而不能向专利复审委员会请求复审。②专利申请人应当提交复审请求书,说明理由,必要时还应当附具有关证据。复审请求书不符合规定格式的,复审请求人应当在专利复审委员会指定的期限内补正;期满未补正的,该复审请求视为未提出。③专利申请人必须在收到通知之日起 3 个月内向专利复审委员会请求复审,超过 3 个月期限不提出复审请求的,国务院专利行政部门驳回专利申请的决定生效。

(2)复审内容。专利复审委员会对复审请求进行审查的具体内容包括:

①复审请求的形式审查,审查项目包括复审请求客体、复审请求人资格、期限、文件形式、费用和委托手续。复审请求经形式审查不符合有关规定需要补正的,复审请求人应当在收到补正通知书之日起15日内补正;复审请求(或经过补正后的复审请求)经形式审查符合有关规定的,专利复审委员会应当向复审请求人发出复审请求受理通知书。②前置审查,即专利复审委员会将经形式审查合格的复审请求书(包括附具的证明文件和修改后的申请文件)连同案卷一并转交作出驳回决定的原审查部门,原审查部门对这些文件和案卷进行审查后作出撤销或坚持驳回决定的前置审查意见书。③复审请求的合议审查,包括理由和证据的审查、修改文本的审查,采取书面审理、口头审理或者书面审理与口头审理相结合的方式。

(3)复审决定。专利复审委员会做出的复审请求审查决定有三种类型:①复审请求不成立,维持驳回决定。专利复审委员会进行复审后,认为复审请求不符合有关规定的,应当通知复审请求人,要求其在指定期限内陈述意见。经陈述意见或进行修改后,专利复审委员会认为仍不符合有关规定的,应当做出维持原驳回决定的复审决定。专利申请人对专利复审委员会维持原驳回决定的复审决定不服的,可以自收到通知之日起3个月内向人民法院起诉。②复审请求成立,撤销驳回决定。专利复审委员会进行复审后,认为原驳回决定适用法律错误、驳回理由缺少必要的证据支持或审查违反法定程序等,应当撤销原驳回决定,由原审查部门继续进行审查程序。③专利申请文件经复审请求人修改,克服了驳回决定所指出的缺陷,在修改文本的基础上撤销驳回决定,由原审查部门继续进行审查程序(2008年《中华人民共和国专利法》第41条,2010年《中华人民共和国专利法实施细则》第60~64条,国家知识产权局2014年《专利审查指南》第4部分第1章第1节、第2章)。

三、专利授权

(一)专利权的授予与公告

申请人在接到国务院专利行政部门发出的授予专利权的通知之后,应当在收到通知之日起两个月内办理专利权登记手续,并缴纳专利登记费、授权当年(办理登记手续通知书中指明的年度)的年费、公告印刷费及专利证书印花税。申请人在规定期限之内办理登记手续的,专利局应当颁发专利证书,并同时予以登记和公告,逾期不办理登记手续的,则视为申请人放弃取得专利权的权利。

专利权自公告之日起生效,该日期记载在专利证书和专利登记簿上。授予专利权时,专利登记簿与专利证书上记载的内容是一致的,在法律上具有同等效力;专利权授予之后,专利的法律状态的变更仅在专利登记簿上记载,由此导致专利登记簿与专利证书上记载的内容不一致的,以专利登记簿上记载的法律状态为准。专利权授予公告之后,任何人都可以向专利局请求出具专利登记簿副本。

专利申请人办完专利权登记手续后,该专利申请进入授权公告准备,并予以公告。专利权授予公告的内容包括:①著录事项,主要包括分类号、专利号、授权公告号(出版号)、申请日、授权公告日、优先权事项、专利权人事项、发明人或设计人事项、专利代理事项、发明创造名称等。②发明或实用新型专利说明书摘要和摘要附图(说明书没有附图的,可以没有摘要附图),外观设计专利的一幅图片或照片(2008年《中华人民共和国专利法》第39条、第40条,2010年《中华人民共和国专利法实施细则》第54条、第97条,国家知识产权局2014年《专利审查指南》第5部分第8章第1.2.1.2节、第9章第1节)。

(二)专利权的期限与恢复

发明专利权的期限为20年,实用新型专利权和外观设计专利权的期限为10年,均自申请日起计算。该期限不得延长,申请日不计算在期限内,遇节假日不顺延。

专利权人在专利年费滞纳期满时(申请日在该年的相应日起6个月)没有缴纳或缴足专利年费或滞纳金而导致专利权终止的,可以自收到专利权终止通知书之日起两个月内请求恢复权利。专利权人请求恢复专利权的,应当提交恢复权利请求书,说明理由,并同时缴纳恢复权利请求费、补缴专利年费、缴纳或补足全额年费25%的滞纳金。专利权的恢复请求批准后,应当在专利公报上公告,并记载在专利登记簿上(2008年《中华人民共和国专利法》第42条,2010年《中华人民共和国专利法实施细则》第5条,国家知识产权局2014年《专利审查指南》第5部分第7章第6节、第9章第2节)。

第九章 专利权的运用

第一节 专利权的内容与限制

一、专利权概述

(一)专利权的概念

专利权是指专利权人就相关的发明创造所享有的权利,它不同于专利权人可以享有的权利。专利权人可以享有的权利除了专利权,可能还有其他权利,如:专利标记权,转让或许可自己专利权的权利,用自己的专利权进行担保、质押、入股、投资的权利等。❶

(二)专利权的特征

(1)专利权是一项排他性的权利,但不是一项绝对的权利。专利权有一定期限,并可能提前终止,还受到各种限制。

(2)专利权是一种私权,其权利人是私人或私法人。私权是公民、企业以及社会组织甚至国家,在自主、平等的社会、经济生活中所拥有的财产权和人身权。

(3)专利权是一种纯粹的财产权,其中不包含任何人身利益。从专利权的效力来看,专利权所针对的行为都直接与财产利益有关;从发明人或设计人的署名权来看,它不属于专利权的范畴,而是一般人身权。

(三)专利权的规定方式

从美国、中国专利法,以及 TRIPS 协议来看,专利权的规定方式不是采用肯定式(像著作权法规定作者享有复制权、发行权、演绎权、传播权等),而是采用排他性的方式,规定他人未经专利权人许可不得制造、使用、许诺销售、销售、进口专利权所覆盖的产品。

---

❶ 李明德. 知识产权法 [M]. 北京:社会科学文献出版社,2007:254.

二、专利权的内容

中国专利权的内容区分发明、实用新型、外观设计而有所不同。

(一)发明和实用新型专利权的内容

1. 产品发明和实用新型专利权的内容

(1)制造权:防止他人利用自己的专利技术制造相关产品的权利。

(2)使用权:防止他人使用含有自己专利技术的产品的权利。这里的"使用",可能是为了展示的使用,也可能是为了发挥其技术功能的使用;可能是一次使用,也可能是多次使用。

(3)许诺销售权:防止他人以广告、展示等表达销售意思的方式,准备销售含有专利技术的产品的权利。

(4)销售权:防止他人销售含有专利技术的产品的权利。

(5)进口权:防止他人进口含有专利技术的产品的权利。

2. 方法发明专利权的内容

(1)使用权:防止他人使用自己的专利方法和依照专利方法直接获得的产品的权利。

(2)许诺销售权:防止他人以广告、展示等表达销售意思的方式,准备销售依照专利方法直接获得的产品的权利。

(3)销售权:防止他人销售依照专利方法直接获得的产品的权利。

(4)进口权:防止他人进口依照专利方法直接获得的产品的权利。

(2008年《中华人民共和国专利法》第11条第1款)

(二)外观设计专利权的内容

(1)制造权:防止他人制造含有自己的外观设计专利之产品的权利。

(2)许诺销售权:防止他人以广告、展示等表达销售意思的方式,准备销售含有自己的外观设计专利之产品的权利。

(3)销售权:防止他人销售含有自己的外观设计专利之产品的权利。

(4)进口权:防止他人进口含有自己的外观设计专利之产品的权利(2008年《中华人民共和国专利法》第11条第2款)。

三、专利权的限制

(一)指定许可

国有企业事业单位的发明专利,对国家利益或者公共利益具有重大意义的,国务院有关主管部门和省、自治区、直辖市人民政府报经国务院批准,可以决定在批准的范围内推广应用,允许指定的单位实施,由实施单位按照国家规定向专利权人支付使用费(2008年《中华人民共和国专利法》第14条)。

(二)强制许可

强制许可亦称为非自愿许可,是国务院专利行政部门在具体情况下,根据第三人的申请或法律的规定,不经专利权人的同意,通过行政程序许可符合法定条件的第三人实施专利的法律制度。

1. 强制许可的类型

(1)防止专利权滥用的强制许可。有下列情形之一的,国务院专利行政部门根据具备实施条件的单位或者个人的申请,可以给予实施发明专利或者实用新型专利的强制许可:①专利权人自专利权被授予之日起满3年,且自提出专利申请之日起满4年,无正当理由未实施或者未充分实施其专利的;②专利权人行使专利权的行为被依法认定为垄断行为,为消除或者减少该行为对竞争产生的不利影响的。其中,"未充分实施其专利"是指专利权人及其被许可人实施其专利的方式或者规模不能满足国内对专利产品或者专利方法的需求。

(2)为公共利益或者公共健康目的的强制许可。①在国家出现紧急状态或者非常情况时,或者为了公共利益的目的,国务院专利行政部门可以给予实施发明专利或者实用新型专利的强制许可。②为了公共健康目的,对取得专利权的药品,国务院专利行政部门可以给予制造并将其出口到符合中华人民共和国参加的有关国际条约规定的国家或者地区的强制许可。其中,"取得专利权的药品"是指解决公共健康问题所需的医药领域中的任何专利产品或者依照专利方法直接获得的产品,包括取得专利权的制造该产品所需的活性成分以及使用该产品所需的诊断用品。

(3)从属专利的强制许可。一项取得专利权的发明或者实用新型比前已经取得专利权的发明或者实用新型具有显著经济意义的重大技术进步,其实施又有赖于前一发明或者实用新型的实施的,国务院专利行政部门根据后一专利权人的申请,可以给予实施前一发明或者实用新型的强制许可。在上述给予实施强制许可的情形下,国务院专利行政部门根据前一专利权人的申请,也可以给予实施后一发明或者实用新型的强制许可(2008年《中华人民共和国专利法》第48-51条,2010年《中华人民共和国专利法实施细则》第73条)。

2. 强制许可的程序

——请求给予强制许可的,应当向国务院专利行政部门提交强制许可请求书,说明理由并附具有关证明文件。

——国务院专利行政部门应当将强制许可请求书的副本送交专利权人,专利权人应当在国务院专利行政部门指定的期限内陈述意见;期满未答复的,不影响国务院专利行政部门做出决定。

——国务院专利行政部门在做出驳回强制许可请求的决定或者给予强制许可的决定前,应当通知请求人和专利权人拟做出的决定及其理由。

——国务院专利行政部门依法做出给予实施强制许可的决定,应当及时通知专利权人,并予以登记和公告,同时符合中国缔结或者参加的有关国际条约关于为了解决公共健康问题而给予强制许可的规定,但中国做出保留的除外(2008年《中华人民共和国专利法》第55条第1款,2010年《中华人民共和国专利法实施细则》第74条)。

3. 强制许可的效力

(1)强制许可涉及的发明创造是半导体技术的,其实施仅限于公共利益目的,或者为了消除或减少垄断行为对竞争产生的不利影响;强制许可的实施应当主要为了供应国内市场。

(2)给予实施强制许可的决定,应当根据强制许可的理由规定实施的范围和时间。强制许可的理由消除并不再发生时,国务院专利行政部门应当根据专利权人的请求,经审查后做出终止实施强制许可的决定。

(3)取得实施强制许可的单位或者个人不享有独占的实施权,并且无权允许他人实施。

(4)取得实施强制许可的单位或者个人应当付给专利权人合理的使用费,或者依照中华人民共和国参加的有关国际条约的规定处理使用费问题。付给使用费的,其数额由双方协商;双方不能达成协议的,由国务院专利行政部门裁决。请求国务院专利行政部门裁决使用费数额的,当事人应当提出裁决请求书,并附具双方不能达成协议的证明文件。国务院专利行政部门应当自收到请求书之日起3个月内做出裁决,并通知当事人(2008年《中华人民共和国专利法》第52~53条、第55条第2款、第56~57条,2010年《中华人民共和国专利法实施细则》第75条)。

4. 强制许可的救济

专利权人对国务院专利行政部门关于实施强制许可的决定不服的,专利权人和取得实施强制许可的单位或者个人对国务院专利行政部门关于实施强制许可的使用费的裁决不服的,可以自收到通知之日起3个月内向人民法院起诉(2008年《中华人民共和国专利法》第58条)。

(三)不视为侵权

1. 权利用尽

专利产品或者依照专利方法直接获得的产品,由专利权人或者经其许可的单位、个人售出后,使用、许诺销售、销售、进口该产品的,不视为侵犯专利权。

2. 先用权

在专利申请日前已经制造相同产品、使用相同方法或者已经作好制造、使用的必要准备,并且仅在原有范围内继续制造、使用的,不视为侵犯专利权。其中,"已经作好制造、使用的必要准备"包括下列情形:①已经完成实施发明创造所必需的主要技术图纸或者工艺文件;②已经制造或者购买实施发明创造所必需的主要设备或者原材料。

"原有范围"包括专利申请日前已有的生产规模以及利用已有的生产设备或者根据已有的生产准备可以达到的生产规模。

3. 临时过境

临时通过中国领陆、领水、领空的外国运输工具,依照其所属国同中国签订的协议或者共同参加的国际条约,或者依照互惠原则,为运输工具自身需要而在其装置和设备中使用有关专利的,不视为侵犯专利权。

4. 非营利性实施

专为科学研究或实验目的而使用有关专利的;为提供行政审批所需要的信息,制造、使用、进口专利药品或者专利医疗器械的,以及专门为其制造、进口专利药品或者专利医疗器械的,不视为侵犯专利权(2008年《中华人民共和国专利法》第69条,2009年《最高人民法院关于审理侵犯专利权纠纷案件应用法律若干问题的解释》第15条)。

(四)善意侵权

为生产经营目的使用、许诺销售或者销售不知道是未经专利权人许可而制造并售出的专利侵权产品,能证明该产品合法来源的,不承担赔偿责任(2008年《中华人民共和国专利法》第70条)。

第二节 专利权的许可、转让与出质

一、专利权的许可

(一)专利权许可概述

1. 专利权许可的含义

专利的许可是指专利权人允许或同意他人利用专利权所覆盖的发明创造,如制造、使用、许诺销售、销售、进口含有专利技术的产品,或者使用专利方法。

专利权的许可可以是就某一项权利内容的许可,也可以是两项以上权利内容的许可,还可以是某一期限或地域之内的许可。❶

2. 专利权许可的特征

(1)专利权的许可不改变专利权的归属,被许可人取得的只是使用权,被许可人只能在被许可的范围内利用专利权所覆盖的发明创造,一旦许可的期限届满,被许可的权利即回归专利权人。

(2)专利权许可的标的不是发明创造而是专利权,专利权的被许可人只能按照约定的方式、期限和地域等利用专利权所覆盖的发明创造,而无权允许其他任何单位或者个人实施该专利(2008年《中华人民共和国专利法》第12条)。

(3)被许可的专利权可以是专利权中的全部或部分权利,专利权人未许可的权利仍然归属于本人享有,被许可人不得行使。

3. 专利权许可的种类

(1)独占许可:指专利权人在约定的期限、地域之内,以约定的方式,将专利权覆盖的发明创造仅仅许可给一个被许可人使用,专利权人以及其他任何人都不得再使用该专利权。独占被许可人可以直接向法院提起侵权诉讼。

(2)排他许可(sole license):又称为独家许可,指专利权人在约定的期限、地域之内,以约定的方式,将专利权覆盖的发明创造仅仅许可给一个被许可人使用,同时自己也保留在相同的期限和地域之内以相同的方式使用专利技术的权利。排他被许可人可以在专利权人不起诉的情况下直接向法院提起侵权诉讼。

(3)普通许可:指专利权人在约定的期限、地域之内,以约定的方式,将专利权覆盖的发明创造仅仅许可给他人使用,并且可以自己使用和许可他人使用自己的专利技术。普通被许可人不能单独提起诉讼,只能要求专利权人起诉或者与专利权人共同起诉。

(4)分许可:指被许可人在获得了一项基本许可之后,可以在此基础上再向他人发放许可,许可他人在约定的期限和地域之内以约定的方式使用专利技术。

(一)交叉许可:指专利权人之间相互许可对方使用自己的专利技术。相当于"以货易货"❷

(二)专利权许可合同

1. 专利权许可合同的概念

专利权许可合同是许可方同意被许可方按约定使用其专利技术,被许可方

---

❶ 李明德. 知识产权法[M]. 北京:社会科学文献出版社,2007:270 - 271.
❷ 李明德. 知识产权法[M]. 北京:社会科学文献出版社,2007:271 - 273.

支付使用费的合同。

2. 专利权许可合同的形式

专利权许可合同应当采用书面形式(1999年《中华人民共和国合同法》第342条),并自合同生效之日起3个月内向国务院专利行政部门备案(2010年《中华人民共和国专利法实施细则》第14条第2款)。

3. 专利权许可合同的内容

专利权许可合同应当包括以下内容:

(1)许可人、被许可人的名称、地址;

(2)被许可的专利权的申请日、申请号、专利号和剩余期限;

(3)专利权所覆盖的发明创造的名称和内容;

(4)许可使用相关发明创造的方式,如制造、使用、许诺销售、销售、进口含有专利技术的产品,以及产品的数量或规模;

(5)许可使用的期限和地域范围;

(6)许可的种类,如独占许可、排他许可、普通许可;

(7)权利使用金的数量和支付方式,包括权利使用金的计算方式,如计件计算、计时计算或一揽子支付;

(8)违约责任;

(9)争议解决方法;

(10)其他内容。❶

4. 专利权许可合同的关注焦点

(1)专利权的法律状态。专利权在保护期届满前终止或者被宣告无效,对专利权许可合同影响极大。由于专利权法律状态的变化而造成的损失,许可方与被许可方应当在专利权许可合同中予以约定。

(2)专利权许可的范围。被许可方通过专利权许可合同所取得的使用权,涉及权利内容、时间期限、地域范围等,必须在利权许可合同中予以准确、清楚的约定,但不得限制技术竞争和技术发展(1999年《中华人民共和国合同法》第343条)。

(3)后续技术改进问题。许可人和被许可人应当在专利权许可合同中对后续改进的技术成果的处理予以约定。如果没有约定或约定不明确,后续改进的技术成果属于完成改进的一方当事人。

---

❶ 李明德. 知识产权法[M]. 北京:社会科学文献出版社,2007:273.

二、专利权的转让

(一)专利权转让概述

1. 专利权转让的含义

专利权的转让是指专利权从一个所有人转移给另一个所有人的法律行为。专利权转让后,原专利权人就丧失了专利权,而受让人则取得了专利权,成为专利权人。

2. 专利权转让的特征

(1)专利权的转让改变了专利权的归属,专利权脱离原专利权人而归属于受让人所有,受让人成为继受专利权人。

(2)专利权转让的标的不是发明创造而是专利权,在专利权转让中没有发生实际物品的交换,也没有发生某项发明创造的转移,所发生的是控制该项发明创造的排他性权利的转移。

(3)专利权的转让只能是整体的转让,专利权人必须将覆盖某一发明创造的制造、使用、许诺销售、销售、进口的权利,一体转让给他人所有,而不能只转让其中的一项或几项权利。❶

(二)专利权转让合同

1. 专利权转让合同的概念

专利权转让合同是专利权人将其所有的发明创造专利权移交受让人,受让人按约定支付价款的合同。

2. 专利权转让合同的形式

转让专利申请权或者专利权的,当事人应当订立书面合同,并向国务院专利行政部门登记,由国务院专利行政部门予以公告。专利申请权或者专利权的转让自登记之日起生效。

中国单位或者个人向外国人、外国企业或者外国其他组织转让专利申请权或者专利权的,应当依照有关法律、行政法规的规定办理手续(2008 年《中华人民共和国专利法》第 10 条第 2~3 款)。

3. 专利权转让合同的内容

专利权转让合同应当包括以下内容:

(1)专利权人、受让人的名称、地址;

(2)专利权的申请日、申请号、专利号和剩余期限;

---

❶ 李明德. 知识产权法[M]. 北京:社会科学文献出版社,2007:268-269.

（3）专利权所覆盖的发明创造的名称和内容；

（4）转让的价金和支付方式；

（5）违约责任；

（6）争议解决方法；

（7）其他内容。❶

4. 专利权转让合同的关注焦点

（1）专利权的法律状态。专利权在保护期届满前终止或者被宣告无效,对专利权转让合同影响极大。由于专利权法律状态的变化而造成的损失,专利权人与受让人应当在专利权转让合同中予以约定。

（2）共有专利权的转让。共有专利权的转让应征得所有共有人的同意,否则转让无效。共有一方要转让他在共有专利权中的份额,其他各方有优先购买权。

（3）限制性商业条款。专利权人不得利用自己的优势,对受让方提出不合理的条件,限制受让方使用或进一步发展被转让的专利技术(1999年《中华人民共和国合同法》第343条)。

三、专利权的出质

（一）专利权出质概述

专利权作为一种无形财产权可以出质。以共有的专利权出质的,除全体共有人另有约定的以外,应当取得其他共有人的同意(国家知识产权局2010年《专利权质押登记办法》第4条)。

（二）专利权质押合同

以专利权出质的,出质人和质权人应当订立书面质押合同。质押合同可以是单独订立的合同,也可以是主合同中的担保条款。专利权质押合同一般包括以下内容：

（1）当事人的姓名或者名称、地址；

（2）被担保债权的种类和数额；

（3）债务人履行债务的期限；

（4）专利权项数,以及每项专利权的名称、专利号、申请日、授权公告日；

（5）质押担保的范围；

（6）质押期间专利权年费的缴纳；

---

❶ 李明德. 知识产权法［M］. 北京：社会科学文献出版社,2007：269.

(7)质押期间专利权的转让、实施许可;

(8)质押期间专利权被宣告无效或者专利权归属发生变更时的处理;

(9)实现质权时,相关技术资料的交付(国家知识产权局2010年《专利权质押登记办法》第3条、第9~10条)。

(三)专利权质押登记

1. 专利权质押登记手续和文件

以专利权出质的,由出质人和质权人共同向国务院专利行政部门办理出质登记(2010年《中华人民共和国专利法实施细则》第14条第3款)。在中国没有经常居所或者营业所的外国人、外国企业或者外国其他组织办理专利权质押登记手续的,应当委托依法设立的专利代理机构办理。中国单位或者个人办理专利权质押登记手续的,可以委托依法设立的专利代理机构办理。当事人可以通过邮寄、直接送交等方式办理专利权质押登记相关手续。

申请专利权质押登记的,当事人应当向国家知识产权局提交下列文件:

(1)出质人和质权人共同签字或者盖章的专利权质押登记申请表;

(2)专利权质押合同;

(3)双方当事人的身份证明;

(4)委托代理的,注明委托权限的委托书;

(5)专利权经过资产评估的,提交资产评估报告;

(6)其他需要提供的材料。

上述文件,当事人可以提交电子扫描件。除身份证明外,当事人提交的其他各种文件应当使用中文。身份证明是外文的,当事人应当附送中文译文;未附送的,视为未提交(国家知识产权局2010年《专利权质押登记办法》第5~7条)。

2. 专利权质押登记审查和公告

国家知识产权局收到当事人提交的质押登记申请文件后,应当通知申请人。国家知识产权局自收到专利权质押登记申请文件之日起7个工作日内进行审查并决定是否予以登记。专利权质押登记申请经审查合格的,国家知识产权局在专利登记簿上予以登记,并向当事人发送《专利权质押登记通知书》。质权自国家知识产权局登记时设立。

经审查发现有下列情形之一的,国家知识产权局做出不予登记的决定,并向当事人发送《专利权质押不予登记通知书》:

(1)出质人与专利登记簿记载的专利权人不一致的;

(2)专利权已终止或者已被宣告无效的;

(3)专利申请尚未被授予专利权的;

(4)专利权处于年费缴纳滞纳期的;

(5)专利权已被启动无效宣告程序的;

(6)因专利权的归属发生纠纷或者人民法院裁定对专利权采取保全措施,专利权的质押手续被暂停办理的;

(7)债务人履行债务的期限超过专利权有效期的;

(8)质押合同约定在债务履行期届满质权人未受清偿时,专利权归质权人所有的;

(9)质押合同不符合本办法第9条规定的;

(10)以共有专利权出质但未取得全体共有人同意的;

(11)专利权已被申请质押登记且处于质押期间的;

(12)其他应当不予登记的情形。

国家知识产权局在专利公报上公告专利权质押登记的下列内容:出质人、质权人、主分类号、专利号、授权公告日、质押登记日等。专利权质押登记后变更、注销的,国家知识产权局予以登记和公告(国家知识产权局2010年《专利权质押登记办法》第8条、第11条、第12条、第14条)。

3. 专利权质押登记撤销、变更和注销

专利权质押期间,国家知识产权局发现质押登记存在法定不予登记的情形并且尚未消除的,或者发现其他应当撤销专利权质押登记的情形的,应当撤销专利权质押登记,并向当事人发出《专利权质押登记撤销通知书》。专利权质押登记被撤销的,质押登记的效力自始无效。

专利权质押期间,当事人的姓名或者名称、地址、被担保的主债权种类及数额或者质押担保的范围发生变更的,当事人应当自变更之日起30日内持变更协议、原《专利权质押登记通知书》和其他有关文件,向国家知识产权局办理专利权质押登记变更手续。

有下列情形之一的,当事人应当持《专利权质押登记通知书》,以及相关证明文件,向国家知识产权局办理质押登记注销手续:①债务人按期履行债务或者出质人提前清偿所担保的债务的;②质权已经实现的;③质权人放弃质权的;④因主合同无效、被撤销致使质押合同无效、被撤销的;⑤法律规定质权消灭的其他情形。国家知识产权局收到注销登记申请后,经审核,向当事人发出《专利权质押登记注销通知书》。专利权质押登记的效力自注销之日起终止(国家知识产权局2010年《专利权质押登记办法》第13条、第17条、第18条)。

4. 专利权质押登记效力

专利权质押期间,出质人未提交质权人同意其放弃该专利权的证明材料的,国家知识产权局不予办理专利权放弃手续。

专利权质押期间,出质人未提交质权人同意转让或者许可实施该专利权的证明材料的,国家知识产权局不予办理专利权转让登记手续或者专利实施合同备案手续。出质人转让或者许可他人实施出质的专利权的,出质人所得的转让费、许可费应当向质权人提前清偿债务或者提存。

专利权在质押期间被宣告无效或者终止的,国家知识产权局应当通知质权人。

专利权人没有按照规定缴纳已经质押的专利权的年费的,国家知识产权局应当在向专利权人发出缴费通知书的同时通知质权人(国家知识产权局2010年《专利权质押登记办法》第15~16条、第19~20条)。

合同编号:

技术转让(专利实施许可)合同

项目名称:＿＿＿＿＿＿＿＿＿＿＿＿＿＿＿＿＿＿＿

受让方(甲方):＿＿＿＿＿＿＿＿＿＿＿＿＿＿＿＿＿＿
＿＿＿＿＿＿＿＿＿＿＿＿＿＿＿＿＿＿

让与方(乙方):＿＿＿＿＿＿＿＿＿＿＿＿＿＿＿＿＿＿
＿＿＿＿＿＿＿＿＿＿＿＿＿＿＿＿＿＿

签订时间:＿＿＿＿＿＿＿＿＿＿＿＿＿＿＿＿＿＿＿＿

签订地点:＿＿＿＿＿＿＿＿＿＿＿＿＿＿＿＿＿＿＿＿

有效期限:＿＿＿＿＿＿＿＿＿＿＿＿＿＿＿＿＿＿＿＿

中华人民共和国科学技术部印制

填 写 说 明

一、本合同为中华人民共和国科学技术部印制的技术转让(专利实施许可)合同示范文本,各技术合同认定登记机构可推介技术合同当事人参照使用。

二、本合同书适用于让与人(专利权人或者其授权的人)许可受让方在约定的范围内实施专利,受让方支付约定使用费而订立的合同。

三、签约一方为多个当事人的,可按各自在合同关系中的作用等,在"委托方""受托方"项下(增页)分别排列为共同受让人或共同让与人。

四、本合同书未尽事项,可由当事人附页另行约定,并作为本合同的组成部分。

五、当事人使用本合同书时约定无需填写的条款,应在该条款处注明"无"等字样。

技术转让(专利实施许可)合同

受让方(甲方):＿＿＿＿＿＿＿＿＿＿＿＿＿＿＿＿＿
住　所　地:＿＿＿＿＿＿＿＿＿＿＿＿＿＿＿＿＿＿＿
法定代表人:＿＿＿＿＿＿＿＿＿＿＿＿＿＿＿＿＿＿＿
项目联系人:＿＿＿＿＿＿＿＿＿＿＿＿＿＿＿＿＿＿＿
联系方式 :＿＿＿＿＿＿＿＿＿＿＿＿＿＿＿＿＿＿＿＿
通讯地址:＿＿＿＿＿＿＿＿＿＿＿＿＿＿＿＿＿＿＿＿
电话:＿＿＿＿＿＿＿＿＿＿＿　传真:＿＿＿＿＿＿＿＿＿
电子信箱:＿＿＿＿＿＿＿＿＿＿＿＿＿＿＿＿＿＿＿＿
让与方(乙方):＿＿＿＿＿＿＿＿＿＿＿＿＿＿＿＿＿
住　所　地:＿＿＿＿＿＿＿＿＿＿＿＿＿＿＿＿＿＿＿
法定代表人:＿＿＿＿＿＿＿＿＿＿＿＿＿＿＿＿＿＿＿
项目联系人:＿＿＿＿＿＿＿＿＿＿＿＿＿＿＿＿＿＿＿
联系方式 :＿＿＿＿＿＿＿＿＿＿＿＿＿＿＿＿＿＿＿＿
通讯地址:＿＿＿＿＿＿＿＿＿＿＿＿＿＿＿＿＿＿＿＿
电话:＿＿＿＿＿＿＿＿＿＿＿　传真:＿＿＿＿＿＿＿＿＿
电子信箱:＿＿＿＿＿＿＿＿＿＿＿＿＿＿＿＿＿＿＿＿

本合同乙方以＿＿＿＿＿＿＿＿＿＿＿＿(独占、排他、普通)方式＿＿＿＿＿＿＿＿＿＿＿＿＿＿＿＿＿＿＿＿＿＿许可甲方实施其所拥有的＿＿＿＿＿＿＿＿＿＿＿＿＿＿＿＿＿＿＿＿＿＿＿＿＿＿＿＿专利权,甲方受让该项专利的实施许可并支付相应的实施许可使用费。双方经过平等协商,在真实、充分地表达各自意愿的基础上,根据《中华人民共和国合同法》的规定,达成如下协议,并由双方共同恪守。

第一条:本合同许可实施的专利权:

1. 为＿＿＿＿＿＿＿＿＿＿＿＿＿(发明、实用新型、外观设计)专利。

2. 发明人/设计人：_____。

3. 专利权人为：_____。

4. 专利授权日：_____。

5. 专利号：_____。

6. 专利有效期限：_____。

7. 专利年费已交至_____。

第二条：乙方在本合同生效前实施或许可本项专利的基本状况如下：

1. 乙方实施本项专利权的状况（时间、地点、方式和规模）：_____
_____
_____。

2. 乙方许可他人使用本项专利权的状况（时间、地点、方式和规模）：_____
_____

第三条：乙方许可甲方以如下范围、方式和期限实施本项专利：

1. 实施方式：_____
_____。

2. 实施范围：_____
_____。

3. 实施期限：_____。

第四条：为保证甲方有效实施本项专利，乙方应向甲方提交以下技术资料：

1. _____；

2. _____；

3. _____；

4. _____。

第五条：乙方提交技术资料的时间、地点、方式如下：

1. 提交时间：_____。

2. 提交地点：_____。

3. 提交方式：_____。

第六条：为保证甲方有效实施本项专利，乙方向甲方转让与实施本项专利有关的技术秘密：

1. 技术秘密的内容：_____
_____。

2. 技术秘密的实施要求：_____
_____。

3.技术秘密的保密范围和期限：_____
_____。

第七条：为保证甲方有效实施本项专利，乙方向甲方提供以下技术服务和技术指导：_____

　　1.技术服务和技术指导的内容：_____
_____。

　　2.技术服务和技术指导的方式：_____
_____。

第八条：双方确定，乙方许可甲方实施本项专利及转让技术秘密、提供技术服务和技术指导，按以下标准和方式验收：

　　1._____
　　2._____
　　3._____

第九条：甲方向乙方支付实施该项专利权使用费及支付方式为：

　　1.许可实施使用费总额为：_____

　　其中：技术秘密的使用费为：_____

　　　　　技术服务和指导费为：_____

　　2.许可实施使用费由甲方_____（一次、分期或提成）支付乙方。

　　具体支付方式和时间如下：
　　　　（1）_____
　　　　（2）_____
　　　　（3）_____

　　乙方开户银行名称、地址和账号为：

　　开户银行：_____

　　地址：_____

　　账号：_____

　　3.双方确定，甲方以实施专利技术所产生的利益提成支付乙方许可使用费的，乙方有权以_____
方式查阅甲方有关的会计账目。

第十条：乙方应当保证其专利权实施许可不侵犯任何第三人的合法权益，如发生第三人指控甲方侵犯专利权的，乙方应当_____
_____。

第十一条：乙方应当在本合同有效期内维持本项专利权的有效性。如由于乙方过错致使本项专利权终止的,乙方应当按本合同第十六条的约定,支付甲方违约金或赔偿损失。

本项专利权被国家专利行政主管机关宣布无效的,乙方应当赔偿甲方损失,但甲方已给付乙方的使用费,不再返还。

第十二条：甲方应当在本合同生效后_____日内开始实施本项专利;逾期未实施的,应当及时通知乙方并予以正当解释,征得乙方认可。甲方逾期_____日未实施本项专利且未予解释,影响乙方技术转让提成收益的,乙方有权要求甲方支付违约金或赔偿损失。

第十三条：双方确定,在本合同履行中,任何一方不得以下列方式限制另一方的技术竞争和技术发展：

1. _____
2. _____
3. _____

第十四条：双方确定：

1. 甲方有权利用乙方许可实施的专利技术和技术秘密进行后续改进。由此产生的具有实质性或创造性技术进步特征的新的技术成果,归_____(甲方、双方)方所有。具体相关利益的分配办法如下：_____
_____
_____。

2. 乙方有权在许可甲方实施该项专利权后,对该项专利权涉及的发明创造及技术秘密进行后续改进。由此产生的具有实质性或创造性技术进步特征的新的技术成果,归_____(乙方、双方)方所有。具体相关利益的分配办法如下：_____
_____。

第十五条：本合同的变更必须由双方协商一致,并以书面形式确定。但有下列情形之一的,一方可以向另一方提出变更合同权利与义务的请求,另一方应当在_____日内予以答复;逾期未予答复的,视为同意：

1. _____;
2. _____;
3. _____;
4. _____。

第十六条：双方确定,按以下约定承担各自的违约责任：

1.＿＿＿＿＿＿方违反本合同第＿＿＿＿＿＿条约定,应当＿＿＿＿＿＿
＿＿＿＿＿＿＿＿＿＿＿＿＿＿＿＿＿＿＿＿＿＿＿＿＿＿＿＿＿＿＿（支付违约金或损失赔偿额的计算方法）。

2.＿＿＿＿＿＿方违反本合同第＿＿＿＿＿＿条约定,应当＿＿＿＿＿＿
＿＿＿＿＿＿＿＿＿＿＿＿＿＿＿＿＿＿＿＿＿＿＿＿＿＿＿＿＿＿＿（支付违约金或损失赔偿额的计算方法）。

3.＿＿＿＿＿＿方违反本合同第＿＿＿＿＿＿条约定,应当＿＿＿＿＿＿
＿＿＿＿＿＿＿＿＿＿＿＿＿＿＿＿＿＿＿＿＿＿＿＿＿＿＿＿＿＿＿（支付违约金或损失赔偿额的计算方法）。

4.＿＿＿＿＿＿方违反本合同第＿＿＿＿＿＿条约定,应当＿＿＿＿＿＿
＿＿＿＿＿＿＿＿＿＿＿＿＿＿＿＿＿＿＿＿＿＿＿＿＿＿＿＿＿＿＿（支付违约金或损失赔偿额的计算方法）。

第十七条：双方确定,在本合同有效期内,甲方指定＿＿＿＿＿＿＿＿＿＿＿＿为甲方项目联系人,乙方指定＿＿＿＿＿＿＿＿＿＿为乙方项目联系人。项目联系人承担以下责任：

1.＿＿＿＿＿＿＿＿＿＿＿＿＿＿＿＿＿＿＿＿＿＿

2.＿＿＿＿＿＿＿＿＿＿＿＿＿＿＿＿＿＿＿＿＿＿

3.＿＿＿＿＿＿＿＿＿＿＿＿＿＿＿＿＿＿＿＿＿＿

一方变更项目联系人的,应当及时以书面形式通知另一方。未及时通知并影响本合同履行或造成损失的,应承担相应的责任。

第十八条：双方确定,出现下列情形,致使本合同的履行成为不必要或不可能,可以解除本合同：

1.发生不可抗力；

2.＿＿＿＿＿＿＿＿＿＿＿＿＿＿＿＿＿＿＿＿＿＿

3.＿＿＿＿＿＿＿＿＿＿＿＿＿＿＿＿＿＿＿＿＿＿

第十九条：双方因履行本合同而发生的争议,应协商、调解解决。协商、调解不成的,确定按以下第＿＿＿＿＿＿种方式处理：

1.提交＿＿＿＿＿＿＿＿＿＿＿＿＿＿＿＿＿＿仲裁委员会仲裁；

2.依法向人民法院起诉。

第二十条：双方确定：本合同及相关附件中所涉及的有关名词和技术术语,其定义和解释如下：

1.＿＿＿＿＿＿＿＿＿＿＿＿＿＿＿＿＿＿＿＿＿＿

2.＿＿＿＿＿＿＿＿＿＿＿＿＿＿＿＿＿＿＿＿＿＿

3. ＿＿＿＿＿＿＿＿＿＿＿＿＿＿＿＿＿＿＿＿＿＿＿＿
4. ＿＿＿＿＿＿＿＿＿＿＿＿＿＿＿＿＿＿＿＿＿＿＿＿
5. ＿＿＿＿＿＿＿＿＿＿＿＿＿＿＿＿＿＿＿＿＿＿＿＿

第二十一条：与履行本合同有关的下列技术文件，经双方确认后，＿＿＿＿＿＿＿＿＿＿＿＿＿＿＿＿＿＿为本合同的组成部分：

1. 技术背景资料：＿＿＿＿＿＿＿＿＿＿＿＿＿＿＿＿＿＿＿；
2. 可行性论证报告：＿＿＿＿＿＿＿＿＿＿＿＿＿＿＿＿＿；
3. 技术评价报告：＿＿＿＿＿＿＿＿＿＿＿＿＿＿＿＿＿＿；
4. 技术标准和规范：＿＿＿＿＿＿＿＿＿＿＿＿＿＿＿＿＿；
5. 原始设计和工艺文件：＿＿＿＿＿＿＿＿＿＿＿＿＿＿；
6. 其他：＿＿＿＿＿＿＿＿＿＿＿＿＿＿＿＿＿＿＿＿＿；

第二十二条：双方约定本合同其他相关事项为：＿＿＿＿＿＿
＿＿＿＿＿＿＿＿＿＿＿＿＿＿＿＿＿＿＿＿＿＿＿＿＿＿＿＿＿＿＿＿
＿＿＿＿＿＿＿＿＿＿＿＿＿＿＿＿＿＿＿＿＿＿＿＿＿＿＿＿＿＿＿＿
＿＿＿＿＿＿＿＿＿＿＿＿＿＿＿＿＿＿＿＿＿＿＿＿＿＿＿＿＿。

第二十三条：本合同一式＿＿＿＿＿＿＿份，具有同等法律效力。

第二十四条：本合同经双方签字盖章后生效。

甲方：＿＿＿＿＿＿＿＿＿＿＿＿＿＿＿＿＿＿＿＿＿（盖章）
  法定代表人/委托代理人：＿＿＿＿＿＿＿（签名）
                年   月   日

乙方：＿＿＿＿＿＿＿＿＿＿＿＿＿＿＿＿＿＿＿＿＿（盖章）
  法定代表人/委托代理人：＿＿＿＿＿＿＿（签名）
                年   月   日

印花税票粘贴处：

（此页由技术合同登记机构填写）

合同登记编号：

1. 申请登记人：_____
2. 登记材料：(1) _____
          (2) _____
          (3) _____
3. 合同类型：_____
4. 合同交易额：_____
5. 技术交易额：_____

      技术合同登记机构(印章)
       经办人：
         年　　月　　日

第十章 专利权的保护

第一节 专利权的保护范围

一、专利权的保护范围概述

专利权的保护范围是指专利权的法律效力所及的发明创造的范围。确定专利权保护范围的基本依据是权利要求,因此权利要求的解释成为专利权保护范围确定的关键。考察世界各国专利法,权利要求的解释原则主要有三种:

(1)周边限定原则:根据权利要求书的文字进行解释,权利要求书所记载的技术发明的范围是专利权保护的最大范围。以此原则确定的专利权保护范围最小,美国采用。

(2)中心限定原则:以权利要求书所记载的发明为中心,全面考虑技术发明的目的、性质和说明书及附图,将中心周围一定范围内的技术也纳入到专利权的保护范围之中。以此原则确定的专利权保护范围最大,德国采用。

(3)折中原则:专利权的保护范围由权利要求书所决定,说明书和附图可用以解释权利要求书中模糊不清之处。以此原则确定的专利权保护范围适中,包括欧洲、中国在内的世界上大多数国家采用。[1]

二、发明或实用新型专利权的保护范围

发明或实用新型专利权的保护范围以其权利要求的内容为准,说明书及附图可以用于解释权利要求的内容(2008年《中华人民共和国专利法》第59条第1款)。但说明书及附图的内容不能引入权利要求(北京市高级人民法院2001年《专利侵权判定若干问题的意见(试行)》第1条)。

确定权利要求的内容,应当根据权利要求的记载,结合本领域普通技术人员

---

[1] 李明德. 知识产权法[M]. 北京:社会科学文献出版社,2007:283-285.

阅读说明书及附图后对权利要求的理解。

对于权利要求的解释,可以运用说明书及附图、权利要求书中的相关权利要求、专利审查档案,还可以结合工具书、教科书等公知文献,以及本领域普通技术人员的通常理解。

对于权利要求中以功能或效果表述的技术特征,应当结合说明书和附图描述的该功能或效果的具体实施方式及其等同的实施方式,确定该技术特征的内容。

对于仅在说明书或附图中描述而在权利要求中未记载的技术方案,专利申请人、专利权人在专利授权或无效宣告程序中通过对权利要求、说明书的修改或意见陈述而放弃的技术方案,权利人在侵犯专利权纠纷案件中不得将其纳入专利权保护范围。

判定被诉侵权技术方案是否落入专利权的保护范围,应当审查权利人主张的权利要求所记载的全部技术特征。被诉侵权技术方案包含与权利要求记载的全部技术特征相同或等同的技术特征的,应当认定其落入专利权的保护范围;被诉侵权技术方案的技术特征与权利要求记载的全部技术特征相比,缺少权利要求记载的一个以上的技术特征,或者有一个以上技术特征不相同也不等同的,应当认定其没有落入专利权的保护范围(2009年《最高人民法院关于审理侵犯专利权纠纷案件应用法律若干问题的解释》第2~7条)。

三、外观设计专利权的保护范围

外观设计专利权的保护范围以表示在图片或照片中的该产品的外观设计为准,简要说明可以用于解释图片或照片所表示的该产品的外观设计(2008年《中华人民共和国专利法》第59条第2款)。

在与外观设计专利产品相同或相近种类产品上,采用与授权外观设计相同或近似的外观设计的,应当认定被诉侵权设计落入外观设计专利权的保护范围。

认定产品种类是否相同或相近,应当根据外观设计产品的用途,为此可以参考外观设计的简要说明、国际外观设计分类表、产品的功能,以及产品销售、实际使用的情况等因素。

认定外观设计是否相同或者近似,应当以外观设计专利产品的一般消费者的知识水平和认知能力,根据授权外观设计、被诉侵权设计的设计特征,以外观设计的整体视觉效果进行综合判断。对于主要由技术功能决定的设计特征以及对整体视觉效果不产生影响的产品的材料、内部结构等特征,应当不予考虑。

被诉侵权设计与授权外观设计在整体视觉效果上无差异的,应当认定两者相同;在整体视觉效果上无实质性差异的,应当认定两者近似。下列情形,通常对外观设计的整体视觉效果更具有影响:①产品正常使用时容易被直接观察到的部位相对于其他部位;②授权外观设计区别于现有设计的设计特征相对于授权外观设计的其他设计特征(2009年《最高人民法院关于审理侵犯专利权纠纷案件应用法律若干问题的解释》第8~11条)。

第二节 专利权的民事保护

一、专利侵权行为

(一)侵犯专利权的行为

1. 侵犯专利权行为的构成要件

侵犯专利权的行为是指未经专利权人许可而实施其专利的行为,其中"实施其专利"是指为生产经营目的制造、使用、许诺销售、销售、进口其发明或实用新型专利产品,或者使用其发明专利方法,以及使用、许诺销售、销售、进口依照该发明专利方法直接获得的产品,或者制造、许诺销售、销售、进口其外观设计专利产品(2008年《中华人民共和国专利法》第11条、第60条)。

侵犯专利权的行为首先应当具备一般侵权行为的构成要件:①专利权侵害行为:指专利侵权人未经专利权人许可而实施其专利的行为;②专利权损害事实:指侵犯专利权的行为对专利权人的有效专利造成的不利影响;③专利权侵害行为与专利权损害事实之间有因果关系;④专利侵权人主观上有过错,包括故意和过失两种形式。根据法律规定推定行为人有过错,行为人不能证明自己没有过错的,应当承担侵权责任(2009年《中华人民共和国侵权责任法》第6条)。

此外,侵犯专利权的行为还应当满足其特别构成要件:①存在有效的专利权,没有过保护期、被专利复审委员会宣告无效或者被专利权人放弃;②未经专利权人许可,包括专利权的转让、赠与、继承、受遗赠等;③以生产经营为目的,具有营利性;④不属于法定例外情形,如指定许可、强制许可、不视为侵犯专利权等。❶

2. 侵犯专利权行为的种类

(1)直接侵犯专利权行为

---

❶ 孙国瑞,郑瑞琨.知识产权法教程[M].北京:对外经济贸易大学出版社,2007:225-226.

直接侵犯专利权行为是指由行为人本身的行为直接造成的侵犯专利权的行为,包括字面侵权和等同侵权。所谓"字面侵权",是指权利要求书中所记载的技术特征,没有任何变化地体现在被诉侵权的产品或方法中;所谓"等同侵权",是指被诉侵权产品或方法中的一个或几个技术特征虽然与权利要求书中的技术特征不一样,但二者只有非实质性的区别。❶

直接侵犯专利权行为具体表现为以下情形:①未经专利权人许可,为生产经营目的制造、使用、许诺销售、销售、进口其发明或实用新型专利产品;②未经专利权人许可,为生产经营目的使用其发明专利方法,或者使用、许诺销售、销售、进口用该发明专利方法所直接获得的产品;③未经专利权人许可,为生产经营目的制造、许诺销售、销售、进口其外观设计专利产品(2008 年《中华人民共和国专利法》第 11 条)。

(2)间接侵犯专利权行为

间接侵犯专利权行为是指行为人实施的行为并不构成直接侵犯他人专利权,但却故意诱导、怂恿、教唆别人实施他人专利,发生直接的侵权行为,行为人在主观上有诱导或唆使别人侵犯他人专利权的故意,客观上为别人直接侵权行为的发生提供了必要的条件。

间接侵犯专利权行为除了应当具备侵犯专利权的行为的构成要件以外,还应当满足其特别构成要件:①间接侵权的对象仅限于专用品,而非共用品。这里的专用品是指仅可用于实施他人产品的关键部件,或者方法专利的中间产品,构成实施他人专利技术(产品或方法)的一部分,并无其他用途。②间接侵权人在主观上应当有诱导、怂恿、教唆他人直接侵犯他人专利权的故意。③间接侵权一般应以直接侵权的发生为前提条件,没有直接侵权行为发生的情况下,不存在间接侵权。

间接侵犯专利权行为具体表现为以下情形:①对于一项产品专利而言,提供、出售或者进口用于制造该专利产品的原料或者零部件;②对一项方法专利而言,提供、出售或者进口用于该专利方法的材料、器件或者专用设备;③行为人明知别人准备实施侵犯专利权的行为,仍为其提供侵权条件;④直接侵权行为属于专利法规定的不视为侵犯专利权的行为;⑤直接侵权行为属于个人非营利目的的制造、使用专利产品或者使用专利方法的行为(北京市高级人民法院 2001 年《专利侵权判定若干问题的意见(试行)》第 73~79 条)。

---

❶ 李明德. 知识产权法 [M]. 北京:社会科学文献出版社,2007:286.

3. 侵犯专利权行为的判定

（1）侵犯发明和实用新型专利权行为的判定

侵权判定的比较：进行侵权判定，应当以专利权利要求中记载的技术方案的全部必要技术特征与被诉侵权物（产品或方法）的全部技术特征逐一进行对应比较，一般不以专利产品与侵权物品直接进行侵权对比、不考虑侵权物与专利技术是否为相同应用领域。

全面覆盖原则：如果被诉侵权物（产品或方法）的技术特征包含了专利权利要求中记载的全部必要技术特征，则落入专利权的保护范围。当专利独立权利要求中记载的必要技术特征采用的是上位概念特征，而被诉侵权物（产品或方法）采用的是相应的下位概念特征时，则被诉侵权物（产品或方法）落入专利权的保护范围；被诉侵权物（产品或方法）在利用专利权利要求中的全部必要技术特征的基础上，又增加了新的技术特征，仍落入专利权的保护范围；被诉侵权物（产品或方法）对在先专利技术而言是改进的技术方案，并且获得了专利权，则属于从属专利，其实施也覆盖了在先专利权的保护范围。

等同原则：指被诉侵权物（产品或方法）中有一个或者一个以上技术特征经与专利独立权利要求保护的技术特征相比，从字面上看不相同，但经过分析可以认定两者是相等同的技术特征。等同特征又称等同物，应当同时满足以下两个条件：①被诉侵权物中的技术特征与专利权利要求中的相应技术特征相比，以基本相同的手段，实现基本相同的功能，产生了基本相同的效果；②对该专利所属领域普通技术人员来说，通过阅读专利权利要求和说明书，无需经过创造性劳动就能够联想到的技术特征。进行等同侵权判断，应当以侵权行为发生的时间为界限，以该专利所属领域的普通技术人员的专业知识水平为准。对于故意省略专利权利要求中个别必要技术特征，使其技术方案成为在性能和效果上均不如专利技术方案优越的变劣技术方案，而且这一变劣技术方案明显是由于省略该必要技术特征造成的，应当适用等同原则，认定构成侵犯专利权。

禁止反悔原则：指在专利审批、撤销或无效程序中，专利权人为确定其专利具备新颖性和创造性，通过书面声明或者修改专利文件的方式，对专利权利要求的保护范围作了限制承诺或者部分地放弃了保护，并因此获得了专利权，而在专利侵权诉讼中，法院适用等同原则确定专利权的保护范围时，应当禁止专利权人将已被限制、排除或者已经放弃的内容重新纳入专利权保护范围。当等同原则与禁止反悔原则在适用上发生冲突时，应当优先适用禁止反悔原则。适用禁止反悔原则应当符合以下条件：①专利权人对有关技术特征所作的限制承诺或者放弃必须是明示的，而且已经被记录在专利文档中；②限制承诺或者放弃保护的技术内容,必须对专利权的授予或者维持专利权有效产生了实质性作用。

多余指定原则:指在专利侵权判定中,在解释专利独立权利要求和确定专利权保护范围时,将记载在专利独立权利要求中的明显附加技术特征(即多余特征)略去,仅以专利独立权利要求中的必要技术特征来确定专利权保护范围,判定被诉侵权物(产品或方法)是否覆盖专利权保护范围的原则。认定记载在专利独立权利要求中的某个技术特征是否属于附加技术特征,应当结合专利说明书及附图中记载的该技术特征在实现发明目的、解决技术问题的功能、效果,以及专利权人在专利审批、撤销或者无效审查程序中向中国专利局或者专利复审委员会所作出的涉及该技术特征的陈述,进行综合分析判定。适用多余指定原则认定附加技术特征,应当考虑以下因素:①该技术特征是否属于区别专利技术方案与专利申请日前的已有技术方案所必须的,是否属于体现专利新颖性、创造性的技术特征,即专利权利要求中略去该技术特征,该专利是否还具有新颖性、创造性;②该技术特征是否属于实现专利发明目的、解决发明技术问题、获得发明技术效果所必需的,即专利独立权利要求所描述的技术方案略去该技术特征,该专利是否仍然能够实现或基本实现发明目的、达到发明效果;③该技术特征不得存在专利权人反悔的情形。

(2)侵犯外观设计专利权行为的判定

侵权判定步骤:首先审查被诉侵权产品与专利产品是否属于同类产品,方法是参照外观设计分类表,并考虑商品销售的客观实际情况;然后以普通消费者的审美观察能力为标准,进行整体观察与综合判定,看两者是否具有相同的美感。

相同与近似的认定:应当将专利产品的外观设计与被诉侵权产品的外观设计进行比较:①如果两者的形状、图案、色彩等主要设计部分(要部)相同,则应当认为两者是相同的外观设计;②如果构成要素中的主要设计部分(要部)相同或者近似,次要部分不相同,则应当认为是近似的外观设计(北京市高级人民法院2001年《专利侵权判定若干问题的意见(试行)》第22~72条)。

(二)假冒专利的行为

假冒专利的行为是指未经专利权人许可,擅自使用其专利标记的行为(北京市高级人民法院2001年《专利侵权判定若干问题的意见(试行)》第81条)。假冒专利的行为依法应当承担民事责任(2008年《中华人民共和国专利法》第63条),具体表现为以下情形:

(1)在未被授予专利权的产品或其包装上标注专利标识,专利权被宣告无效后或终止后继续在产品或其包装上标注专利标识,或者未经许可在产品或产品包装上标注他人的专利号;

（2）销售前述产品；

（3）在产品说明书等材料中将未被授予专利权的技术或设计称为专利技术或专利设计，将专利申请称为专利，或者未经许可使用他人的专利号，使公众将所涉及的技术或设计误认为是专利技术或专利设计；

（4）伪造或变造专利证书、专利文件或专利申请文件；

（5）其他使公众混淆，将未被授予专利权的技术或设计误认为是专利技术或专利设计的行为。

但是，专利权终止前依法在专利产品、依照专利方法直接获得的产品或者其包装上标注专利标识，在专利权终止后许诺销售、销售该产品的，不属于假冒专利行为；销售不知道是假冒专利的产品，并且能够证明该产品合法来源的，由管理专利工作的部门责令停止销售，但免除罚款的处罚（2010年《中华人民共和国专利法实施细则》第84条）。

假冒专利的行为应当同时具备以下条件：①必须有假冒行为，即在未经专利权人许可的情况下，以某种方式表明其产品为他人获得法律保护的专利产品，或者以某种方式表明其技术为他人获得法律保护的专利技术，从而产生误导公众的结果；②被假冒的必须是他人已经取得的、实际存在的专利；③假冒他人专利的行为应为故意行为（北京市高级人民法院2001年《专利侵权判定若干问题的意见（试行）》第82条）。

假冒专利的行为所侵害的客体是专利权人的专利标记权，不以是否实施了他人的专利技术为要件，即被诉侵权产品或方法不一定实施了他人的专利技术，假冒的产品或方法可与专利产品或方法不相同。比如：依据专利许可合同实施的技术与许可方的专利技术内容不一致，但在产品包装上标注了专利权人的专利号的行为，属于未经专利权人许可的假冒他人专利行为（北京市高级人民法院2001年《专利侵权判定若干问题的意见（试行）》第83~84条）。

二、专利权民事案件的特殊规则

（一）专利权民事案件的特有司法措施

1. 诉前禁令

专利权人或者利害关系人有证据证明他人正在实施或者即将实施侵犯专利权的行为，如不及时制止将会使其合法权益受到难以弥补的损害的，可以在起诉前向有专利侵权案件管辖权的人民法院申请采取责令停止有关行为的措施（2008年《中华人民共和国专利法》第66条第1款）。提出申请的利害关系人，包括专利实施许可合同的被许可人、专利财产权利的合法继承人等。专利实施许可合同被许可人中,独占实施许可合同的被许可人可以单独向人民法院提出申请;排他实施许可合同的被许可人在专利权人不申请的情况下,可以提出申请。

专利权人或者利害关系人向人民法院提出申请,应当递交书面申请状;申请状应当载明当事人及其基本情况、申请的具体内容、范围和理由等事项。申请的理由包括有关行为如不及时制止会使申请人合法权益受到难以弥补的损害的具体说明。

申请人提出申请时,应当提交下列证据:①专利权人应当提交证明其专利权真实有效的文件,包括专利证书、权利要求书、说明书、专利年费交纳凭证。提出的申请涉及实用新型专利的,申请人应当提交国务院专利行政部门出具的检索报告。②利害关系人应当提供有关专利实施许可合同及其在国务院专利行政部门备案的证明材料,未经备案的应当提交专利权人的证明,或者证明其享有权利的其他证据。排他实施许可合同的被许可人单独提出申请的,应当提交专利权人放弃申请的证明材料。专利财产权利的继承人应当提交已经继承或者正在继承的证据材料。③提交证明被申请人正在实施或者即将实施侵犯其专利权的行为的证据,包括被控侵权产品以及专利技术与被控侵权产品技术特征对比材料等。

申请人提出申请时,应当提供担保;不提供担保的,驳回申请。当事人提供保证、抵押等形式的担保合理、有效的,人民法院应当准予。人民法院确定担保范围时,应当考虑责令停止有关行为所涉及产品的销售收入,以及合理的仓储、保管等费用;被申请人停止有关行为可能造成的损失,以及人员工资等合理费用支出;其他因素。在执行停止有关行为裁定过程中,被申请人可能因采取该项措施造成更大损失的,人民法院可以责令申请人追加相应的担保。申请人不追加担保的,解除有关停止措施。停止侵犯专利权行为裁定所采取的措施,不因被申请人提出反担保而解除。

人民法院接受专利权人或者利害关系人提出责令停止侵犯专利权行为的申请后,经审查符合规定的,应当在48小时内做出书面裁定;裁定责令被申请人停止侵犯专利权行为的,应当立即开始执行。人民法院在前述期限内,需要对有关事实进行核对的,可以传唤单方或双方当事人进行询问,然后再及时做出裁定。人民法院做出诉前责令被申请人停止有关行为的裁定,应当及时通知被申请人,至迟不得超过五日。当事人对裁定不服的,可以在收到裁定之日起十日内申请复议一次。复议期间不停止裁定的执行。人民法院对当事人提出的复议申请应当从以下方面进行审查:①被申请人正在实施或即将实施的行为是否构成侵犯专利权;②不采取有关措施,是否会给申请人合法权益造成难以弥补的损害;③申请人提供担保的情况;④责令被申请人停止有关行为是否损害社会公共利益。

专利权人或者利害关系人在人民法院采取停止有关行为的措施后30日内不起诉的,人民法院解除裁定采取的措施。申请人不起诉或者申请错误造成被申请人损失,被申请人可以向有管辖权的人民法院起诉请求申请人赔偿,也可以在专利权人或者利害关系人提起的专利侵权诉讼中提出损害赔偿的请求,人民法院可以一并处理。

停止侵犯专利权行为裁定的效力,一般应维持到终审法律文书生效时止。人民法院也可以根据案情,确定具体期限;期限届满时,根据当事人的请求仍可做出继续停止有关行为的裁定。被申请人违反人民法院责令停止有关行为裁定的,人民法院可以根据情节轻重予以罚款、拘留;构成犯罪的,依法追究刑事责任(2008年《中华人民共和国专利法》第66条,2001年《最高人民法院关于对诉前停止侵犯专利权行为适用法律问题的若干规定》第1~15条,2012年《中华人民共和国民事诉讼法》第101条、第111条)。

2. 诉前证据保全

为了制止专利侵权行为,在证据可能灭失或者以后难以取得的情况下,专利权人或者利害关系人可以在起诉前向人民法院申请保全证据。

人民法院采取证据保全措施,可以责令申请人提供担保;申请人不提供担保的,驳回申请。

人民法院应当自接受申请之时起48小时内做出裁定;裁定采取证据保全措施的,应当立即执行。

申请人自人民法院采取证据保全措施之日起30日内不起诉的,人民法院应当解除该措施(2008年《中华人民共和国专利法》第67条,2012年《中华人民共和国民事诉讼法》第101条)。

3. 民事制裁

假冒他人专利的,管理专利工作的部门未给予行政处罚的,人民法院可以给予民事制裁,包括训诫、责令具结悔过、没收违法所得和侵权复制品及进行违法活动的财物、罚款、拘留等。其中,适用民事罚款数额可以按照以下标准确定:有违法所得的,可以处违法所得四倍以下的罚款;没有违法所得的,可以处20万元以下的罚款(2015年《最高人民法院关于审理专利纠纷案件适用法律问题的若干规定》第19条,1986年《中华人民共和国民法通则》第134条第3款,2008年《中华人民共和国专利法》第63条)。

(二)专利权民事案件的诉讼管辖规则

1. 专利权民事案件的管辖范围

(1) 专利申请权纠纷案件;

(2)专利权权属纠纷案件;
(3)专利权、专利申请权转让合同纠纷案件;
(4)侵犯专利权纠纷案件;
(5)假冒专利纠纷案件;
(6)发明专利申请公布后、专利权授予前使用费纠纷案件;
(7)职务发明创造发明人、设计人奖励、报酬纠纷案件;
(8)诉前申请停止侵权、财产保全案件;
(9)发明人、设计人资格纠纷案件;
(10)不服专利复审委员会维持驳回申请复审决定案件;
(11)不服专利复审委员会专利权无效宣告请求决定案件;
(12)不服国务院专利行政部门实施强制许可决定案件;
(13)不服国务院专利行政部门实施强制许可使用费裁决案件;
(14)不服国务院专利行政部门行政复议决定案件;
(15)不服管理专利工作的部门行政决定案件;
(16)其他专利纠纷案件。

2. 专利权民事案件的级别管辖

专利纠纷第一审案件,由各省、自治区、直辖市人民政府所在地的中级人民法院和最高人民法院指定的中级人民法院管辖。最高人民法院根据实际情况,可以指定基层人民法院管辖第一审专利纠纷案件。

3. 专利权民事案件的地域管辖

因侵犯专利权行为提起的诉讼,由侵权行为地或者被告住所地人民法院管辖。侵权行为地包括:被控侵犯发明、实用新型专利权的产品的制造、使用、许诺销售、销售、进口等行为的实施地;专利方法使用行为的实施地,依照该专利方法直接获得的产品的使用、许诺销售、销售、进口等行为的实施地;外观设计专利产品的制造、销售、进口等行为的实施地;假冒他人专利的行为实施地。上述侵权行为的侵权结果发生地。

原告仅对侵权产品制造者提起诉讼,未起诉销售者,侵权产品制造地与销售地不一致的,制造地人民法院有管辖权;以制造者与销售者为共同被告起诉的,销售地人民法院有管辖权。销售者是制造者分支机构,原告在销售地起诉侵权产品制造者制造、销售行为的,销售地人民法院有管辖权(2015年《最高人民法院关于审理专利纠纷案件适用法律问题的若干规定》第1条、第2条、第5条、第6条)。

(三)侵犯专利权纠纷案件的诉讼中止

侵犯实用新型、外观设计专利权纠纷案件的被告请求中止诉讼的,应当在答辩期内对原告的专利权提出宣告无效的请求。

人民法院受理的侵犯实用新型、外观设计专利权纠纷案件,被告在答辩期间内请求宣告该项专利权无效的,人民法院应当中止诉讼,但具备下列情形之一的,可以不中止诉讼:①原告出具的检索报告或者专利权评价报告未发现导致实用新型或者外观设计专利权无效的事由的;②被告提供的证据足以证明其使用的技术已经公知的;③被告请求宣告该项专利权无效所提供的证据或者依据的理由明显不充分的;④人民法院认为不应当中止诉讼的其他情形。

人民法院受理的侵犯实用新型、外观设计专利权纠纷案件,被告在答辩期间届满后请求宣告该项专利权无效的,人民法院不应当中止诉讼,但经审查认为有必要中止诉讼的除外。人民法院受理的侵犯发明专利权纠纷案件或者经专利复审委员会审查维持专利权的侵犯实用新型、外观设计专利权纠纷案件,被告在答辩期间内请求宣告该项专利权无效的,人民法院可以不中止诉讼。

人民法院决定中止诉讼,专利权人或者利害关系人请求责令被告停止有关行为或者采取其他制止侵权损害继续扩大的措施,并提供了担保,人民法院经审查符合有关法律规定的,可以在裁定中止诉讼的同时一并做出有关裁定(2015年《最高人民法院关于审理专利纠纷案件适用法律问题的若干规定》第8条第2款、第9~12条)。

(四)专利侵权纠纷案件的特殊证据规则

专利侵权纠纷涉及新产品制造方法的发明专利的,制造同样产品的单位或者个人应当提供其产品制造方法不同于专利方法的证明。

专利侵权纠纷涉及实用新型专利或者外观设计专利的,人民法院或者管理专利工作的部门可以要求专利权人或者利害关系人出具由国务院专利行政部门对相关实用新型或者外观设计进行检索、分析和评价后做出的专利权评价报告,作为审理、处理专利侵权纠纷的证据(2008年《中华人民共和国专利法》第61条)。

(五)专利权民事案件的诉讼时效

侵犯专利权的诉讼时效为两年,自专利权人或者利害关系人得知或者应当得知侵权行为之日起计算。发明专利申请公布后至专利权授予前使用该发明未支付适当使用费的,专利权人要求支付使用费的诉讼时效为两年,自专利权人得知或者应当得知他人使用其发明之日起计算,但专利权人于专利权授予之日前即已得知或者应当得知的,自专利权授予之日起计算(2008年《中华人民共和国专利法》第68条)。

权利人超过两年起诉的,如果侵权行为在起诉时仍在继续,在该项专利权有效期内,人民法院应当判决被告停止侵权行为,侵权损害赔偿数额应当自权利人向人民法院起诉之日起向前推算两年计算(2015年《最高人民法院关于审理专利纠纷案件适用法律问题的若干规定》第23条)。

(六)侵犯专利权的赔偿数额

侵犯专利权的赔偿数额,包括权利人为制止侵权行为所支付的合理开支,其确定顺序和标准如下:

(1)根据权利人的请求,按照权利人因被侵权所受到的实际损失确定。权利人因被侵权所受到的损失可以根据专利权人的专利产品因侵权所造成销售量减少的总数乘以每件专利产品的合理利润所得之积计算。权利人销售量减少的总数难以确定的,侵权产品在市场上销售的总数乘以每件专利产品的合理利润所得之积可以视为权利人因被侵权所受到的损失。

(2)实际损失难以确定的,可以按照侵权人因侵权所获得的利益确定。侵权人因侵权所获得的利益可以根据该侵权产品在市场上销售的总数乘以每件侵权产品的合理利润所得之积计算。侵权人因侵权所获得的利益一般按照侵权人的营业利润计算,对于完全以侵权为业的侵权人,可以按照销售利润计算。人民法院依法确定侵权人因侵权所获得的利益,应当限于侵权人因侵犯专利权行为所获得的利益;因其他权利所产生的利益,应当合理扣除。侵犯发明、实用新型专利权的产品系另一产品的零部件的,人民法院应当根据该零部件本身的价值及其在实现成品利润中的作用等因素合理确定赔偿数额。侵犯外观设计专利权的产品为包装物的,人民法院应当按照包装物本身的价值及其在实现被包装产品利润中的作用等因素合理确定赔偿数额。

(3)权利人的损失或者侵权人获得的利益难以确定的,有专利许可使用费可以参照的,人民法院可以根据专利权的类型、侵权行为的性质和情节、专利许可的性质、范围、时间等因素,参照该专利许可使用费的倍数合理确定赔偿数额;没有专利许可使用费可以参照或者专利许可使用费明显不合理的,人民法院可以根据专利权的类型、侵权行为的性质和情节等因素,确定给予1万元以上100万元以下的赔偿。

(4)权利人为制止侵权行为所支付的合理开支,可以在依照上述标准确定的赔偿数额之外另行计算(2008年《中华人民共和国专利法》第65条,2009年《最高人民法院关于审理侵犯专利权纠纷案件应用法律若干问题的解释》第16条,2015年《最高人民法院关于审理专利纠纷案件适用法律问题的若干规定》第20-22条)。

三、专利权民事案件的抗辩

(一)不侵权的抗辩

(1)属于专利申请公开(公告)前的实施行为。在专利申请公开(公告)前,他人实施与专利申请相同的技术方案不属于侵权。

(2)属于在发明专利临时保护期内的实施行为。虽然专利权的期限自申请日起计算,但是专利权自公告之日起生效,即对专利权的保护应当从授权公告之日开始。而对于发明专利而言,自申请日起满18个月后,专利局即行公布其申请。从发明专利申请公布后到授权公告前的这段时期称为"临时保护期",其间其他单位或个人实施其发明的行为,不是侵犯专利权的行为,申请人只可以要求行为人支付适当的费用(2008年《中华人民共和国专利法》第13条、第39条、第40条、第42条)。

(3)属于指定许可的情形,详见本书第9章第1节。

(4)属于强制许可的情形,详见本书第9章第1节。

(5)属于专利权终止的情形,具体表现为:①专利权的期限已经届满;②没有按照规定缴纳年费;③专利权人以书面声明放弃其专利权(2008年《中华人民共和国专利法》第44条)。

(6)属于不视为侵犯专利权的情形,具体包括:①权利用尽;②先用权;③临时过境;④非营利性实施;⑤善意侵权,详见本书第9章第1节。

(7)属于不构成侵犯专利权的情形,具体包括:①被控侵权物缺少发明或实用新型专利权利要求书中记载的必要技术特征;②被控侵权物的技术特征与专利权利要求书中对应必要技术特征相比,有一项及以上的技术特征存在本质区别;③个人非经营目的的制造、使用行为(北京市高级人民法院2001年《专利侵权判定若干问题的意见(试行)》第92~94条)。

(二)请求宣告专利权无效的抗辩

自国务院专利行政部门公告授予专利权之日起,任何单位或者个人认为该专利权的授予不符合本法有关规定的,可以请求专利复审委员会宣告该专利权无效。请求宣告专利权无效或者部分无效的,应当向专利复审委员会提交专利权无效宣告请求书和必要的证据一式两份。无效宣告请求书应当结合提交的所有证据,具体说明无效宣告请求的理由,并指明每项理由所依据的证据。无效宣告请求的理由有:

(1)不符合发明、实用新型、外观设计的定义(不符合专利法第2条);

(2)将在中国完成的发明或者实用新型向外国申请专利之前,没有报经国

务院专利行政部门进行保密审查(不符合专利法第20条第1款);

(3)缺乏新颖性、创造性、实用性(不符合专利法第22条、第23条);

(4)说明书公开不充分(不符合专利法第26条第3款);

(5)权利要求书得不到说明书的支持(不符合专利法第26条第4款);

(6)专利申请文件修改超范围(不符合专利法第33条、专利法实施细则第43条第1款);

(7)独立权利要求缺少必要技术特征(不符合专利法实施细则第20条第2款);

(8)不属于专利授权的客体(不符合专利法第5条、第25条)。

在专利复审委员会受理无效宣告请求后,请求人可以在提出无效宣告请求之日起1个月内增加理由或补充证据;专利复审委员会应当将专利权无效宣告请求书和有关文件的副本送交专利权人,要求其在指定的期限内陈述意见。专利权人和无效宣告请求人应当在指定期限内答复专利复审委员会发出的转送文件通知书或者无效宣告请求审查通知书;期满未答复的,不影响专利复审委员会审理。

在无效宣告请求的审查过程中,发明或者实用新型专利的专利权人可以修改其权利要求书,但是不得扩大原专利的保护范围。发明或者实用新型专利的专利权人不得修改专利说明书和附图,外观设计专利的专利权人不得修改图片、照片和简要说明。

专利复审委员会根据当事人的请求或者案情需要,可以决定对无效宣告请求进行口头审理。专利复审委员会决定对无效宣告请求进行口头审理的,应当向当事人发出口头审理通知书,告知举行口头审理的日期和地点。当事人应当在通知书指定的期限内作出答复。无效宣告请求人对专利复审委员会发出的口头审理通知书在指定的期限内未作答复,并且不参加口头审理的,其无效宣告请求视为撤回;专利权人不参加口头审理的,可以缺席审理。

专利复审委员会对无效宣告的请求做出决定前,无效宣告请求人可以撤回其请求。专利复审委员会做出决定之前,无效宣告请求人撤回其请求或者其无效宣告请求被视为撤回的,无效宣告请求审查程序终止。但是,专利复审委员会认为根据已进行的审查工作能够做出宣告专利权无效或者部分无效的决定的,不终止审查程序。

专利复审委员会对宣告专利权无效的请求应当及时审查和做出决定,并通知请求人和专利权人。宣告专利权无效的决定,由国务院专利行政部门登记和公告。对专利复审委员会宣告专利权无效或者维持专利权的决定不服的,可以自收到通知之日起3个月内向人民法院起诉。人民法院应当通知无效宣告请求程序的对方当事人作为第三人参加诉讼。

宣告无效的专利权视为自始即不存在。宣告专利权无效的决定，对在宣告专利权无效前人民法院做出并已执行的专利侵权的判决、调解书，已经履行或者强制执行的专利侵权纠纷处理决定，以及已经履行的专利实施许可合同和专利权转让合同，不具有追溯力。但是因专利权人的恶意给他人造成的损失，应当给予赔偿；不返还专利侵权赔偿金、专利使用费、专利权转让费明显违反公平原则的，应当全部或者部分返还（2008年《中华人民共和国专利法》第45～47条，2010年《中华人民共和国专利法实施细则》第65～72条）。

（三）现有技术或现有设计抗辩

所谓现有技术或现有设计抗辩，是指在专利侵权纠纷中，被控侵权人有证据证明其实施的技术或者设计属于现有技术或者现有设计的，不构成侵犯专利权（2008年《中华人民共和国专利法》第62条）。其中，

被诉落入专利权保护范围的全部技术特征，与一项现有技术方案中的相应技术特征相同或者无实质性差异的，人民法院应当认定被诉侵权人实施的技术属于现有技术。

被诉侵权设计与一个现有设计相同或者无实质性差异的，人民法院应当认定被诉侵权人实施的设计属于现有设计（2009年《最高人民法院关于审理侵犯专利权纠纷案件应用法律若干问题的解释》第14条）。

（四）第三人责任抗辩

为生产经营目的使用、许诺销售或销售不知道是未经专利权人许可而制造并售出的专利侵权产品，能证明该产品合法来源的，不承担赔偿责任（2008年《中华人民共和国专利法》第70条）。

技术转让合同的受让方按照合同的约定实施受让技术侵犯他人专利权的，除合同另有约定外，应当由转让方首先承担侵权责任，受让方承担一般连带责任。

（五）诉讼时效抗辩

侵犯专利权和发明专利申请临时保护期内要求支付适当使用费的诉讼时效均为二年，自专利权人或利害关系人得知或应当得知侵权行为、他人使用其发明或专利权授予之日起计算（2008年《中华人民共和国专利法》第68条）。超过了诉讼时效，专利权人或利害关系人将失去胜诉权。

第三节　专利权的行政保护

一、承担专利权行政保护的部门

(一)部门及其职责

(1)管理专利工作的部门:指由省、自治区、直辖市人民政府以及专利管理工作量大又有实际处理能力的设区的市人民政府设立的管理专利工作的部门。管理专利工作的部门开展专利行政执法,即处理专利侵权纠纷、调解专利纠纷以及查处假冒专利行为(2010年《中华人民共和国专利法实施细则》第79条,国家知识产权局2015年《专利行政执法办法》第2条)。

(2)国务院专利行政部门:对管理专利工作的部门处理专利侵权纠纷、查处假冒专利行为、调解专利纠纷进行业务指导(2010年《中华人民共和国专利法实施细则》第80条)。

(二)管辖分工

当事人请求处理专利侵权纠纷或者调解专利纠纷的,由被请求人所在地或者侵权行为地的管理专利工作的部门管辖。两个以上管理专利工作的部门都有管辖权的专利纠纷,当事人可以向其中一个管理专利工作的部门提出请求;当事人向两个以上有管辖权的管理专利工作的部门提出请求的,由最先受理的管理专利工作的部门管辖。管理专利工作的部门对管辖权发生争议的,由其共同的上级人民政府管理专利工作的部门指定管辖;无共同上级人民政府管理专利工作的部门的,由国务院专利行政部门指定管辖(2010年《中华人民共和国专利法实施细则》第81条)。

对有重大影响的专利侵权纠纷案件、假冒专利案件,国家知识产权局在必要时可以组织有关管理专利工作的部门处理、查处。对于行为发生地涉及两个以上省、自治区、直辖市的重大案件,有关省、自治区、直辖市管理专利工作的部门可以报请国家知识产权局协调处理或者查处。管理专利工作的部门开展专利行政执法遇到疑难问题的,国家知识产权局应当给予必要的指导和支持(国家知识产权局2015年《专利行政执法办法》第5条)。

管理专利工作的部门可以依据本地实际,委托有实际处理能力的市、县级人民政府设立的专利管理部门查处假冒专利行为、调解专利纠纷。委托方应当对受托方查处假冒专利和调解专利纠纷的行为进行监督和指导,并承担法律责任

(国家知识产权局2015年《专利行政执法办法》第6条)。

二、专利侵权纠纷的处理

(一)处理原则

管理专利工作的部门处理专利侵权纠纷应当以事实为依据、以法律为准绳,遵循公正、及时的原则(国家知识产权局2015年《专利行政执法办法》第3条第1款)。

(二)申请条件

请求管理专利工作的部门处理专利侵权纠纷的,应当符合下列条件:

(1)请求人是专利权人或者利害关系人,其中利害关系人包括专利实施许可合同的被许可人、专利权人的合法继承人。专利实施许可合同的被许可人中,独占实施许可合同的被许可人可以单独提出请求;排他实施许可合同的被许可人在专利权人不请求的情况下,可以单独提出请求;除合同另有约定外,普通实施许可合同的被许可人不能单独提出请求。

(2)有明确的被请求人。

(3)有明确的请求事项和具体事实、理由。

(4)属于受案管理专利工作的部门的受案和管辖范围。

(5)当事人没有就该专利侵权纠纷向人民法院起诉(国家知识产权局2015年《专利行政执法办法》第10条)。

(三)申请文件

请求管理专利工作的部门处理专利侵权纠纷的,应当提交请求书及证明材料,并按照被请求人的数量提供请求书副本及有关证据。

(1)请求书:应当记载以下内容:①请求人的姓名或者名称、地址,法定代表人或者主要负责人的姓名、职务,委托代理人的,代理人的姓名和代理机构的名称、地址;②被请求人的姓名或者名称、地址;③请求处理的事项以及事实和理由。有关证据和证明材料可以以请求书附件的形式提交。请求书应当由请求人签名或者盖章。

(2)证明材料:①主体资格证明,即个人应当提交居民身份证或者其他有效身份证件,单位应当提交有效的营业执照或者其他主体资格证明文件副本及法定代表人或者主要负责人的身份证明;②专利权有效的证明,即专利登记簿副本,或者专利证书和当年缴纳专利年费的收据;③专利侵权纠纷涉及实用新型或者外观设计专利的,管理专利工作的部门可以要求请求人出具由国家知识产权局做出的专利权评价报告(实用新型专利检索报告)。(国家知识产权局2015

年《专利行政执法办法》第 11~12 条)。

(四)处理程序

(1)立案和通知:请求符合规定条件的,管理专利工作的部门应当在收到请求书之日起 5 个工作日内立案并通知请求人,同时指定 3 名或者 3 名以上单数承办人员处理该专利侵权纠纷;请求不符合规定条件的,管理专利工作的部门应当在收到请求书之日起 5 个工作日内通知请求人不予受理,并说明理由。

(2)送达和答辩:管理专利工作的部门应当在立案之日起 5 个工作日内将请求书及其附件的副本送达被请求人,要求其在收到之日起 15 日内提交答辩书并按照请求人的数量提供答辩书副本。被请求人逾期不提交答辩书的,不影响管理专利工作的部门进行处理。被请求人提交答辩书的,管理专利工作的部门应当在收到之日起 5 个工作日内将答辩书副本送达请求人。

(3)调解:管理专利工作的部门处理专利侵权纠纷案件时,可以根据当事人的意愿进行调解。双方当事人达成一致的,由管理专利工作的部门制作调解协议书,加盖其公章,并由双方当事人签名或者盖章。调解不成的,应当及时做出处理决定。

(4)中止处理:在处理专利侵权纠纷过程中,被请求人提出无效宣告请求并被专利复审委员会受理的,可以请求管理专利工作的部门中止处理。管理专利工作的部门认为被请求人提出的中止理由明显不能成立的,可以不中止处理。

(5)口头审理:管理专利工作的部门处理专利侵权纠纷,可以根据案情需要决定是否进行口头审理。管理专利工作的部门决定进行口头审理的,应当至少在口头审理 3 个工作日前将口头审理的时间、地点通知当事人。当事人无正当理由拒不参加的,或者未经允许中途退出的,对请求人按撤回请求处理,对被请求人按缺席处理。管理专利工作的部门举行口头审理的,应当将口头审理的参加人和审理要点记入笔录,经核对无误后,由案件承办人员和参加人签名或者盖章(国家知识产权局 2015 年《专利行政执法办法》第 13~17 条,2010 年《中华人民共和国专利法实施细则》第 82 条)。

(五)处理决定

除达成调解协议或者请求人撤回请求之外,管理专利工作的部门处理专利侵权纠纷应当制作处理决定书,写明以下内容:①当事人的姓名或者名称、地址;②当事人陈述的事实和理由;③认定侵权行为是否成立的理由和依据;④处理决定认定侵权行为成立并需要责令侵权人立即停止侵权行为的,应当明确写明责令被请求人立即停止的侵权行为的类型、对象和范围;认定侵权行为不成立的,应当驳回请求人的请求;⑤不服处理决定提起行政诉讼的途径和期限。处理决定书应当加盖管理专利工作的部门的公章。

管理专利工作的部门认定专利侵权行为成立,做出处理决定,责令侵权人立即停止侵权行为的,应当采取下列制止侵权行为的措施:①侵权人制造专利侵权产品的,责令其立即停止制造行为,销毁制造侵权产品的专用设备、模具,并且不得销售、使用尚未售出的侵权产品或者以任何其他形式将其投放市场;侵权产品难以保存的,责令侵权人销毁该产品;②侵权人未经专利权人许可使用专利方法的,责令侵权人立即停止使用行为,销毁实施专利方法的专用设备、模具,并且不得销售、使用尚未售出的依照专利方法所直接获得的侵权产品或者以任何其他形式将其投放市场;侵权产品难以保存的,责令侵权人销毁该产品;③侵权人销售专利侵权产品或者依照专利方法直接获得的侵权产品的,责令其立即停止销售行为,并且不得使用尚未售出的侵权产品或者以任何其他形式将其投放市场;尚未售出的侵权产品难以保存的,责令侵权人销毁该产品;④侵权人许诺销售专利侵权产品或者依照专利方法直接获得的侵权产品的,责令其立即停止许诺销售行为,消除影响,并且不得进行任何实际销售行为;⑤侵权人进口专利侵权产品或者依照专利方法直接获得的侵权产品的,责令侵权人立即停止进口行为;侵权产品已经入境的,不得销售、使用该侵权产品或者以任何其他形式将其投放市场;侵权产品难以保存的,责令侵权人销毁该产品;侵权产品尚未入境的,可以将处理决定通知有关海关;⑥责令侵权的参展方采取从展会上撤出侵权展品、销毁或者封存相应的宣传材料、更换或者遮盖相应的展板等撤展措施;⑦停止侵权行为的其他必要措施。管理专利工作的部门认定电子商务平台上的专利侵权行为成立,做出处理决定的,应当通知电子商务平台提供者及时对专利侵权产品或者依照专利方法直接获得的侵权产品相关网页采取删除、屏蔽或者断开链接等措施。

管理专利工作的部门做出认定专利侵权行为成立并责令侵权人立即停止侵权行为的处理决定后,被请求人向人民法院提起行政诉讼的,在诉讼期间不停止决定的执行。侵权人对管理专利工作的部门做出的认定侵权行为成立的处理决定期满不起诉又不停止侵权行为的,管理专利工作的部门可以申请人民法院强制执行。管理专利工作的部门或者人民法院做出认定侵权成立并责令侵权人立即停止侵权行为的处理决定或者判决之后,被请求人就同一专利权再次做出相同类型的侵权行为,专利权人或者利害关系人请求处理的,管理专利工作的部门可以直接做出责令立即停止侵权行为的处理决定(国家知识产权局 2015 年《专利行政执法办法》第 19 条、第 20 条、第 43 条、第 44 条)。

(六)处理时限

管理专利工作的部门处理专利侵权纠纷,应当自立案之日起 3 个月内结案。案件特别复杂需要延长期限的,应当由管理专利工作的部门负责人批准。经批准延长的期限,最多不超过 1 个月。案件处理过程中的公告、鉴定、中止等时间不计入前款所述案件办理期限(国家知识产权局 2015 年《专利行政执法办法》第 21 条)。

三、专利纠纷的调解

(一)调解原则

管理专利工作的部门调解专利纠纷,应当遵循自愿、合法的原则,在查明事实、分清是非的基础上,促使当事人相互谅解,达成调解协议(国家知识产权局 2015 年《专利行政执法办法》第 3 条第 2 款)。

(二)调解范围

(1)专利申请权和专利权归属纠纷。

(2)发明人、设计人资格纠纷。

(3)职务发明创造的发明人、设计人的奖励和报酬纠纷。

(4)在发明专利申请公布后专利权授予前使用发明而未支付适当费用的纠纷。应当在专利权被授予之后提出。

(5)其他专利纠纷(2010 年《中华人民共和国专利法实施细则》第 85 条)。

(三)申请文件

请求管理专利工作的部门调解专利纠纷的,应当提交请求书。请求书应当记载以下内容:①请求人的姓名或者名称、地址,法定代表人或者主要负责人的姓名、职务,委托代理人的,代理人的姓名和代理机构的名称、地址;②被请求人的姓名或者名称、地址;③请求调解的具体事项和理由。

单独请求调解侵犯专利权赔偿数额的,应当提交有关管理专利工作的部门做出的认定侵权行为成立的处理决定书副本(国家知识产权局 2015 年《专利行政执法办法》第 22 条)。

(四)送达和立案

管理专利工作的部门收到调解请求书后,应当及时将请求书副本通过寄交、直接送交或者其他方式送达被请求人,要求其在收到之日起 15 日内提交意见陈述书。

被请求人提交意见陈述书并同意进行调解的,管理专利工作的部门应当在收到意见陈述书之日起 5 个工作日内立案,并通知请求人和被请求人进行调解的时间和地点。被请求人逾期未提交意见陈述书,或者在意见陈述书中表示不接受调解的,管理专利工作的部门不予立案,并通知请求人(国家知识产权局2015年《专利行政执法办法》第23~24条)。

(五)请求中止有关程序

当事人因专利申请权或者专利权的归属发生纠纷,已请求管理专利工作的部门调解或者向人民法院起诉的,可以请求国务院专利行政部门中止有关程序。所谓"中止有关程序",是指暂停专利申请的初步审查、实质审查、复审程序,授予专利权程序和专利权无效宣告程序;暂停办理放弃、变更、转移专利权或者专利申请权手续,专利权质押手续以及专利权期限届满前的终止手续等。请求中止有关程序的,应当向国务院专利行政部门提交请求书,并附具管理专利工作的部门或者人民法院的写明申请号或者专利号的有关受理文件副本。

管理专利工作的部门做出的调解书或者人民法院做出的判决生效后,当事人应当向国务院专利行政部门办理恢复有关程序的手续。自请求中止之日起1年内,有关专利申请权或者专利权归属的纠纷未能结案,需要继续中止有关程序的,请求人应当在该期限内请求延长中止。期满未请求延长的,国务院专利行政部门自行恢复有关程序(2010年《中华人民共和国专利法实施细则》第86、88条,国家知识产权局2015年《专利行政执法办法》第27条)。

(六)调解协议

当事人经调解达成协议的,由管理专利工作的部门制作调解协议书,加盖其公章,并由双方当事人签名或者盖章;未能达成协议的,管理专利工作的部门以撤销案件的方式结案,并通知双方当事人(国家知识产权局2015年《专利行政执法办法》第26)。

四、假冒专利行为的查处

(一)查处原则

管理专利工作的部门查处假冒专利行为,应当以事实为依据、以法律为准绳,遵循公正、公开的原则,给予的行政处罚应当与违法行为的事实、性质、情节,以及社会危害程度相当(国家知识产权局2015年《专利行政执法办法》第3条第3款)。

(二)查处措施

(1)责令改正并予公告。管理专利工作的部门认定假冒专利行为成立的,应当责令行为人采取下列改正措施:①在未被授予专利权的产品或者其包装上标注专利标识、专利权被宣告无效后或者终止后继续在产品或者其包装上标注专利标识或者未经许可在产品或者产品包装上标注他人的专利号的,立即停止标注行为,消除尚未售出的产品或者其包装上的专利标识;产品上的专利标识难以消除的,销毁该产品或者包装;②销售前述产品的,立即停止销售行为;③在产品说明书等材料中将未被授予专利权的技术或者设计称为专利技术或者专利设计,将专利申请称为专利,或者未经许可使用他人的专利号,使公众将所涉及的技术或者设计误认为是他人的专利技术或者专利设计的,立即停止发放该材料,销毁尚未发出的材料,并消除影响;④伪造或者变造专利证书、专利文件或者专利申请文件的,立即停止伪造或者变造行为,销毁伪造或者变造的专利证书、专利文件或者专利申请文件,并消除影响;⑤责令假冒专利的参展方采取从展会上撤出假冒专利展品、销毁或者封存相应的宣传材料、更换或者遮盖相应的展板等撤展措施;⑥其他必要的改正措施。管理专利工作的部门认定电子商务平台上的假冒专利行为成立的,应当通知电子商务平台提供者及时对假冒专利产品相关网页采取删除、屏蔽或者断开链接等措施。

(2)没收违法所得。管理专利工作的部门认定假冒专利行为成立的,可以按照下列方式确定行为人的违法所得:①销售假冒他人专利的产品的,以产品销售价格乘以所销售产品的数量作为其违法所得;②订立假冒他人专利的合同的,以收取的费用作为其违法所得。

(3)罚款:有违法所得的,可以处违法所得四倍以下的罚款;没有违法所得的,可以处20万元以下的罚款(2008年《中华人民共和国专利法》第63条、国家知识产权局2015年《专利行政执法办法》第45条、第47条)。

(三)查处程序

(1)立案和管辖:管理专利工作的部门发现或者接受举报、投诉发现涉嫌假冒专利行为的,应当自发现之日起5个工作日内或者收到举报、投诉之日起10个工作日内立案,并指定两名或者两名以上执法人员进行调查。查处假冒专利行为由行为发生地的管理专利工作的部门管辖。管理专利工作的部门对管辖权发生争议的,由其共同的上级人民政府管理专利工作的部门指定管辖;无共同上级人民政府管理专利工作的部门的,由国家知识产权局指定管辖。

(2)查封、扣押:管理专利工作的部门查封、扣押涉嫌假冒专利产品的,应当经其负责人批准。查封、扣押时,应当向当事人出具有关通知书。管理专利工作的部门查封、扣押涉嫌假冒专利产品,应当当场清点,制作笔录和清单,由当事人和案件承办人员签名或者盖章。当事人拒绝签名或者盖章的,由案件承办人员在笔录上注明。清单应当交当事人一份。

(3)案件处理:案件调查终结,经管理专利工作的部门负责人批准,根据案件情况分别作如下处理:①假冒专利行为成立应当予以处罚的,依法给予行政处罚;②假冒专利行为轻微并已及时改正的,免予处罚;③假冒专利行为不成立的,依法撤销案件;④涉嫌犯罪的,依法移送公安机关(国家知识产权局2015年《专利行政执法办法》第28~31条)。

(四)行政处罚

管理专利工作的部门作出行政处罚决定前,应当告知当事人做出处罚决定的事实、理由和依据,并告知当事人依法享有的权利。管理专利工作的部门做出较大数额罚款的决定之前,应当告知当事人有要求举行听证的权利。当事人提出听证要求的,应当依法组织听证。对情节复杂或者重大违法行为给予较重的行政处罚的,应当由管理专利工作的部门负责人集体讨论决定。

当事人有权进行陈述和申辩,管理专利工作的部门不得因当事人申辩而加重行政处罚。管理专利工作的部门对当事人提出的事实、理由和证据应当进行核实。当事人提出的事实属实、理由成立的,管理专利工作的部门应当予以采纳。

经调查,假冒专利行为成立应当予以处罚的,管理专利工作的部门应当制作处罚决定书,写明以下内容:①当事人的姓名或者名称、地址;②认定假冒专利行为成立的证据、理由和依据;③处罚的内容以及履行方式;④不服处罚决定申请行政复议和提起行政诉讼的途径和期限。处罚决定书应当加盖管理专利工作的部门的公章,并予以公告。

管理专利工作的部门做出处罚决定后,当事人申请行政复议或者向人民法院提起行政诉讼的,在行政复议或者诉讼期间不停止决定的执行。假冒专利行为的行为人应当自收到处罚决定书之日起15日内,到指定的银行缴纳处罚决定书写明的罚款;到期不缴纳的,每日按罚款数额的百分之三加处罚款。拒绝、阻碍管理专利工作的部门依法执行公务的,由公安机关根据《中华人民共和国治安管理处罚法》的规定给予处罚;情节严重构成犯罪的,由司法机关依法追究刑事责任(国家知识产权局2015年《专利行政执法办法》第32~35条、第48~50条)。

(五)查处时限

管理专利工作的部门查处假冒专利案件,应当自立案之日起1个月内结案。案件特别复杂需要延长期限的,应当由管理专利工作的部门负责人批准。经批准延长的期限,最多不超过15日。案件处理过程中听证、公告等时间不计入前款所述案件办理期限(国家知识产权局2015年《专利行政执法办法》第36条)。

五、调查取证

在专利侵权纠纷处理过程中,当事人因客观原因不能自行收集部分证据的,可以书面请求管理专利工作的部门调查取证;在处理专利侵权纠纷、查处假冒专利行为过程中,管理专利工作的部门可以根据需要依职权调查收集有关证据。

管理专利工作的部门调查收集证据可以查阅、复制与案件有关的合同、账册等有关文件;询问当事人和证人;采用测量、拍照、摄像等方式进行现场勘验。涉嫌侵犯制造方法专利权的,管理专利工作的部门可以要求被调查人进行现场演示。

管理专利工作的部门调查收集证据可以采取抽样取证的方式。涉及产品专利的,可以从涉嫌侵权的产品中抽取一部分作为样品;涉及方法专利的,可以从涉嫌依照该方法直接获得的产品中抽取一部分作为样品。

在证据可能灭失或者以后难以取得,又无法进行抽样取证的情况下,管理专利工作的部门可以进行登记保存,并在7日内做出决定(国家知识产权局2015年《专利行政执法办法》第37～40条)。

第四节 专利权的刑事保护

根据中国《专利法》和《刑法》的相关规定,与专利权有关的刑事犯罪有三种:一是假冒专利罪,本节将详细讨论;二是泄露国家秘密罪,如果向外国申请专利没有事先报经国务院专利行政部门进行保密审查,故意或过失泄露国家秘密并达到情节严重的程度,就构成犯罪;三是滥用职权或玩忽职守罪,如果从事专利管理工作的国家机关工作人员以及其他有关国家机关工作人员玩忽职守、滥用职权、徇私舞弊,致使公共财产、国家和人民利益遭受重大损失,就构成犯罪。但由于泄露国家秘密罪、滥用职权或玩忽职守罪不属于知识产权犯罪的范畴,本节不展开讨论。

一、假冒专利罪的概念

假冒专利罪是指假冒他人专利,情节严重的行为(2015年《中华人民共和国刑法》第216条)。

二、假冒专利罪的构成要件

(1)主体:假冒专利罪的主体为一般主体,既包括达到刑事责任年龄且具有刑事责任能力的自然人,又包括企事业单位。

(2)客体:假冒专利罪侵犯的客体既包括国家专利管理部门的正常活动,又包括单位或个人的专利权。

(3)主观方面:假冒专利罪在主观方面表现为故意,一般具有营利目的,但也有的为了获取荣誉或者为了损坏他人名誉。

(4)客观方面:假冒专利罪在客观方面表现为在法律规定的专利有效期限内,假冒他人被授予的专利,损害他人专利权益,情节严重的行为。

三、假冒专利罪的犯罪对象

假冒专利罪的犯罪对象是专利,包括专利标记和专利号。

四、假冒专利罪的认定

(1)行为人既假冒专利,又生产、销售假冒专利的伪劣商品,属于吸收犯,前行为吸收后行为,以假冒专利罪从重处罚。

(2)行为人既假冒专利,又假冒注册商标,符合两个犯罪的构成要件,应按两罪处理,实行数罪并罚。

(3)行为人既假冒专利和注册商标,又生产、销售假冒专利和注册商标的伪劣商品,应定数罪,按假冒专利罪和假冒注册商标罪数罪并罚。

五、假冒专利罪的刑罚

(1)自然人犯假冒专利罪的,处3年以下有期徒刑或者拘役,并处或者单处罚金;

(2)单位犯假冒专利罪的,对单位判处罚金,并对其直接负责的主管人员和其他直接责任人员,依照上述规定处罚(2015年《中华人民共和国刑法》第216条、第220条)。

六、假冒专利罪的量刑标准

假冒他人专利,具有下列情形之一的,属于"情节严重",应当以假冒专利罪判处3年以下有期徒刑或者拘役,并处或者单处罚金:

(1)非法经营数额在20万元以上或者违法所得数额在10万元以上的;

(2)给专利权人造成直接经济损失 50 万元以上的;

(3)假冒两项以上他人专利,非法经营数额在 10 万元以上或者违法所得数额在 5 万元以上的;

(4)其他情节严重的情形(2004 年《最高人民法院、最高人民检察院关于办理侵犯知识产权刑事案件具体应用法律若干问题的解释》第 4 条)。

第四编

中国商标法律制度

第十一章 商标权的创造

第一节 商标权的主体

一、商标权主体的概念

商标权的主体是指依法享有商标权的自然人、法人或其他组织。自然人、法人或者其他组织在生产经营活动中,对其商品或者服务需要取得商标专用权的,应当向商标局申请商标注册(2013年《中华人民共和国商标法》第4条)。

商标权的主体资格是动态变化的。商标与特定的商品或服务紧密相连,其联系媒介是"商誉"。商标只有通过使用而获得了一定商誉,才具有法律保护的价值。如果商标注册以后长期不使用,不包含值得法律保护的商誉,那么该注册商标所有人的商标权主体资格也将随着其商标被撤销而归零(2013年《中华人民共和国商标法》第49条第2款)。

以是否注册为标准,商标权的主体可分为注册商标所有人和未注册商标所有人;以商标权的取得方式为标准,商标权的主体可分为原始商标权人和继受商标权人

二、注册商标所有人

注册商标所有人又称为注册商标权人、商标专用权人,是指申请商标注册被核准的自然人、法人或其他组织。这里所称的"注册商标所有人"是注册商标的原始所有人,其范围包括:

(1)法人:最常见的注册商标所有人,包括企业法人,以及机关、事业单位和社会团体法人。

(2)其他组织:指合法成立、有一定的组织机构和财产,但又不具备法人资格的组织,包括:①私营独资企业、合伙组织;②合伙型联营企业;③中外合作经营企业、外资企业;④社会团体;⑤法人的分支机构;⑥中国人民银行、各专业银

行的分支机构;⑦中国人民保险公司的分支机构;⑧乡镇、街道、村办企业;⑨其他。

(3)个人:包括自然人、个体工商户、农村承包经营户和个人合伙。

(4)外国人:包括外国人和外国企业。外国人或外国企业在中国申请商标注册,按照其所属国和中国签订的协议或共同参加的国际条约办理,或者按对等原则办理;外国人或外国企业在中国申请商标注册或办理其他商标事宜,应当委托国家认可的具有商标代理资格的组织代理。

(5)共有人:两个以上的自然人、法人或其他组织对于其共同申请注册的同一商标,共同享有和行使该商标专用权(1986年《中华人民共和国民法通则》第2~3章,2013年《中华人民共和国商标法》第5条、第17~18条,1992年《最高人民法院关于适用<中华人民共和国民事诉讼法>若干问题的意见》第40条)。

三、未注册商标所有人

未注册商标所有人又称为未注册商标权人,是指直接在商品或服务上使用其未注册商标的自然人、法人或其他组织。这里所称的"未注册商标所有人"是未注册商标的原始所有人,其范围与注册商标所有人基本一致,即包括法人、其他组织、个人、外国人和共有人,且其中法人、其他组织、个人的内涵和外延完全相同。但由于未注册商标不需要办理注册手续,且只有达到驰名的程度才能获得排他性法律保护,因此外国人在中国使用未注册商标无需要求其所属国和中国签有协议、共同参加国际条约或实行对等原则,也无需委托国家认可的具有商标代理资格的组织代理;共有人不存在共同申请注册的问题,但也没有商标专用权供其共同享有和行使。

四、继受商标权人

所谓继受商标权人,是指通过受让、继承、受赠或其他法律事实的发生,从原始商标权人那里取得了商标权的人。继受商标权人取得商标权的方式大致可分为以下两大类:

1. 因合同而取得商标权

商标权可以许可、转让,商标权的被许可人、受让人通过合同从原始商标权人处在取得商标权中一项或多项权利后,就可以成为继受商标权人。

2. 因继承、继受等而取得商标权

商标权可以通过继承、继受等转移,承受其权利的公民、法人或其他组织因此就成为继受著作权人(2013年《中华人民共和国商标法》第42~43条,2014

年《中华人民共和国商标法实施条例》第31~32条、第69条)。

第二节 商标权的客体

一、商标的概念

(一)商标的含义

商标是指由文字、图形、字母、数字、三维标志、颜色组合和声音等要素以及这些要素的组合构成的,能够将自然人、法人或其他组织的商品或服务与他人的商品或服务区别开的标志(2013年《中华人民共和国商标法》第8条)。

(二)商标的特征

(1)商标的使用主体是商品生产者、商品经营者或服务提供者,具有经济性。商标是商品生产者、商品经营者或服务提供者等经济活动主体为了标示自己生产、经营或提供的商品或服务而使用的(2013年《中华人民共和国商标法》第1条),区别于事业单位或官方机构为了公益事业而使用的标记。

(2)商标是用于商品或服务上的标记,具有依附性。商标依赖于商品或服务,离开了商品或服务,商标就失去了存在的价值,这正是商标注册后长期不使用而被撤销的原因。商标在商品或服务上使用的方式包括:①直接用在商品或服务上;②用在商品或服务的包装或者容器上;③用在商品或服务的说明书、商品交易文书或者其他附着物上;④用在广告宣传、展览以及其他商业活动中(2013年《中华人民共和国商标法》第48条,2014年《中华人民共和国商标法实施条例》第63条第1款)。

(3)商标是区别商品或服务来源的标记,具有识别性。消费者在购买商品或接受服务时,可以轻易地通过辨认商标而确认商品或服务的生产者、经营者或提供者,从而购买或接受到称心如意的商品或服务(2013年《中华人民共和国商标法》第9条)。其他标记,如校徽、团体标记,商品三"C"(中国强制性认证)标志,不是用以区别商品或服务来源的。

(4)商标的构成要素包括文字、图形、字母、数字、三维标志、颜色组合、声音、气味等,具有可感知性。仅由商品自身的性质产生的形状、为获得技术效果而需有的商品形状或者使商品具有实质性价值的形状等三维标志,不得注册(2013年《中华人民共和国商标法》第8条、第12条)。

(三)商标的功能

商标的基本功能是来源识别、品质保证和广告宣传,具体如下:

(1)来源识别功能。商标的首要功能是区分商品或服务来源,使消费者通过商标将同类或类似商品或服务的生产者、经营者或提供者区分开来,以降低消费者识别商品或服务来源所需要的信息成本,并促进商品生产者、商品经营者和服务提供者保障商品或服务的质量和展开正当、公平的市场竞争(2013年《中华人民共和国商标法》第9条)。

(2)品质保证功能。相同的商标代表着相同的商品生产者、商品经营者或服务提供者,在其商品或服务质量稳定提高的情况下,也就意味着相同或更好的商品或服务质量(2013年《中华人民共和国商标法》第7条第2款)。

(3)广告宣传功能。商标具有精致醒目、易记上口等特点,天生具有广告宣传效应。如果商标所有人注重对商标的广告宣传,一方面通过商标使其商品或服务家喻户晓、广为欢迎,另一方面也将商标推上了地方著名商标、国家驰名商标的平台,获得更高级别、更高效应的宣传推广(2013年《中华人民共和国商标法》第48条)。

二、商标的种类

根据不同的分类标准,可以对商标做出不同的种类划分。以构成要素为标准,可以将商标划分为文字(包括字母、数字)商标、图形商标、声音商标、颜色组合商标、三维立体商标、多要素组合商标等;以显著性为标准,可以将商标划分为显著性较强的商标和显著性较弱的商标;以注册为标准,可以将商标划分为注册商标和未注册商标;以驰名为标准,可以将商标划分为驰名商标和非驰名商标;以使用对象为标准,可以将商标划分为商品商标和服务商标;以权利人数为标准,可以将商标划分为集体商标和单一主体商标;以使用动机为标准,可以将商标划分为证明商标、防御商标和联合商标。最有价值的商标种类划分,不是按照单一标准,而是从商标法的角度,将比较常用和典型的商标分为商品商标、服务商标、集体商标、证明商标。

(一)商品商标

商品商标是指依附于商品、商品包装或相关文字材料,表明商品来源并借以区别不同生产者、经营者的商品的标志。商品商标是商标的主要类型,也是商标的最初形式。使用注册商标,可以在商品、商品包装、说明书或者其他附着物上标明"注册商标"或者注册标记。商品分类适用《商标用商品和服务国际分类尼斯协定》(简称《尼斯协定》),将商品分为34类。

(二)服务商标

服务商标是指服务提供者用以表明自己的服务并区别他人同类服务的标志。其中,使用服务商标的服务必须是针对他人的,必须与商品销售相分离。商标用服务的分类也适用《尼斯协定》,将服务分为11类,包括广告与实业、保险与金融、建筑与修理、通讯交通、运输与贮藏、材料处理、教育与娱乐、技术服务、餐饮住宿、医疗园艺、家政保安等。

(三)集体商标

集体商标是指以团体、协会或者其他组织名义注册,供该组织成员在商事活动中使用,以表明使用者在该组织中的成员资格的标志。

申请集体商标注册必须具备三个形式要件:①提交依法成立的主体资格证明文件,包括企业营业执照、事业单位或社会团体依法成立的批准文件等;②提交集体组织成员名称、地址的详细说明材料,其中以地理标志作为集体商标申请注册的,还包括其所具有的或其委托的机构具有的专业技术人员、专业检测设备等情况的详细说明,和管辖该地理标志所标示地区的人民政府或者行业主管部门的批准文件,以及外国人或外国企业地理标志以其名义在原属国受法律保护的证明,并要求集体组织的成员来自该地理标志标示的地区;③提交集体商标使用管理规则,其内容包括:使用集体商标的宗旨,使用该集体商标的商品的品质,使用该集体商标的手续,使用该集体商标的权利、义务,成员违反其使用管理规则应当承担的责任,注册人对使用该集体商标商品的检验监督制度。

集体商标与单一主体商标相比,同样使用于商品和服务,但在商标功能、使用范围上有其特殊性。①集体商标除了具有来源识别、品质保证、广告宣传等基本功能以外,还向消费者表明,所提供的商品或服务具有集体组织共同特点或达到集体组织共同标准。②集体商标的使用范围有明确规定,仅供集体组织成员使用,集体组织本身和任何他人都不得使用。

(四)证明商标

证明商标是指由对某种商品或者服务具有监督能力的组织所控制,而由该组织以外的单位或者个人使用于其商品或者服务,用以证明该商品或者服务的原产地、原料、制造方法、质量或者其他特定品质的标志。

申请证明商标注册必须具备三个形式要件:①提交依法成立的主体资格证明文件,包括企业营业执照、事业单位或社会团体依法成立的批准文件等;②提交主体所拥有的或委托的机构所拥有的专业技术人员、专业检测设备等情况的详细说明,其中以地理标志作为证明商标申请注册的,还包括管辖该地理标志所标示地区的人民政府或者行业主管部门的批准文件,以及外国人或外国企业地理标志以其名义在原属国受法律保护的证明;③提交证明商标使用管理规则,其内容包括:使用证明商标的宗旨;该证明商标证明的商品的特定品质;使用该证明商标的条件;使用该证明商标的手续;使用该证明商标的权利、义务;使用人违反该使用管理规则应当承担的责任;注册人对使用该证明商标商品的检验监督制度。

证明商标同样使用于商品或服务,但在主体、功能、使用上有其特殊性:①证明商标的注册人、受让人必须是依法成立的具有法人资格的组织,且对商品和服务的特定品质具有检测、监督的能力和职责。②证明商标除了具有来源识别、品质保证、广告宣传等基本功能以外,还表明商品或服务具有某种特定品质、原产地、原料、制作工艺和质量。③证明商标只能供他人使用,注册人自己不能使用,在这一点上其与集体商标的区别在于:集体商标是封闭,而证明商标是开放的(2013 年《中华人民共和国商标法》第 3 条,2014 年《中华人民共和国商标法实施条例》第 63 条,国家工商行政管理总局 2003 年《集体商标、证明商标注册和管理办法》第 4~6 条、第 8 条、第 10~11 条、第 17~18 条、第 20 条)。

三、商标的排除

(一)禁止用作为商标的标志(不得作为商标使用的标志)

(1)同中华人民共和国的国家名称、国旗、国徽、国歌、军旗、军徽、军歌、勋章等相同或者近似的,以及同中央国家机关的名称、标志、所在地特定地点的名称或者标志性建筑物的名称、图形相同的。其中,"国家名称"包括全称、简称和缩写,中国国家名称的全称是"中华人民共和国",简称为"中国""中华",英文简称或者缩写为"CN""CHN""P. R. C""CHINA""P. R. CHINA""PR OF CHINA";"国旗"是五星红旗;国徽的中间是五星照耀下的天安门,周围是谷穗和齿轮;"军旗"是中国人民解放军的"八一"军旗,军旗为红底,左上角缀金黄色五角星和"八一"两字;"勋章"是国家有关部门授给对国家、社会有贡献的人或者组织的表示荣誉的证章;"中央国家机关所在地特定地点或者标志性建筑物"包括"中南海""钓鱼台""天安门""新华门""紫光阁""怀仁堂""人民大会堂"等。

(2)同外国的国家名称、国旗、国徽、军旗等相同或者近似的,但经该国政府同意的除外。其中,国家名称包括中文和外文的全称、简称和缩写;国旗是指由国家正式规定的代表本国的旗帜;国徽是由国家正式规定的代表本国的标志;军旗是国家正式规定的代表本国军队的旗帜。

(3)同政府间国际组织的名称、旗帜、徽记等相同或者近似的,但经该组织同意或者不易误导公众的除外。其中,政府间国际组织是指由若干国家和地区的政府为了特定目的通过条约或者协议建立的有一定规章制度的团体,如:联合国、欧洲联盟、东南亚国家联盟、非洲统一组织、世界贸易组织、世界知识产权组织等。国际组织的名称包括全称、简称或者缩写,如:联合国的英文全称为 United Nations,缩写为 UN;欧洲联盟的中文简称为欧盟,英文全称为 European Union,缩写为 EU。

(4)与表明实施控制、予以保证的官方标志、检验印记相同或者近似的,但经授权的除外。其中,官方标志、检验印记,是指官方机构用以表明其对商品质量、性能、成分、原料等实施控制、予以保证或者进行检验的标志或印记。

(5)同"红十字""红新月"的标志、名称相同或者近似的。其中,"红十字"标志是白底红十字,它是国际人道主义保护标志,是武装力量医疗机构的特定标志,是红十字会的专用标志;"红新月"是向右弯曲或者向左弯曲的红新月,它是阿拉伯国家和部分伊斯兰国家红新月会专用的,性质和功能与红十字标志相同的标志。

(6)带有民族歧视性的。民族歧视性是指商标的文字、图形或者其他构成要素带有对特定民族进行丑化、贬低或者其他不平等看待该民族的内容。中国《宪法》第4条规定:"中华人民共和国各民族一律平等。"如果商标带有民族歧视,有伤民族风尚、习惯、尊严,不得使用。

(7)带有欺骗性,容易使公众对商品的质量等特点或者产地产生误认的。带有欺骗性是指商标对其指定使用商品或者服务的质量等特点作了超过固有程度的表示,容易使公众对商品或者服务的质量等特点产生错误的认识。商标的文字或者图形对其指定商品或者服务的质量等特点作了夸大表示,从而欺骗公众的,判定为带有欺骗性,如使用于白酒的"国酒",使用于矿泉水的"极品",使用于烟草制品的"健康""益寿"等。

(8)有害于社会主义道德风尚的或者有其他不良影响的。其中,社会主义道德风尚是指中国人民共同生活及其行为的准则、规范以及在一定时期内社会上流行的良好风气和习惯;其他不良影响是指商标的文字、图形或者其他构成要素对中国政治、经济、文化、宗教、民族等社会公共利益和公共秩序产生消极的、负面的影响,包括:具有政治上不良影响的,有害于种族尊严或者感情的,有害于宗教信仰、宗教感情或者民间信仰的,与中国各党派、政府机构、社会团体等单位或者组织的名称、标志相同或者近似的,与中国党政机关的职务或者军队的行政职务和职衔的名称相同的,与各国法定货币的图案、名称或者标记相同或者近似的,容易误导公众的,商标由企业名称构成或者包含企业名称,该名称与申请人名义存在实质性差异,容易使公众发生商品或者服务来源误认的等。

(9)县级以上行政区划的地名或和公众知晓的外国地名。但是,地名具有其他含义或者作为集体商标、证明商标组成部分的除外,已经注册的使用地名的商标继续有效。其中,"县级以上行政区划"包括县级的县、自治县、县级市、市辖区,地级的市、自治州、地区、盟,省级的省、直辖市、自治区,两个特别行政区即香港、澳门,台湾地区;"县级以上行政区划的地名"以中国民政部编辑出版的《中华人民共和国行政区划简册》为准,包括全称、简称以及县级以上的省、自治区、直辖市、省会城市、计划单列市、著名的旅游城市的拼音形式;"公众知晓的外国地名"是指中国公众知晓的中国以外的其他国家和地区的地名;"地名"包括全称、简称、外文名称和通用的中文译名;"地名具有其他含义"是指地名作为词汇具有确定含义且该含义强于作为地名的含义,不会误导公众的(2013年《中华人民共和国商标法》第10条,国家工商行政管理总局2009年《商标审查标准》第1部分第3~11条)。

(二)不得作为商标注册的标志

(1)商品的通用名称、图形、型号。"通用名称、图形、型号"是指国家标准、行业标准规定的或者约定俗成的名称、图形、型号,其中名称包括全称、简称、缩写、俗称。

(2)仅直接表示商品的质量、主要原料、功能、用途、重量、数量及其他特点的标志。其中,"仅仅直接表示"是指商标仅由对指定使用商品的质量、主要原料、功能、用途、重量、数量及其他特点具有直接说明性和描述性的标志构成。

(3)缺乏显著性的三维标志。仅由商品自身的性质产生的形状、为获得技术效果而需有的商品形状或者使商品具有实质性价值的形状,不得作为商标注册。其中,"由商品自身的性质产生的形状"是指为实现商品固有的功能和用途所必须采用的或者通常采用的形状;"为获得技术效果而需有的商品形状"是指为使商品具备特定的功能,或者使商品固有的功能更容易地实现所必需使用的形状;使商品具有实质性价值的形状,是指为使商品的外观和造型影响商品价值所使用的形状。

(4)复制、摹仿或翻译驰名商标的标志。就相同或类似商品申请注册的商标是复制、摹仿或者翻译他人未在中国注册的驰名商标,容易导致混淆的,不予注册并禁止使用。就不相同或不相类似商品申请注册的商标是复制、摹仿或者翻译他人已经在中国注册的驰名商标,误导公众,致使该驰名商标注册人的利益可能受到损害的,不予注册并禁止使用。

(5)欺诈性注册的商标。未经授权,代理人或代表人以自己的名义将被代理人或者被代表人的商标进行注册,被代理人或者被代表人提出异议的,不予注册并禁止使用。就同一种商品或者类似商品申请注册的商标与他人在先使用的未注册商标相同或者近似,申请人与该他人具有合同、业务往来关系或者其他关系而明知该他人商标存在,该他人提出异议的,不予注册。商标中有商品的地理标志,而该商品并非来源于该标志所标示的地区,误导公众的,不予注册并禁止使用,但已经善意取得注册的继续有效。其中,"地理标志"是指标示某商品来源于某地区,该商品的特定质量、信誉或者其他特征,主要由该地区的自然因素或者人文因素所决定的标志。

(6)其他缺乏显著特征的标志。包括:过于简单的线条、普通几何图形;过于复杂的文字、图形、数字、字母或上述要素的组合;一个或者两个普通表现形式的字母;普通形式的阿拉伯数字指定使用于习惯以数字做型号或货号的商品上;指定使用商品的常用包装、容器或者装饰性图案;单一颜色;非独创的表示商品或者服务特点的短语或者句子;本行业或者相关行业常用的贸易场所名称;本行业或者相关行业通用的商贸用语或者标志;企业的组织形式、本行业名称或者简称(2013年《中华人民共和国商标法》第11~13条、第15~16条,国家工商行政管理总局2009年《商标审查标准》第2部分第3~5条、第4部分)。

第三节 商标权的取得

一、商标权取得的原则

中国商标权取得的原则是:申请在先为主,使用在先为辅。两个或者两个以上的商标注册申请人,在同一种商品或者类似商品上,分别以相同或者近似的商标申请注册的,初步审定并公告申请在先的商标;同一天申请的,各申请人应当自收到商标局通知之日起30日内提交其申请注册前在先使用该商标的证据,初步审定并公告使用在先的商标,驳回其他人的申请,不予公告;同日使用或者均未使用的,各申请人可以自收到商标局通知之日起30日内自行协商,并将书面协议报送商标局;不愿协商或者协商不成的,商标局通知各申请人以抽签的方式确定一个申请人,驳回其他人的注册申请;商标局已经通知但申请人未参加抽签的,视为放弃申请,商标局应当书面通知未参加抽签的申请人(2013年《中华人民共和国商标法》第31条,2014年《中华人民共和国商标法实施条例》第19条)。

二、商标权取得的实质条件

(一) 显著性

1. 商标显著性的含义

在商标权取得的实质条件中，最主要的是显著性。商标的显著性又称为商标的显著特征，是指商标应当具备的足以使相关公众区分商品来源的特征。

2. 缺乏显著性的标志

(1) 仅有指定使用商品的通用名称、图形、型号的标志。所谓"通用名称、图形、型号"，是指国家标准、行业标准规定的或者约定俗成的名称、图形、型号，其中名称包括全称、简称、缩写、俗称。

(2) 仅仅直接表示指定使用商品的质量、主要原料、功能、用途、重量、数量及其他特点的标志。其中，"仅仅直接表示"是指商标仅由对指定使用商品的质量、主要原料、功能、用途、重量、数量及其他特点具有直接说明性和描述性的标志构成；"其他特点"包括特定消费对象、价格、内容、风格或风味、使用方式或方法、生产工艺、生产地点或时间、形态、有效期限（保质期或服务时间）、销售场所或地域范围、技术特点。

(3) 其他缺乏显著特征的标志，指依照社会通常观念其本身或者作为商标使用在指定使用商品上不具备表示商品来源作用的其他标志，包括：①过于简单的线条、普通几何图形；②过于复杂的文字、图形、数字、字母或上述要素的组合；③一个或者两个普通表现形式的字母；④普通形式的阿拉伯数字指定使用于习惯以数字做型号或货号的商品上；⑤指定使用商品的常用包装、容器或者装饰性图案；⑥单一颜色；⑦非独创的表示商品或者服务特点的短语或者句子；⑧本行业或者相关行业常用的贸易场所名称；⑨本行业或者相关行业通用的商贸用语或者标志；⑩企业的组织形式、本行业名称或者简称。

3. 商标显著性的判定

商标显著性的判定应当综合考虑构成商标的标志本身（含义、呼叫和外观构成）、商标指定使用商品或服务、商标指定使用商品或服务的相关公众的认知习惯、商标指定使用商品或服务所属行业的实际使用情况等因素，具体如下：

(1) 商标由不具备显著特征的标志和其他要素构成，其中不具备显著特征的标志应当与其指定使用商品的特点相一致，或者依据商业惯例和消费习惯，不会造成相关公众误认。商标含有不具备显著特征部分的标志，申请人可以在《商品和服务分类表》的基础上对指定使用商品进行限定，从而使商标中非显著特征的标志所描述的内容与指定使用商品的特点相一致。

(2)商标由不具备显著特征的标志和其他要素构成,使用在其指定的商品上容易使相关公众对商品的特点产生误认的,即使申请人声明放弃专用权的,仍应适用《商标法》第十条第一款第(八)项的规定予以驳回。其中,"商品的特点"包括商品的种类、型号、质量、原料、功能、用途、重量、数量、风味、价格、生产时间、技术特点。

(3)商标由不具备显著特征的标志和其他要素构成,但相关公众难以通过该其他要素或者商标整体识别商品来源的,判定为缺乏显著特征,适用《商标法》第11条第1款第(三)项的规定予以驳回。但是,该其他要素或者商标整体能够起到区分商品来源作用的除外。

(4)本身不具备显著特征的标志经过使用取得商标显著特征,起到区分商品来源作用的,可以作为商标注册。对经过使用取得显著特征的商标的审查,应考虑相关公众对该商标的认知情况、申请人实际使用该商标的情况以及该商标经使用取得显著特征的其他因素。

(2013年《中华人民共和国商标法》第9条,国家工商行政管理总局2009年《商标审查标准》第2部分)

(二)合法性

申请注册的商标除了应当具备显著性以外,还不得与他人在先取得的合法权利相冲突,即不得损害他人现有的在先权利。其中,"在先权利"包括以不正当手段抢先注册他人已经使用并有一定影响的商标(2013年《中华人民共和国商标法》第9条、第32条),以及在先取得的著作权、外观设计专利权、地理标志权、姓名(名称)或肖像等人身权和知名商品特有的包装、装潢等。

三、商标权取得的形式条件

(一)未注册商标取得的形式条件

未注册商标取得的形式条件是使用,包括将商标直接使用在商品或服务上,使用在商品或服务的包装或容器上,使用在商品或服务的说明书、交易文书上,使用在商品或服务的广告宣传、展览,以及其他商业活动中(2013年《中华人民共和国商标法》第48条)。

(二)注册商标取得的形式条件

注册商标取得的形式条件是申请注册,商标注册的具体程序如下:

1. 商标注册的申请

(1)申请原则

①自愿注册原则

自愿注册是指商标使用人是否申请商标注册取决于自己的意愿。2013年《中华人民共和国商标法》以自愿注册为原则,强制注册为例外。自然人、法人或者其他组织对其生产、制造、加工、拣选或经销的商品,或者对其提供的服务项目,需要取得商标专用权的,应当向商标局申请商品商标注册。但是,法律、行政法规规定必须使用注册商标的商品,必须申请商标注册,未经核准注册的,不得在市场销售。目前在中国,必须使用注册商标的商品只有卷烟、雪茄烟和有包装的烟丝等烟草制品(2013年《中华人民共和国商标法》第4条第1款、第6条,2013年《中华人民共和国烟草专卖法》第20条)。

② 优先权原则

中国《商标法》规定了申请优先权和展览优先权。所谓"申请优先权"是指商标注册申请人自其商标在外国第一次提出商标注册申请之日起六个月内,又在中国就相同商品以同一商标提出商标注册申请的,依照该外国同中国签订的协议或者共同参加的国际条约,或者按照相互承认优先权的原则,可以享有优先权。所谓"展览优先权",是指商标在中国政府主办的或者承认的国际展览会展出的商品上首次使用的,自该商品展出之日起六个月内,该商标的注册申请人可以享有优先权(2013年《中华人民共和国商标法》第25条第1款、第26条第1款)。

(2) 申请文件

① 商标注册申请书

每一件商标注册申请应当向商标局提交《商标注册申请书》1份,其内容包括:申请人名称;申请人地址;代理机构名称;商标申请声明;要求优先权声明;申请人章戳(签字);代理机构章戳;代理人签字;商标说明;类别;商品/服务项目;其他共同申请人名称列表等。

《商标注册申请书》的填写要求主要有:

——申请人应当填写身份证明文件上的名称。申请人是自然人的,应当在姓名后注明证明文件号码。外国申请人应当同时在英文栏内填写英文名称。共同申请的,应将指定的代表人填写在"申请人名称"栏,其他共同申请人名称应当填写在"商标注册申请书附页——其他共同申请人名称列表"栏。没有指定代表人的,以申请书中顺序排列的第一人为代表人。

——申请人应当按照身份证明文件中的地址填写。身份证明文件中的地址未冠有省、市、县等行政区划的,申请人应当增加相应行政区划名称。申请人为自然人的,可以填写通讯地址。符合自行办理商标申请事宜条件的外国申请人地址应当冠以省、市、县等行政区划详细填写。不符合自行办理商标申请事宜条件的外国申请人应当同时详细填写中英文地址。

——申请人应当根据实际情况填写商标说明。以三维标志、声音标志申请商标注册的,应当说明商标使用方式。以颜色组合申请商标注册的,应当提交文字说明,注明色标,并说明商标使用方式。商标为外文或者包含外文的,应当说明含义。自然人将自己的肖像作为商标图样进行注册申请应当予以说明。申请人将他人肖像作为商标图样进行注册申请应当予以说明,附送肖像人的授权书并经公证。

——申请人依据《商标法》第25条要求优先权的,选择"基于第一次申请的优先权",并填写"申请/展出国家/地区""申请/展出日期""申请号"栏。申请人依据《商标法》第26条要求优先权的,选择"基于展会的优先权",并填写"申请/展出国家/地区""申请/展出日期"栏。申请人应当同时提交优先权证明文件(包括原件和中文译文);优先权证明文件不能同时提交的,应当选择"优先权证明文件后补",并自申请日起3个月内提交。未提出书面声明或者逾期未提交优先权证明文件的,视为未要求优先权。

——申请人应按《类似商品和服务区分表》填写类别、商品/服务项目名称。商品或者服务项目名称未列入商品和服务分类表的,应当附送对该商品或者服务的说明。类别和商品/服务项目填写不下的,可以填写在申请书附页上。(2014年《中华人民共和国商标法实施条例》第13条第1款、第3~5款、第7款、第15条,国家工商行政管理总局2014年《商标注册申请书》)

②商标图样

每一件商标注册申请应当向商标局提交商标图样1份;以颜色组合或者着色图样申请商标注册的,应当提交着色图样,并提交黑白稿1份;不指定颜色的,应当提交黑白图样。商标图样应当清晰、便于粘贴,用光洁耐用的纸张印制或者用照片代替,长和宽应当不大于10厘米,不小于5厘米。以三维标志申请注册商标的,应当提交能够确定三维形状的图样,提交的商标图样应当至少包含三面视图。以声音标志申请商标注册的,应当提交符合要求的声音样本,并对申请注册的声音商标进行描述。对声音商标进行描述,应当以五线谱或者简谱对申请用作商标的声音加以描述并附加文字说明;无法以五线谱或者简谱描述的,应当以文字加以描述;商标描述与声音样本应当一致(2014年《中华人民共和国商标法实施条例》第13条第1~5款)。

③证明文件

——申请商标注册的,申请人应当提交能够证明其身份的有效证件的复印件。商标注册申请人的名义应当与所提交的证件相一致。

——申请注册集体商标、证明商标的,应当提交主体资格证明文件和使用管理规则。

——两个或者两个以上的申请人,在同一种商品或者类似商品上,分别以相同或者近似的商标在同一天申请注册的,各申请人应当自收到商标局通知之日起30日内提交其申请注册前在先使用该商标的证据。

——申请人要求优先权的,应当在提出商标注册申请的时候提出书面声明,并且在3个月内提交第一次提出的商标注册申请文件的副本或者展出其商品的展览会名称、在展出商品上使用该商标的证据、展出日期等证明文件;未提出书面声明或者逾期未提交商标注册申请文件副本或者证明文件的,视为未要求优先权。商标注册申请文件的副本应当经受理该申请的商标主管机关证明,并注明申请日期和申请号(2013年《中华人民共和国商标法》第25条第2款、第26条第2款,2014年《中华人民共和国商标法实施条例》第13条第6款、第14条、第19～20条)。

(3)申请手续

①商标注册费用的缴纳

申请商标注册应当向国家工商行政管理总局商标局缴纳商标注册申请费。商标局收到申请书件和商标规费后才视为手续齐备予以受理。受理注册商标费为600元(限定本类10个商品。10个以上商品,每超过1个商品,每个商品加收60元),受理集体商标、证明商标注册费为3000元(2013年《中华人民共和国商标法》第72条,2014年《中华人民共和国商标法实施条例》第97条,国家发展改革委、财政部2015年《关于降低住房转让手续费受理商标注册费等部分行政事业性收费标准的通知》)。

②商标注册申请日的确定

商标注册申请手续齐备、按照规定填写申请文件并缴纳费用的,商标局予以受理并书面通知申请人;申请手续不齐备、未按照规定填写申请文件或者未缴纳费用的,商标局不予受理,书面通知申请人并说明理由。申请手续基本齐备或者申请文件基本符合规定,但是需要补正的,商标局通知申请人予以补正,限其自收到通知之日起30日内,按照指定内容补正并交回商标局。在规定期限内补正并交回商标局的,保留申请日;期满未补正的或者不按照要求进行补正的,商标局不予受理并书面通知申请人(2014年《中华人民共和国商标法实施条例》第18条)。

③特别注册申请的办理

特别注册申请,是指商标获准注册后,因其适用范围的扩大或者构成要素发

生变化,以及其他注册事项发生变更时所提出的注册申请。特别注册申请包括以下三种:

——另行申请。注册商标需要在核定使用范围之外的商品上取得商标专用权的,应当另行提出注册申请。注册商标专用权以核定使用的商品或服务为限,商标权人不得擅自扩大使用范围,否则构成对权利的滥用。

——重新申请。注册商标需要改变其标志的,应当重新提出注册申请。注册商标专用权以核准注册的商标为限,商标权人不得擅自改变注册商标的标记,否则也构成对权利的滥用。

——变更申请。注册商标需要变更注册人名义、地址或者其他注册事项的,应当提出变更申请。作为商标权人的企业因联营、转产、迁移而导致其名称或地址发生了变化,作为商标权人的自然人死亡而发生商标权的继承,应当向商标局申请变更注册人名义、地址或者其他注册事项。(2013年《中华人民共和国商标法》第23条、第24条、第41条、第56条)

2.商标注册的审查

(1)形式审查

形式审查是指对商标注册申请是否具备形式上的条件进行的审查,其内容主要包括:

①申请人是否具备商标注册申请人的法定资格(是否符合商标法第17条);

②商标注册申请的代理手续是否符合法律规定(是否符合商标法第18条、实施条例第5条第1款);

③申请文件是否齐备(是否符合实施条例第13条);

④申请书的填写是否符合规定的要求(是否符合商标法第22条、实施条例第6条、第13~16条);

⑤报送的商标图样在数量和规格上是否符合规定的标准(是否符合实施条例第13条);

⑥是否按规定缴纳了商标注册费用及其他商标规费(是否符合商标法第72条、实施条例第18条、第97条)。

形式审查合格的,登记申请日,编定申请号,正式受理申请,进入实质审查程序;形式审查不合格的,退回申请或者通知申请人在指定期限内补齐,不予受理(2014年《中华人民共和国商标法实施条例》第18条)。

(2)实质审查

实质审查是指对商标注册申请是否符合商标注册的实质条件所进行的审

查,其内容主要包括:

①商标是否具备法定的构成要素(是否符合商标法第8条);

②商标是否具有显著特征(是否符合商标法第9条);

③商标是否不得使用和注册(是否符合商标法第10~13条、第15~16条);

④商标是否同他人在同一种商品或者类似商品上已经注册的或者初步审定的商标相同或者近似(是否符合商标法第30条);

⑤申请注册的商标是否侵犯他人的在先权利(是否符合商标法第32条)。

实质审查合格的,商标局将初步审定的商标,编定初步审定号,刊登在《商标公告》上,予以公告;实质审查不合格的,由商标局驳回申请,不予公告,并书面通知商标注册申请人(2013年《中华人民共和国商标法》第28条,2014年《中华人民共和国商标法实施条例》第21条)。

(3)商标异议

对初步审定公告的商标,自公告之日起三个月内,在先权利人、利害关系人认为违反商标法第13条第2~3款、第15条、第16条第1款、第30~32条规定的,或者任何人认为违反商标法第10~12条规定的,可以向商标局提出异议。

一份商标异议申请只能对一个初步审定的商标提出异议,并要填写和提交《商标异议申请书》等文件。《商标异议申请书》的内容包括:被异议商标的名称、类别、初步审定号、初步审定公告期;被异议人的名称、地址及其代理机构名称;异议人的名称、地址、邮政编码、联系人、电话及其代理机构名称;异议请求和事实依据;异议人章戳(签字),代理机构章戳,代理人签字等。除了《商标异议申请书》以外,异议人还应当提交:被异议商标初步审定公告的复印件;异议人的主体资格证明(如加盖企业印章的营业执照复印件、身份证复印件等,包括作为在先权利人或利害关系人的证明文件及身份证明文件的复印件);商标异议申请由商标代理机构代理提出的,应提交异议人签字或加盖章戳的代理委托书,由异议人直接提出的,应提交经办人身份证复印件。

《商标异议申请书》及相关证据材料应提交一式两份。当事人需要在提出异议申请或者答辩后补充有关证据材料的,应当在申请书或者答辩书中声明,并自提交申请书或者答辩书之日起3个月内提交;期满未提交的,视为当事人放弃补充有关证据材料。但是,在期满后生成或者当事人有其他正当理由未能在期满前提交的证据,在期满后提交的,商标局将证据交对方当事人并质证后可以采信。异议当事人以邮寄方式提交异议文件或者材料的日期,以寄出件信封上的邮戳日为准,邮戳日不清晰或没有邮戳的,以商标局实际收到日为准,但是当事人能够提出实际收寄日证据的除外。一个类别商标异议费为1000元人民币,其中通过邮寄办理异议申请的,应当通过银行信汇、电汇方式缴纳费用,但汇款人名义应与异议人名义一致。

商标局收到商标异议申请书后,经审查,符合受理条件的,予以受理,向申请人发出受理通知书。商标异议申请有下列情形的,商标局不予受理,书面通知申请人并说明理由:①未在法定期限内提出的;②申请人主体资格、异议理由不符合商标法第33条规定的;③无明确的异议理由、事实和法律依据的;④同一异议人以相同的理由、事实和法律依据针对同一商标再次提出异议申请的。

商标局应当将商标异议书副本及时送交被异议人,限其自收到商标异议书副本之日起30日内答辩。被异议人不答辩的,不影响商标局的异议裁定。对初步审定公告的商标提出异议的,商标局应当听取异议人和被异议人陈述事实和理由,经调查核实后,自公告期满之日起12个月内做出是否准予注册的决定,并书面通知异议人和被异议人。有特殊情况需要延长的,经国务院工商行政管理部门批准,可以延长6个月。

商标局做出准予注册决定,异议人不服的,可以向商标评审委员会请求宣告该注册商标无效;商标局做出不予注册决定,被异议人不服的,可以自收到通知之日起15日内向商标评审委员会申请复审。商标评审委员会应当自收到申请之日起12个月内做出复审决定,并书面通知异议人和被异议人。有特殊情况需要延长的,经国务院工商行政管理部门批准,可以延长6个月。

被异议人对商标评审委员会的决定不服的,可以自收到通知之日起30日内向人民法院起诉。人民法院应当通知异议人作为第三人参加诉讼(2013年《中华人民共和国商标法》第33条、第35条,2014年《中华人民共和国商标法实施条例》第24条~27条,国家工商行政管理总局2014年《商标异议申请书》)。

3. 商标注册的批准

初步审定的商标在公告期满无异议或者商标局做出准予注册决定的,予以核准注册,发给商标注册证,并予公告;商标局做出不予注册决定的,不予核准注册。其中,不予注册决定包括在部分指定商品上不予注册决定。

被异议商标在商标局做出准予注册决定或者不予注册决定前已经刊发注册公告的,撤销该注册公告。经审查异议不成立而准予注册的,在准予注册决定生效后重新公告。经审查异议不成立而准予注册的商标,商标注册申请人取得商标专用权的时间自初步审定公告3个月期满之日起计算。自该商标公告期满之日起至准予注册决定做出前,对他人在同一种或者类似商品上使用与该商标相同或者近似的标志的行为不具有追溯力;但是,因该使用人的恶意给商标注册人造成的损失,应当给予赔偿(2013年《中华人民共和国商标法》第33条、第35

条、第 36 条,2014 年《中华人民共和国商标法实施条例》第 28 条)。

4. 商标注册的复审

(1)商标复审的提起

对驳回申请、不予公告的商标,商标注册申请人不服的,可以自收到通知之日起 15 日内向商标评审委员会申请复审。

商标局做出不予注册决定,被异议人不服的,可以自收到通知之日起 15 日内向商标评审委员会申请复审。

商标局做出宣告注册商标无效的决定,当事人不服的,可以自收到通知之日起 15 日内向商标评审委员会申请复审。

对商标局撤销或者不予撤销注册商标的决定,当事人不服的,可以自收到通知之日起 15 日内向商标评审委员会申请复审(2013 年《中华人民共和国商标法》第 34 条、第 35 条、第 44 条、第 54 条)。

(2)商标复审的申请

申请商标评审,应当符合下列条件:①申请人须有合法的主体资格;②在法定期限内提出;③属于商标评审委员会的评审范围;④依法提交符合规定的申请书及有关证据材料;⑤有明确的评审请求、事实根据和理由;⑥依法缴纳评审费用(国家工商行政管理总局 2005 年《商标评审规则》第 12 条)。

申请商标评审,应当向商标评审委员会提交申请书,并按照对方当事人的数量提交相应份数的副本;基于商标局的决定书申请复审的,还应当同时附送商标局的决定书副本(2014 年《中华人民共和国商标法实施条例》第 57 条第 1 款)。

申请书应当载明下列事项:①申请人的名称、住所地、通讯地址、联系人和联系电话。评审申请有被申请人的,应当载明被申请人的名称和住所地。委托商标代理组织办理商标评审事宜的,还应当载明商标代理组织的名称、通讯地址、联系人和联系电话。②争议商标及其申请号或者初步审定号、注册号和刊登该商标的《商标公告》的期号。③明确的评审请求和所根据的事实、理由及法律依据(国家工商行政管理总局 2005 年《商标评审规则》第 14 条)。

(3)商标复审的受理

商标评审委员会收到申请书后,经审查,符合受理条件的,予以受理;不符合受理条件的,不予受理,书面通知申请人并说明理由;需要补正的,通知申请人自收到通知之日起 30 日内补正。经补正仍不符合规定的,商标评审委员会不予受理,书面通知申请人并说明理由;期满未补正的,视为撤回申请,商标评审委员会应当书面通知申请人。商标评审委员会受理商标评审申请后,发现不符合受理条件的,予以驳回,书面通知申请人并说明理由(2014 年《中华人民共和国商标法实施条例》第57条第2~3款)。

商标评审委员会受理商标评审申请后,应当及时将申请书副本送交对方当事人,限其自收到申请书副本之日起30日内答辩;期满未答辩的,不影响商标评审委员会的评审。当事人需要在提出评审申请或者答辩后补充有关证据材料的,应当在申请书或者答辩书中声明,并自提交申请书或者答辩书之日起3个月内提交;期满未提交的,视为放弃补充有关证据材料。但是,在期满后生成或者当事人有其他正当理由未能在期满前提交的证据,在期满后提交的,商标评审委员会将证据交对方当事人并质证后可以采信(2014年《中华人民共和国商标法实施条例》第58~59条)。

当事人应当按照规定的格式和要求填写、提供商标评审申请书、答辩书及有关证据材料,并对其提交的证据材料逐一分类编号和制作目录清单,对证据材料的来源、证明的具体事实作简要说明,并签名盖章。商标评审委员会收到当事人提交的证据材料后,应当按目录清单核对证据材料,并由经办人员在回执上签收,注明提交日期(国家工商行政管理总局2005年《商标评审规则》第22~23条)。

(4)商标复审的审理

商标评审委员会根据当事人的请求或者实际需要,可以决定对评审申请进行口头审理。商标评审委员会决定对评审申请进行口头审理的,应当在口头审理15日前书面通知当事人,告知口头审理的日期、地点和评审人员。当事人应当在通知书指定的期限内作出答复。申请人不答复也不参加口头审理的,其评审申请视为撤回,商标评审委员会应当书面通知申请人;被申请人不答复也不参加口头审理的,商标评审委员会可以缺席评审。

申请人在商标评审委员会做出决定、裁定前,可以书面向商标评审委员会要求撤回申请并说明理由,商标评审委员会认为可以撤回的,评审程序终止。申请人撤回商标评审申请的,不得以相同的事实和理由再次提出评审申请。商标评审委员会对商标评审申请已经做出裁定或者决定的,任何人不得以相同的事实和理由再次提出评审申请。但是,经不予注册复审程序予以核准注册后向商标评审委员会提起宣告注册商标无效的除外(2014年《中华人民共和国商标法实施条例》第60~62条)。

(5)商标复审的决定

对驳回申请、不予公告的商标,商标注册申请人不服而申请复审的,商标评审委员会应当自收到申请之日起9个月内做出决定,并书面通知申请人。有特殊情况需要延长的,经国务院工商行政管理部门批准,可以延长3个月。当事人对商标评审委员会的决定不服的,可以自收到通知之日起 30 日内向人民法院起诉。

商标局做出不予注册决定,被异议人不服而申请复审的,商标评审委员会应当自收到申请之日起 12 个月内做出复审决定,并书面通知异议人和被异议人。有特殊情况需要延长的,经国务院工商行政管理部门批准,可以延长 6 个月。被异议人对商标评审委员会的决定不服的,可以自收到通知之日起 30 日内向人民法院起诉。人民法院应当通知异议人作为第三人参加诉讼。

商标局做出宣告注册商标无效的决定,当事人不服而申请复审的,商标评审委员会应当自收到申请之日起 9 个月内做出决定,并书面通知当事人。有特殊情况需要延长的,经国务院工商行政管理部门批准,可以延长 3 个月。当事人对商标评审委员会的决定不服的,可以自收到通知之日起 30 日内向人民法院起诉。

对商标局撤销或者不予撤销注册商标的决定,当事人不服而申请复审的,商标评审委员会应当自收到申请之日起 9 个月内做出决定,并书面通知当事人。有特殊情况需要延长的,经国务院工商行政管理部门批准,可以延长 3 个月。当事人对商标评审委员会的决定不服的,可以自收到通知之日起 30 日内向人民法院起诉(2013 年《中华人民共和国商标法》第 34 条、第 35 条第 3 款、第 44 条第 2 款、第 54 条)。

四、驰名商标的认定

(一)驰名商标的概念

驰名商标是在中国为相关公众所熟知的商标。相关公众包括与使用商标所标示的某类商品或者服务有关的消费者,生产前述商品或者提供服务的其他经营者以及经销渠道中所涉及的销售者和相关人员等(国家工商行政管理总局 2014 年《驰名商标认定和保护规定》第 2 条)。

(二)驰名商标认定的方式

1. 行政认定

(1)通过商标注册异议审查案件(简称为商标异议案件)由国家工商行政管理总局商标局认定。当事人认为他人经初步审定并公告的商标违反商标法关于驰名商标保护规定的,可以依据商标法及其实施条例的规定向国家工商行政管理总局商标局提出异议,并提出驰名商标保护的书面请求,提交证明其商标构成驰名商标的证据材料。

(2)通过商标不予注册复审和请求无效宣告案件(简称为商标争议案件)由

国家工商行政管理总局商标评审委员会认定。当事人认为他人已经注册的商标违反商标法关于驰名商标保护规定的,可以依据商标法及其实施条例的规定向商标评审委员会请求商标不予注册复审或者无效宣告,并提出驰名商标保护的书面请求,提交证明其商标构成驰名商标的证据材料。

(3)通过商标违法行政查处案件(简称为商标管理案件)由国家工商行政管理总局商标局认定。当事人请求工商行政管理部门查处商标违法行为,并依法请求驰名商标保护的,可以向违法行为发生地的市(地、州)以上工商行政管理部门进行投诉,并提出驰名商标保护的书面请求,提交证明其商标构成驰名商标的证据材料,报经国家工商行政管理总局商标局认定。(国家工商行政管理总局2014年《驰名商标认定和保护规定》第3条、第5-7条)

2. 司法认定

涉及驰名商标认定的民事纠纷案件,由省、自治区人民政府所在地的市、计划单列市中级人民法院,和直辖市辖区内的中级人民法院,以及经最高人民法院批准的其他中级人民法院管辖(2009年《最高人民法院关于涉及驰名商标认定的民事纠纷案件管辖问题的通知》)。

在下列民事纠纷案件中,当事人以商标驰名作为事实根据,人民法院根据案件具体情况,认为确有必要的,对所涉商标是否驰名做出认定:

(1)以违反商标法关于驰名商标保护规定为由,提起的侵犯商标权诉讼;

(2)以企业名称与其驰名商标相同或者近似为由,提起的侵犯商标权或者不正当竞争诉讼;

(3)原告以被诉商标的使用侵犯其注册商标专用权为由提起的,被告以原告的注册商标复制、摹仿或者翻译其在先未注册驰名商标为由提出抗辩或者提起反诉的民事诉讼(2009年《最高人民法院关于审理涉及驰名商标保护的民事纠纷案件应用法律若干问题的解释》第2条、第6条)。

(三)驰名商标认定的考虑因素和证明材料

1. 驰名商标认定的考虑因素

(1)相关公众对该商标的知晓程度;

(2)该商标使用的持续时间;

(3)该商标的任何宣传工作的持续时间、程度和地理范围;

(4)该商标作为驰名商标受保护的记录;

(5)该商标驰名的其他因素(2013年《中华人民共和国商标法》第14条)。

2. 驰名商标认定的证据材料

(1)证明该商标使用持续时间的材料,如该商标使用、注册的历史和范围的材料。该商标为未注册商标的,应当提供证明其使用持续时间不少于5年的材料。该商标为注册商标的,应当提供证明其注册时间不少于3年或者持续使用时间不少于5年的材料。

(2)证明使用该商标的商品的市场份额、销售区域的材料。

(3)证明该商标的广告宣传和促销活动的方式、持续时间、程度、资金投入和地域范围的材料,如近3年广告宣传和促销活动的方式、地域范围、宣传媒体的种类以及广告投放量等材料。

(4)证明该商标享有的市场声誉的材料,如行业排名。

(5)证明该商标曾在中国或者其他国家和地区作为驰名商标受保护记录的材料。

(6)证明该商标驰名的其他证据材料,如使用该商标的主要商品在近3年的销售收入、市场占有率、净利润、纳税额、销售区域等材料。

其中"3年""5年",是指被提出异议的商标注册申请日期、被提出无效宣告请求的商标注册申请日期之前的3年、5年,以及在查处商标违法案件中提出驰名商标保护请求日期之前的3年、5年(国家工商行政管理总局2014年《驰名商标认定和保护规定》第9条,2009年《最高人民法院关于审理涉及驰名商标保护的民事纠纷案件应用法律若干问题的解释》第5条)。

(四)驰名商标认定的程序

1.通过商标管理案件由国家工商行政管理总局商标局认定驰名商标的程序

(1)地方审查与处理

当事人请求工商行政管理部门查处商标违法行为的,工商行政管理部门对投诉材料核查后,依照《工商行政管理机关行政处罚程序规定》的有关规定决定立案的,应当对当事人提交的驰名商标保护请求及相关证据材料是否符合规定进行初步核实和审查。经初步核查符合规定的,应当自立案之日起30日内将驰名商标认定请示、案件材料副本一并报送上级工商行政管理部门。经审查不符合规定的,应当依照《工商行政管理机关行政处罚程序规定》的规定及时做出处理。

省(自治区、直辖市)工商行政管理部门应当对本辖区内市(地、州)级工商行政管理部门报送的驰名商标认定相关材料是否符合规定进行核实和审查。经核查符合规定的,应当自收到驰名商标认定相关材料之日起30日内,将驰名商标认定请示、案件材料副本一并报送过国家工商行政管理总局商标局。经审查不符合规定的,应当将有关材料退回原立案机关,由其依照《工商行政管理机关行政处罚程序规定》的规定及时做出处理(国家工商行政管理总局2014年《驰名商标认定和保护规定》第 11~12 条)。

(2) 商标局审查与审定

对经省级工商行政管理机关依《驰名商标认定和保护规定》上报的驰名商标认定申请的案件材料及证明商标驰名的证据材料,商标局实行收文和办文分开制度,由商标局综合处负责收文,有关承办处负责材料整理,建立登记簿登记。对在商标管理中提出的驰名商标认定申请,申请人提交补充证据材料的,有关承办处在相关申请提交商标局局长办公会之前可将补充材料内容纳入申请材料予以整理。

承办处可以就商标的显著性和驰名程度等技术性问题征求有关处室或有关部门的意见,认为确有必要时可以向地方工商行政管理部门了解有关情况。对于在商标管理中提出的驰名商标认定申请,由承办处处长主持召开处务会讨论并提出初步意见。处务会的参加人员不得少于全处人员的 2/3,会议应做记录。经处务会讨论,形成符合驰名商标条件或不符合驰名商标条件的初步意见,由处长报分管副局长。分管副局长提交商标局局长办公会讨论。

商标局讨论驰名商标认定案件的局长办公会由局长、副局长、巡视员、副巡视员组成,承办处处长列席。商标局局长办公会就商标局分管副局长提交的意见进行研究审定,认为符合驰名商标条件的提出拟认定的意见;认为不符合驰名商标条件的,退回承办处按照公文办理程序发文退回申请,并将申请材料一并退回。商标局局长办公会形成意见后,及时报驰名商标认定委员会研究(国家工商行政管理总局 2009 年《驰名商标认定工作细则》第 9~12 条、第 20 条、第 22 条)。

(3) 复审与核审

驰名商标认定委员会按照《商标法》《商标法实施条例》《驰名商标认定和保护规定》和《商标评审规则》的规定对商标局提交的驰名商标审定意见进行研究复审,并及时将经复审拟认定的驰名商标,报总局局长办公会议核审。经复审拟退回的,退回商标局按照有关程序处理。驰名商标认定委员会召开上述复审会议时,参加人员不得少于应到人员的 2/3。

根据总局的核审意见,商标局应当按照其公文办理程序做出批复,并及时向社会公布认定的驰名商标。商标局在商标管理程序中做出有关认定驰名商标的批复后,应将该有关材料立卷归档。驰名商标认定的材料应一案一卷,保留期限为 3 年。

对于商标管理程序中提出的驰名商标认定申请,在复审、核审程序中认为不符合驰名商标条件的,一律作退回处理,由总局分管副局长核审。根据总局领导的核审意见,商标局按照公文办理程序发文退回申请,并将申请材料一并退回

(国家工商行政管理总局 2009 年《驰名商标认定工作细则》第 23～26 条)。

2. 通过商标异议案件由国家工商行政管理总局商标局认定驰名商标的程序

(1) 审查与审定

对于在商标异议(含国际注册程序中的商标异议)程序中提出的驰名商标认定申请,按照《商标法》《商标法实施条例》和《驰名商标认定和保护规定》的规定,原则上根据商标异议的申请时间顺序进行审理。

承办人员对驰名商标的证明材料进行整理,经合议组讨论后报处务会讨论。承办处的处长主持召开处务会议,处务会的参加人员不得少于全处人员的 2/3。会议应做记录。经处务会讨论,形成证据材料充足且该异议案件确需依《商标法》第 13 条决定的意见或证据不足、该异议案件不需要依《商标法》第 13 条决定的意见,由处长报分管副局长。分管副局长提交商标局局长办公会讨论。

商标局讨论驰名商标认定案件的局长办公会由局长、副局长、巡视员、副巡视员组成,承办处处长列席。商标局局长办公会就商标局分管副局长提交的意见进行研究审定,认为符合驰名商标条件的提出拟认定的意见;认为证据不足或该异议案件不需要依《商标法》第 13 条决定的,退回承办处按一般的异议案件处理。商标局局长办公会形成意见后,及时报驰名商标认定委员会研究(国家工商行政管理总局 2009 年《驰名商标认定工作细则》第 13～15 条、第 20 条、第 22 条)。

(2) 复审与核审

驰名商标认定委员会按照《商标法》《商标法实施条例》《驰名商标认定和保护规定》和《商标评审规则》的规定对商标局提交的驰名商标审定意见进行研究复审,并及时将经复审拟认定的驰名商标,报总局局长办公会议核审。经复审拟退回的,退回商标局按照有关程序处理。驰名商标认定委员会召开上述复审会议时,参加人员不得少于应到人员的 2/3。

根据总局的核审意见,商标局应当按照其公文办理程序做出决定,并及时向社会公布认定的驰名商标。商标局在做出商标异议决定后,应将有关驰名商标认定的材料与商标异议案件材料一并归档(国家工商行政管理总局 2009 年《驰名商标认定工作细则》第 23～25 条)。

3. 通过商标争议案件由国家工商行政管理总局商评审委员会认定驰名商标的程序

(1) 商标争议及其申请

商标争议包括商标不予注册复审和请求无效宣告。对初步审定公告的商标提出异议,商标局做出不予注册决定,被异议人不服的,可以自收到通知之日起 15 日内向商标评审委员会申请复审。已经注册的商标,违反商标法有关规定的,或者是以欺骗手段或者其他不正当手段取得注册的,任何单位或者个人可以请求商标评审委员会宣告该注册商标无效。其中,在先权利人或者利害关系人请求无效宣告限于自商标注册之日起5年内,但对恶意注册的,驰名商标所有人不受5年的时间限制。

在商标争议处理过程中,当事人依照商标法第13条规定主张权利的同时,可以向商标评审委员会提出驰名商标保护的书面请求,并提交其商标构成驰名商标的证据材料;商标评审委员会根据处理案件的需要,可以对商标驰名情况做出认定(2013年《中华人民共和国商标法》第14条第3款、第35条、第44~45条,国家工商行政管理总局2009年《驰名商标认定工作细则》第6条)。

(2)审查与审定

对在商标争议程序中提出的驰名商标认定申请,商标评审委员会按照《商标法》《商标法实施条例》《驰名商标认定和保护规定》和《商标评审规则》的规定进行审理。

商标评审委员会对涉及驰名商标认定的案件应由案件承办处组成合议组进行审理。合议组由商标评审人员3人以上的单数组成,案件承办处处长必须担任合议组成员。合议组审理涉及驰名商标认定的案件,实行少数服从多数的原则。

合议组经审理认为基本符合驰名商标条件的,由处长报分管副主任。分管副主任经研究认为基本符合驰名商标条件的,报经主任同意后,提交商标评审委员会委务会讨论。主任同意将涉及驰名商标认定案件提交委务会讨论的,案件承办人应当及时将相关材料送交综合处。综合处应当在委务会召开3天之前,将相关材料复印并送交参加委务会的人员。

商标评审委员会讨论驰名商标认定案件的委务会由主任、巡视员、副主任、副巡视员、各处处长组成。商标评审委员会委务会就分管副主任提交的意见进行研究审定,认为符合驰名商标条件的提出拟认定的意见;认为不符合驰名商标条件的,退回承办处按有关程序办理。商标评审委员会委务会的参加人员不得少于应到人员的2/3。商标评审委员会委务会形成意见后,及时报驰名商标认定委员会研究(国家工商行政管理总局2009年《驰名商标认定工作细则》第16~19条、第21~22条)。

(3)复审与核审

驰名商标认定委员会按照《商标法》《商标法实施条例》《驰名商标认定和保护规定》和《商标评审规则》的规定对商标评审委员会提交的驰名商标审定意见进行研究复审,并及时将经复审拟认定的驰名商标,报总局局长办公会议核审。经复审拟退回的,退回商标评审委员会按照有关程序处理。驰名商标认定委员会召开上述复审会议时,参加人员不得少于应到人员的2/3。

根据总局的核审意见,商标评审委员会应当按照其公文办理程序做出裁定,并及时向社会公布认定的驰名商标。商标评审委员会在做出商标争议裁定后,应将有关驰名商标认定的材料与商标争议案件材料一并归档。当事人对商标评审委员会的决定或裁定不服的,可以自收到通知之日起30日内向人民法院起诉。人民法院应当通知商标决定或裁定程序的对方当事人作为第三人参加诉讼(国家工商行政管理总局2009年《驰名商标认定工作细则》第23~25条,2013年《中华人民共和国商标法》第35条、第44~45条)。

4. 通过民事纠纷案件由中级人民法院认定驰名商标的程序

(1) 主张

在商标民事、行政案件审理过程中,当事人依照商标法第13条规定主张权利的,最高人民法院指定的人民法院根据审理案件的需要,可以对商标驰名情况做出认定。在下列民事纠纷案件中,人民法院对于所涉商标是否驰名不予审查:①被诉侵犯商标权或者不正当竞争行为的成立不以商标驰名为事实根据的。原告以被告注册、使用的域名与其注册商标相同或者近似,并通过该域名进行相关商品交易的电子商务,足以造成相关公众误认为由,提起的侵权诉讼,按此处理。②被诉侵犯商标权或者不正当竞争行为因不具备法律规定的其他要件而不成立的(2013年《中华人民共和国商标法》第14条第4款,2009年《最高人民法院关于审理涉及驰名商标保护的民事纠纷案件应用法律若干问题的解释》第3条)。

(2) 举证

原告以被诉商标的使用侵犯其注册商标专用权为由提起民事诉讼,被告以原告的注册商标复制、摹仿或者翻译其在先未注册驰名商标为由提出抗辩或者提起反诉的,应当对其在先未注册商标驰名的事实负举证责任。

被诉侵犯商标权或者不正当竞争行为发生前,曾被人民法院或者国务院工商行政管理部门认定驰名的商标,被告对该商标驰名的事实提出异议的,原告仍应当对该商标驰名的事实负举证责任。除非另有规定,人民法院对于商标驰名的事实,不适用民事诉讼证据的自认规则(2009年《最高人民法院关于审理涉及驰名商标保护的民事纠纷案件应用法律若干问题的解释》第6~7条)。

(3) 判决

在涉及驰名商标保护的民事纠纷案件中,人民法院对于商标驰名的认定,仅作为案件事实和判决理由,不写入判决主文;以调解方式审结的,在调解书中对商标驰名的事实不予认定(2009年《最高人民法院关于审理涉及驰名商标保护的民事纠纷案件应用法律若干问题的解释》第13条)。

第十二章 商标权的运用

第一节 商标权的内容与限制

一、商标权的含义

商标权是市场主体就商标所享有的权利,包括商标权人自己使用商标的权利和禁止他人未经许可而使用商标的权利。商标权与商标权人所享有的权利不同,商标权人所享有的权利除了以商标为权利客体的商标权以外,还包括以商标权为权利客体的权利,如转让权、许可权、质押权等。

二、商标权的内容

(一)专用权

商标专用权是指商标权人对自己的注册商标享有的专用使用的权利。他人未经商标权人许可,不得使用其注册商标。商标专用权是商标权的核心,也是商标权保护的核心。❶

商标专用权有其特定的范围,以核准注册的商标和核定使用的商品或服务为限(2013年《中华人民共和国商标法》第56条)。商标权人只能在核定使用的商品或服务上使用核准注册的商标,既不能在同类商品或服务上使用近似的商标,又不能在类似商品或服务上使用相同的商标,还不能在类似商品或服务上使用近似的商标,即不得随意改变已经核准注册的商标,也不得超出核定使用的商品或服务,否则会造成消费者在商品或服务来源上的混淆。

(二)禁止权

1. 商标禁止权的含义

商标禁止权是指商标权人可以禁止他人在同类或类似商品或服务上使用与

---

❶ 李明德. 知识产权法[M]. 北京:社会科学文献出版社,2007:362-364.

自己的注册商标相同或近似的商标的权利。未经商标注册人的许可,在同一种商品上使用与其注册商标相同的商标的;在同一种商品上使用与其注册商标近似的商标,或者在类似商品上使用与其注册商标相同或者近似的商标,容易导致混淆的,属于侵犯注册商标专用权的行为(2013年《中华人民共和国商标法》第57条第1~2项)。

2. 商标相同或近似的认定

所谓"商标相同",是指被控侵权的商标与原告的注册商标相比较,二者在视觉上基本无差别;所谓商标近似,是指被控侵权的商标与原告的注册商标相比较,其文字的字形、读音、含义或者图形的构图及颜色,或者其各要素组合后的整体结构相似,或者其立体形状、颜色组合近似,易使相关公众对商品的来源产生误认或者认为其来源与原告注册商标的商品有特定的联系。人民法院依法认定商标相同或者近似按照以下原则进行:①以相关公众的一般注意力为准;②既要进行对商标的整体比对,又要进行对商标主要部分的比对,比对应当在比对对象隔离的状态下分别进行;③判断商标是否近似,应当考虑请求保护注册商标的显著性和知名度(2002年《最高人民法院关于审理商标民事纠纷案件适用法律若干问题的解释》第9~10条)。

3. 商品或服务类似的认定

所谓"类似商品",是指在功能、用途、生产部门、销售渠道、消费对象等方面相同,或者相关公众一般认为其存在特定联系、容易造成混淆的商品;所谓"类似服务",是指在服务的目的、内容、方式、对象等方面相同,或者相关公众一般认为存在特定联系、容易造成混淆的服务,所谓"商品与服务类似",是指商品和服务之间存在特定联系,容易使相关公众混淆。人民法院依法认定商品或者服务是否类似,应当以相关公众对商品或者服务的一般认识综合判断;《商标注册用商品和服务国际分类表》《类似商品和服务区分表》可以作为判断类似商品或者服务的参考(2002年《最高人民法院关于审理商标民事纠纷案件适用法律若干问题的解释》第11~12条)。

4. 商标禁止权与专用权的关系

尽管商标禁止权与专用权是相对应的,但是禁止权的范围却大大超出专用权的范围。商标专用权的范围仅包括在同类商品或服务上使用相同商标,商标禁止权的范围还包括在同类商品或服务上使用近似商标,在类似商品或服务上使用相同商标,在类似商品或服务上使用近似商标。这主要是为了防止消费者在商品或服务来源上发生混淆,因为实践中不正当竞争者总是将近似商标使用在同类或类似商品或服务上"搭车",既想利用他人商标所代表的商誉,又想逃

避侵权的指控。❶

三、商标权的限制

（一）商标权的期限

商标权的期限也称为商标权的保护期,是指商标权受到法律保护的期限。对于注册商标而言,商标权的期限就是注册商标的有效期,即注册商标具有法律效力的期限。与所有的知识产权一样,商标权的保护也是有期限的,如 2013 年《中华人民共和国商标法》第 39 条规定:注册商标的有效期为 10 年,自核准注册之日起计算。

但是,商标权的保护期与著作权和专利权不同,只要商标权人愿意,商标权可以永久使用,即没有期限限制。这是因为,商标的基本功能是指示商品或服务的来源,且商标权产生以后还需要对商标所体现的商誉进行持续性的投入,而著作权、专利权则不需要。因此,注册商标有效期满,需要继续使用的,可以办理续展注册,每次续展注册的有效期为 10 年,且续展次数不限。

注册商标的续展注册,应当在期满前 12 个月内提出申请,向商标局提交商标续展注册申请书,并缴纳商标续展注册费。商标局核准商标注册续展申请后,发给相应证明,并予以公告。续展注册商标有效期自该商标上一届有效期满次日起计算。在注册商标的有效期满前 12 个月内未能办理续展注册的,可以给予 6 个月的宽展期。在宽展期内提出商标续展注册申请的,除了缴纳商标续展注册费以外,还需缴纳续展注册迟延费。宽展期满仍未提出申请的,注销其注册商标(2013 年《中华人民共和国商标法》第 39~40 条,2014 年《中华人民共和国商标法实施条例》第 33 条)。

（二）商标权合理使用

注册商标中含有的本商品的通用名称、图形、型号,或者直接表示商品的质量、主要原料、功能、用途、重量、数量及其他特点,或者含有的地名,注册商标专用权人无权禁止他人正当使用(2013 年《中华人民共和国商标法》第 59 条)。

（三）善意侵犯商标权

销售不知道是侵犯注册商标专用权的商品,能证明该商品是自己合法取得并说明提供者的,不承担赔偿责任(2013 年《中华人民共和国商标法》第 64 条第 2 款)。

---

❶ 李明德. 知识产权法[M]. 北京:社会科学文献出版社,2007:364.

第二节 商标权的许可、转让与出质

一、商标权的许可

(一)商标权许可概述

1. 商标权许可的含义

商标权的许可也称为商标使用许可,是指商标权人将自己的注册商标按照合同约定的条件许可给他人使用。其中,商标权人是许可人,使用商标的人是被许可人。通过商标权许可,商标权人可以进一步发挥商标的作用,被许可人可以借助他人的商标在短期内拓展市场、获取收益,消费者可以在市场上买到自己想要的名牌产品。❶

2. 商标权许可的特征

(1)商标权的许可不改变商标权的归属,被许可人取得的只是使用权,只能在被许可的范围内使用许可人的商标,一旦许可的期限届满,商标使用权即回归许可人。

(2)商标权许可的标的不是商标而是商标权,可以是商标权中的全部或部分权利,被许可人只能按照约定的方式、期限和地域等使用许可人的商标。

(3)对于许可使用注册商标的商品或服务,许可人负有质量监督义务,被许可人负有质量保证义务,并且必须在其上标明被许可人的名称和商品产地(2013年《中华人民共和国商标法》第43条)。

3. 商标权许可的种类

(1)独占许可:是指商标注册人在约定的期间、地域和以约定的方式,将该注册商标仅许可一个被许可人使用,其他任何人包括商标注册人均不得使用该注册商标。在发生注册商标专用权被侵害时,独占许可的被许可人可以单独起诉。

(2)排他许可:是指商标注册人在约定的期间、地域和以约定的方式,将该注册商标仅许可一个被许可人使用,商标注册人依约定可以使用该注册商标但不得另行许可他人使用其注册商标。在发生注册商标专用权被侵害时,排他许可的被许可人可以和许可人共同起诉,在许可人不起诉时可以单独起诉。

---

❶ 李明德. 知识产权法[M]. 北京:社会科学文献出版社,2007:379-380.

(3)普通许可:是指商标注册人在约定的期间、地域和以约定的方式,许可他人使用其注册商标,并可自行使用该注册商标和另行许可他人使用其注册商标。在发生注册商标专用权被侵害时,普通许可由许可人起诉,被许可人获得许可人明确授权后方可起诉(2002年《最高人民法院关于审理商标民事纠纷案件适用法律若干问题的解释》第3~4条)。

(二)商标权许可合同

1. 商标权许可合同概述

商标权许可合同也称为商标使用许可合同,是商标权人同意被许可人按约定使用其商标,被许可人支付使用费的合同。商标注册人许可他人使用其注册商标,必须签订商标使用许可合同。商标使用许可合同至少应当包括下列内容:

(1)许可使用的商标及其注册证号;

(2)许可使用的商品范围;

(3)许可使用期限;

(4)许可使用商标的标识提供方式;

(5)许可人对被许可人使用其注册商标的商品质量进行监督的条款;

(6)在使用许可人注册商标的商品上标明被许可人的名称和商品产地的条款(国家工商行政管理总局商标局1997年《商标使用许可合同备案办法》第2条、第6条)。

2. 商标权许可合同备案

商标使用许可合同自签订之日起3个月内,许可人应当将许可合同副本报送商标局备案。

申请商标使用许可合同备案,应当按照许可使用的商标数量提交书件和缴纳备案费。需要提交的书件包括:①商标使用许可合同备案表;②商标使用许可合同副本;③许可使用商标的注册证复印件。此外,人用药品商标使用许可合同备案,应当同时附送被许可人取得的卫生行政管理部门的有效证明文件;卷烟、雪茄烟和有包装烟丝的商标使用许可合同备案,应当同时附送被许可人取得的国家烟草主管部门批准生产的有效证明文件;外文书件应当同时附送中文译本。申请商标使用许可合同备案,应当按照许可使用的商标数量填报商标使用许可合同备案表,并附送相应的使用许可合同副本及《商标注册证》复印件。但是,通过一份合同许可一个被许可人使用多个商标的,许可人除了应当按照商标数量报送商标使用许可合同备案表、《商标注册证》复印件和缴纳备案费以外,可以只报送一份使用许可合同副本。

根据商标使用许可合同备案书件的齐备程度,商标局做出如下处理:①商标使用许可合同备案书件齐备,符合《商标法》及《商标法实施细则》有关规定的,商标局予以备案,向备案申请人发出备案通知书,并集中刊登在每月第 2 期《商标公告》上;②不符合备案要求的,商标局予以退回并说明理由,许可人应当自收到退回备案材料之日起 1 个月内按照商标局指定的内容补正再报送备案。

商标局不予备案和要求重新备案的情形:(1)商标局不予备案的情形:①许可人不是被许可商标的注册人的;②许可使用的商标与注册商标不一致的;③许可使用商标的注册证号与所提供商标注册证号不符的;④许可使用的期限超过该注册商标的有效期限的;⑤许可使用的商品超出了该注册商标核定使用的商品范围的;⑥商标使用许可合同缺少本办法第六条所列内容的;⑦备案申请缺少本办法第七条所列书件的;⑧未缴纳商标使用许可合同备案费的;⑨备案申请中的外文书件未附中文译本的;⑩其他不予备案的情形。(2)商标局要求重新备案的情形:①许可使用的商品范围变更的;②许可使用的期限变更的;③许可使用的商标所有权发生转移的;④其他应当重新申请备案的情形(国家工商行政管理总局商标局 1997 年《商标使用许可合同备案办法》第 4 条、第 7 条、第 9 ~ 14 条)。

二、商标权的转让

(一)商标权转让概述

1. 商标权转让的含义

商标权转让是指商标权人将自己的商标权转让给他人所有。其中,商标权人称为转让人,接受其商标权的人称为受让人。

2. 商标权转让的特征

(1)商标权的转让改变了商标权的归属,商标权脱离原商标权人而归属于受让人所有,受让人成为继受商标权人。

(2)商标权转让的标的是商标权,注册商标及其在同一种或类似商品上注册的相同或近似的商标一并转让(2013 年《中华人民共和国商标法》第 31 条第 2 款),不影响转让前已经生效的商标使用许可合同的效力(2002 年《最高人民法院关于审理商标民事纠纷案件适用法律若干问题的解释》第 20 条)。

(3)商标权可以与所属企业或相关商品或服务的商誉一并转让,也可以附条件单独转让,所附条件包括:①不得造成商品或服务来源混淆;②不得损害被许可人利益;③保证商品或服务质量。❶

---

❶ 李明德. 知识产权法[M]. 北京:社会科学文献出版社,2007:375 – 377.

3. 商标权转让的种类

(1)合同转让:通过签订、履行商标权转让合同,使商标权出转让人移转给受让人。

(2)继承继受:自然人死亡或者企业被合并、兼并、改制后,其商标权因继承、继受而发生移转。

(3)裁判移转:依据法院或仲裁机关的裁判,发生商标权的移转。

(二)商标权转让合同

1. 商标权转让合同概述

商标权转让合同是商标权人将其商标权移交受让人,受让人按约定支付价款的合同。

商标权转让合同至少应当包括下列内容:

(1)转让商标的名称、图样和注册号;

(2)转让商标的使用范围及其在同一种或类似商品或服务上使用的相同或近似商标;

(3)受让方商品或服务质量保证;

(4)转让价款与支付方式;

(5)违约责任;

(6)争议解决方式。

2. 商标权转让合同核准

转让注册商标的,转让人和受让人应当向商标局提交转让注册商标申请书。转让注册商标申请手续应当由转让人和受让人共同办理。商标局核准转让注册商标申请的,发给受让人相应证明,并予以公告。

转让人和受让人应当在签订商标权转让合同以后,共同办理转让注册商标申请手续,向商标局提交转让注册商标申请书(2014年《中华人民共和国商标法实施条例》第31条)。

商标权转让核准的申请文件包括:①转让申请/注册商标申请书;②转让人和受让人的经盖章或签字确认的主体资格证明文件;③代理委托书或经办人身份证;④有关证明文件;⑤经申请人或代理组织签章确认的外文申请文件的中文译本。

转让申请提交后,对符合受理条件的,商标局给申请人发出《受理通知书》;不符合受理条件的,不予受理,并给申请人发出《不予受理通知书》;需要补正的,商标局给申请人发出补正通知,要求申请人限期补正,否则商标局有权视为放弃或不予核准。

转让申请核准后,商标局将发给受让人转让证明,并将注册商标的转让事宜刊登公告,受让人自公告之日(即转让证明上的落款日期)起享有商标权;转让申请被视为放弃或不予核准的,商标局向申请人发出《视为放弃通知书》或《不予核准通知书》。

三、商标权的出质

(一)商标权出质概述

商标权作为一种无形财产权可以出质。自然人、法人或其他组织以其注册商标专用权出质,在相同或类似商品或服务上注册的相同或近似商标应当一并出质(2007年《中华人民共和国物权法》第227条第1款,国家工商行政管理总局商标局2009年《注册商标专用权质权登记程序规定》第3条)。

(二)商标权质权合同

以注册商标专用权出质的,出质人与质权人应当订立书面合同。注册商标专用权质权合同一般包括以下内容:

(1)出质人、质权人的姓名(名称)及住址;

(2)被担保的债权种类、数额;

(3)债务人履行债务的期限;

(4)出质注册商标的清单(列明注册商标的注册号、类别及专用期);

(5)担保的范围;

(6)当事人约定的其他事项(国家工商行政管理总局商标局2009年《注册商标专用权质权登记程序规定》第2条、第5条)。

(三)商标权质权登记

1. 商标权质权登记的申请

申请注册商标专用权质权登记的,应当由质权人和出质人共同提出,并提交下列文件:

(1)申请人签字或者盖章的《商标专用权质权登记申请书》;

(2)出质人、质权人的主体资格证明或者自然人身份证明复印件;

(3)主合同和注册商标专用权质权合同;

(4)直接办理的,应当提交授权委托书以及被委托人的身份证明;委托商标代理机构办理的,应当提交商标代理委托书;

(5)出质注册商标的注册证复印件;

(6)出质商标专用权的价值评估报告。如果质权人和出质人双方已就出质商标专用权的价值达成一致意见并提交了相关书面认可文件,申请人可不再

提交;

(7)其他需要提供的材料。

上述文件为外文的,应当同时提交其中文译文,并由翻译单位和翻译人员签字盖章确认(国家工商行政管理总局商标局 2009 年《注册商标专用权质权登记程序规定》第 2 条、第 4 条)。

2. 商标权质权登记的处理

申请登记书件齐备、符合规定的,商标局予以受理,自登记之日(受理日期)起 5 个工作日内向双方当事人发放《商标专用权质权登记证》,其上应当载明出质人和质权人的名称(姓名)、出质商标注册号、被担保的债权数额、质权登记期限、质权登记日期;质权登记申请不符合规定的,商标局应当通知申请人在 30 日内补正,逾期不补正或者补正不符合要求的,视为其放弃该质权登记申请。

有下列情形之一的,商标局不予登记:①出质人名称与商标局档案所记载的名称不一致,且不能提供相关证明证实其为注册商标权利人的;②合同的签订违反法律法规强制性规定的;③商标专用权已经被撤销、被注销或者有效期满未续展的;④商标专用权已被人民法院查封、冻结的;⑤其他不符合出质条件的。

质权登记后,有下列情形之一的,商标局应当撤销登记:①发现有属于商标局不予登记的情形之一的;②质权合同无效或者被撤销;③出质的注册商标因法定程序丧失专用权的;④提交虚假证明文件或者以其他欺骗手段取得商标专用权质权登记的(国家工商行政管理总局商标局 2009 年《注册商标专用权质权登记程序规定》第 6~9 条)。

3. 商标权质权登记的变更、延期、注销

质权人或出质人的名称(姓名)更改,以及质权合同担保的主债权数额变更的,当事人可以凭下列文件申请办理变更登记:①申请人签字或者盖章的《商标专用权质权登记事项变更申请书》;②出质人、质权人的主体资格证明或者自然人身份证明复印件;③有关登记事项变更的协议或相关证明文件;④原《商标专用权质权登记证》;⑤授权委托书、被委托人的身份证明或者商标代理委托书;⑥其他有关文件。出质人名称(姓名)发生变更的,还应按照《商标法实施条例》的规定在商标局办理变更注册人名义申请。

因被担保的主合同履行期限延长、主债权未能按期实现等原因需要延长质权登记期限的,质权人和出质人双方应当在质权登记期限到期前,持以下文件申请办理延期登记:①申请人签字或者盖章的《商标专用权质权登记期限延期申请书》;②出质人、质权人的主体资格证明或者自然人身份证明复印件;③当事人双方签署的延期协议;④原《商标专用权质权登记证》;⑤授权委托书、被委托人的身份证明或者商标代理委托书;⑥其他有关文件。

商标专用权质权登记需要注销的,质权人和出质人双方可以持下列文件办理注销申请:①申请人签字或者盖章的《商标专用权质权登记注销申请书》;②出质人、质权人的主体资格证明或者自然人身份证明复印件;③当事人双方签署的解除质权登记协议或合同履行完毕凭证;④原《商标专用权质权登记证》;⑤授权委托书、被委托人的身份证明或者商标代理委托书;⑥其他有关文件。质权登记期限届满后,该质权登记自动失效(国家工商行政管理总局商标局 2009 年《注册商标专用权质权登记程序规定》第 10 ~ 11 条、第 13 条)。

附件一:商标使用许可合同(示范文本)

合同编号:

签订地点:

商标使用许可人(甲方)_____

商标使用被许可人(乙方)_____

根据《中华人民共和国商标法》第 26 条和《商标法实施细则》第 35 条规定,甲、乙双方遵循自愿和诚实信用的原则,经协商一致,签订本商标使用许可合同。

一、甲方将已注册的使用在_____类_____商品上的第_____号_____商标,许可乙方使用在_____类_____商品上。

商标标识:

二、许可使用的期限自_____年_____月_____日起至_____年_____月_____日止。合同期满,如需延长使用时间,由甲、乙双方另行续订商标使用许可合同。

三、甲方有权监督乙方使用注册商标的商品质量,乙方应当保证使用该注册商标的商品质量。具体措施为:_____
_____。

四、乙方必须在使用该注册商标的商品上标明自己的企业名称和商品产地。

五、乙方不得任意改变甲方注册商标的文字、图形或者其组合,并不得超越许可的商品范围使用甲方的注册商标。

六、未经甲方授权,乙方不得以任何形式和理由将甲方注册商标许可第三方使用。

七、注册商标标识的提供方式:

八、许可使用费及支付方式:

九、本合同提前终止时,甲、乙双方应当分别自终止之日起 1 个月内书面通知商标局及其各自所在地县级工商行政管理机关。

十、违约责任:

十一、纠纷解决方式:

十二、其他事宜:

本合同一式份,自签订之日起 3 个月内,由甲、乙双方分别将合同副本交送所在地县级工商行政管理机关存查,并由甲方报送商标局备案。

商标使用许可人(甲方)	商标使用被许可人(乙方)
(签章)	(签章)
法定代表人	法定代表人
地址	地址
邮编	邮编
年 月 日	年 月 日

(国家工商行政管理总局商标局 1997 年《商标使用许可合同备案办法》附件)

第十三章　商标权的保护

第一节　商标权的民事保护

一、商标权侵权行为

(一)商标权侵权行为的构成要件

商标权侵权行为属于一般侵权行为,其构成要件有四:

(1)商标权侵害行为:指商标权侵权人做出的致他人的商标权受到损害的行为。

(2)商标权损害事实:指商标权侵权行为对他人的商标权造成的不利影响。

(3)商标权侵害行为与商标权损害事实之间有因果关系。

(4)商标权侵权人主观上有过错,包括故意和过失两种形式。根据法律规定推定行为人有过错,行为人不能证明自己没有过错的,应当承担侵权责任(2009年《中华人民共和国侵权责任法》第6条)。

(二)商标权侵权行为的具体情形

(1)未经商标注册人的许可,在同一种商品上使用与其注册商标相同的商标的;

(2)未经商标注册人的许可,在同一种商品上使用与其注册商标近似的商标,或者在类似商品上使用与其注册商标相同或者近似的商标,容易导致混淆的(包括在同一种商品或者类似商品上将与他人注册商标相同或者近似的标志作为商品名称或者商品装潢使用,误导公众的);

(3)销售侵犯注册商标专用权的商品的;

(4)伪造、擅自制造他人注册商标标识或者销售伪造、擅自制造的注册商标标识的;

(5)未经商标注册人同意,更换其注册商标并将该更换商标的商品又投入市场的;

（6）故意为侵犯他人商标专用权行为提供便利条件（包括为侵犯他人商标专用权提供仓储、运输、邮寄、印制、隐匿、经营场所、网络商品交易平台等），帮助他人实施侵犯商标专用权行为的；

（7）复制、摹仿、翻译他人注册的驰名商标或其主要部分在不相同或者不相类似商品上作为商标使用，误导公众，致使该驰名商标注册人的利益可能受到损害的；

（8）将与他人注册商标相同或者相近似的文字注册为域名，并且通过该域名进行相关商品交易的电子商务，容易使相关公众产生误认的（2013年《中华人民共和国商标法》第57～58条，2014年《中华人民共和国商标法实施条例》第75条、第76条，2002年《最高人民法院关于审理商标民事纠纷案件适用法律若干问题的解释》第1条）。

（三）商标权侵权行为的民事责任形式

（1）停止侵害。

（2）排除妨碍。

（3）消除危险。

（4）消除影响。

（5）赔偿损失。

侵犯商标专用权的赔偿数额，按照权利人因被侵权所受到的实际损失确定；实际损失难以确定的，可以按照侵权人因侵权所获得的利益确定；权利人的损失或者侵权人获得的利益难以确定的，参照该商标许可使用费的倍数合理确定。对恶意侵犯商标专用权，情节严重的，可以在按照上述方法确定数额的一倍以上三倍以下确定赔偿数额。赔偿数额应当包括权利人为制止侵权行为所支付的合理开支。其中，因被侵权所受到的实际损失，可以根据权利人因侵权所造成商品销售减少量或者侵权商品销售量与该注册商标商品的单位利润乘积计算；因侵权所获得的利益可以根据侵权商品销售量与该商品单位利润乘积计算，该商品单位利润无法查明的，按照注册商标商品的单位利润计算；制止侵权行为所支付的合理开支，包括权利人或者委托代理人对侵权行为进行调查、取证的合理费用，以及符合国家有关部门规定的律师费用。

人民法院为确定赔偿数额，在权利人已经尽力举证，而与侵权行为相关的账簿、资料主要由侵权人掌握的情况下，可以责令侵权人提供与侵权行为相关的账簿、资料；侵权人不提供或者提供虚假的账簿、资料的，人民法院可以参考权利人的主张和提供的证据判定赔偿数额。

权利人因被侵权所受到的实际损失、侵权人因侵权所获得的利益、注册商标许可使用费难以确定的,由人民法院根据侵权行为的情节判决给予300万元以下的赔偿。人民法院在判决法定赔偿数额时,应当考虑侵权行为的性质、期间、后果,商标的声誉,商标使用许可费的数额,商标使用许可的种类、时间、范围及制止侵权行为的合理开支等因素综合确定(2013年《中华人民共和国商标法》第63条,2002年《最高人民法院关于审理商标民事纠纷案件适用法律若干问题的解释》第14~17条、第21条)。

二、商标权民事案件的司法措施

(一) 诉前禁令

商标注册人或者利害关系人有证据证明他人正在实施或者即将实施侵犯其注册商标专用权的行为,如不及时制止将会使其合法权益受到难以弥补的损害的,可以依法在起诉前向人民法院申请采取责令停止有关行为的措施(2013年《中华人民共和国商标法》第65条)。其中,利害关系人包括商标使用许可合同的被许可人、注册商标财产权利的合法继承人。注册商标使用许可合同被许可人中,独占使用许可合同的被许可人可以单独向人民法院提出申请;排他使用许可合同的被许可人在商标注册人不申请的情况下,可以提出申请。

诉前责令停止侵犯注册商标专用权行为的申请,应当向侵权行为地或者被申请人住所地对商标案件有管辖权的人民法院提出,并递交书面申请状。申请状应当载明:①当事人及其基本情况;②申请的具体内容、范围;③申请的理由,包括有关行为如不及时制止,将会使商标注册人或者利害关系人的合法权益受到难以弥补的损害的具体说明。

申请人提出诉前停止侵犯注册商标专用权行为的申请时,应当提交下列证据:①商标注册人应当提交商标注册证,利害关系人应当提交商标使用许可合同、在商标局备案的材料及商标注册证复印件;排他使用许可合同的被许可人单独提出申请的,应当提交商标注册人放弃申请的证据材料;注册商标财产权利的继承人应当提交已经继承或者正在继承的证据材料。②证明被申请人正在实施或者即将实施侵犯注册商标专用权的行为的证据,包括被控侵权商品。

申请人提出诉前停止侵犯注册商标专用权行为的申请时应当提供担保。申请人提供保证、抵押等形式的担保合理、有效的,人民法院应当准许。申请人不提供担保的,驳回申请。人民法院确定担保的范围时,应当考虑责令停止有关行为所涉及的商品销售收益,以及合理的仓储、保管等费用,停止有关行为可能造成的合理损失等。在执行停止有关行为裁定过程中,被申请人可能因采取该项措施造成更大损失的,人民法院可以责令申请人追加相应的担保。申请人不追加担保的,可以解除有关停止措施。停止侵犯注册商标专用权行为裁定所采取的措施,不因被申请人提供担保而解除,但申请人同意的除外。

人民法院接受商标注册人或者利害关系人提出责令停止侵犯注册商标专用权行为的申请后,经审查符合规定的,应当在48小时内做出书面裁定。人民法院做出诉前停止侵犯注册商标专用权行为的裁定事项,应当限于商标注册人或者利害关系人申请的范围。裁定责令被申请人停止侵犯注册商标专用权行为的,应当立即开始执行。人民法院做出诉前责令停止有关行为的裁定,应当及时通知被申请人,至迟不得超过5日。

当事人对诉前责令停止侵犯注册商标专用权行为裁定不服的,可以在收到裁定之日起10日内申请复议一次。复议期间不停止裁定的执行。人民法院对当事人提出的复议申请应当从以下方面进行审查:①被申请人正在实施或者即将实施的行为是否侵犯注册商标专用权;②不采取有关措施,是否会给申请人合法权益造成难以弥补的损害;③申请人提供担保的情况;④责令被申请人停止有关行为是否损害社会公共利益。

商标注册人或者利害关系人在人民法院采取停止有关行为的措施后30日内不起诉的,人民法院应当解除裁定采取的措施。申请人不起诉或者申请错误造成被申请人损失的,被申请人可以向有管辖权的人民法院起诉请求申请人赔偿,也可以在商标注册人或者利害关系人提起的侵犯注册商标专用权的诉讼中提出损害赔偿请求,人民法院可以一并处理。

停止侵犯注册商标专用权行为裁定的效力,一般应维持到终审法律文书生效时止。人民法院也可以根据案情,确定停止有关行为的具体期限;期限届满时,根据当事人的请求及追加担保的情况,可以做出继续停止有关行为的裁定。被申请人违反人民法院责令停止侵犯注册商标专用权行为裁定的,人民法院可以根据情节轻重予以罚款、拘留;构成犯罪的,依法追究刑事责任(2002年《最高人民法院关于诉前停止侵犯注册商标专用权行为和保全证据适用法律问题的解释》第1~15条,2012年《中华人民共和国民事诉讼法》第101条、第111条)。

(二)诉前证据保全

为制止侵权行为,在证据可能灭失或者以后难以取得的情况下,商标注册人或者利害关系人可以依法在起诉前向人民法院申请保全证据(2013年《中华人民共和国商标法》第66条)。其中,利害关系人包括商标使用许可合同的被许可人、注册商标财产权利的合法继承人。注册商标使用许可合同被许可人中,独占使用许可合同的被许可人可以单独向人民法院提出申请;排他使用许可合同的被许可人在商标注册人不申请的情况下,可以提出申请。

诉前保全证据的申请应当向侵权行为地或者被申请人住所地对商标案件有管辖权的人民法院提出,并递交书面申请状。申请状应当载明:①当事人及其基本情况;②申请保全证据的具体内容、范围、所在地点;③请求保全的证据能够证明的对象;④申请的理由,包括证据可能灭失或者以后难以取得,且当事人及其诉讼代理人因客观原因不能自行收集的具体说明。

申请人申请诉前保全证据可能涉及被申请人财产损失的,人民法院可以责令申请人提供相应的担保。申请人提供保证、抵押等形式的担保合理、有效的,人民法院应当准许。申请人不提供担保的,驳回申请。

人民法院接受申请后,必须在48小时内做出裁定。人民法院做出诉前保全证据的裁定事项,应当限于商标注册人或者利害关系人申请的范围。裁定采取保全措施的,应当立即开始执行。被申请人违反人民法院保全证据裁定的,人民法院可以根据情节轻重予以罚款、拘留;构成犯罪的,依法追究刑事责任。

商标注册人或者利害关系人在人民法院采取保全证据的措施后30日内不起诉的,人民法院应当解除裁定采取的措施。申请人不起诉或者申请错误造成被申请人损失的,被申请人可以向有管辖权的人民法院起诉请求申请人赔偿,也可以在商标注册人或者利害关系人提起的侵犯注册商标专用权的诉讼中提出损害赔偿请求,人民法院可以一并处理(2002年《最高人民法院关于诉前停止侵犯注册商标专用权行为和保全证据适用法律问题的解释》第1~3条、第5~6条、第12~13条,2012年《中华人民共和国民事诉讼法》第101条、第111条)。

(三)诉前财产保全

商标注册人或者利害关系人有证据证明他人正在实施或者即将实施侵犯其注册商标专用权的行为,如不及时制止将会使其合法权益受到难以弥补的损害的,可以依法在起诉前向人民法院申请采取财产保全的措施(2013年《中华人民共和国商标法》第65条)。

申请人应当提供担保,不提供担保的,裁定驳回申请。被申请人提供担保的,人民法院应当裁定解除财产保全。

人民法院接受申请后,必须在48小时内做出裁定;裁定采取财产保全措施的,应当立即开始执行。申请人在人民法院采取保全措施后30日内不依法提起诉讼或者申请仲裁的,人民法院应当解除财产保全。申请有错误的,申请人应当赔偿被申请人因财产保全所遭受的损失。

财产保全限于请求的范围,或者与案件有关的财物。财产保全采取查封、扣押、冻结或者法律规定的其他方法。人民法院保全财产后,应当立即通知被保全财产的人。财产已被查封、冻结的,不得重复查封、冻结。

当事人对财产保全的裁定不服的,可以申请复议一次。复议期间不停止裁定的执行(2012年《中华人民共和国民事诉讼法》第101～105条、第108条)。

(四)民事制裁

人民法院在审理侵犯注册商标专用权纠纷案件中,依据有关法律规定和案件具体情况,可以做出罚款,收缴侵权商品、伪造的商标标识和专门用于生产侵权商品的材料、工具、设备等财物的民事制裁决定。其中,罚款数额为违法经营额5倍以下;没有违法经营额或者违法经营额不足5万元的,罚款数额为25万元以下。但是,工商行政管理部门对同一侵犯注册商标专用权行为已经给予行政处罚的,人民法院不再予以民事制裁(2013年《中华人民共和国商标法》第60条,2002年《最高人民法院关于审理商标民事纠纷案件适用法律若干问题的解释》第21条)。

三、商标权民事案件的管辖和诉讼时效

(一)商标权民事案件的管辖范围

人民法院受理以下商标权民事纠纷案件:

(1)商标权权属纠纷案件;

(2)侵害商标专用权纠纷案件;

(3)确认不侵害商标专用权纠纷案件;

(4)商标权转让合同纠纷案件;

(5)商标使用许可合同纠纷案件;

(6)商标代理合同纠纷案件;

(7)申请诉前停止侵害商标专用权案件;

(8)因申请停止侵害商标专用权损害责任案件;

(9)因商标纠纷申请诉前财产保全案件;

(10)因商标纠纷申请诉前证据保全案件;

(11)其他商标权民事纠纷案件(2014年《最高人民法院关于商标法修改决定施行后商标案件管辖和法律适用问题的解释》第1条)。

(二)商标权民事案件的级别管辖

第一审商标民事案件,由中级以上人民法院及最高人民法院指定的基层人民法院管辖。涉及对驰名商标保护的民事案件,由省、自治区人民政府所在地市、计划单列市、直辖市辖区中级人民法院及最高人民法院指定的其他中级人民法院管辖(2014年《最高人民法院关于商标法修改决定施行后商标案件管辖和法律适用问题的解释》第3条)。

(三)商标权民事案件的地域管辖

因侵犯注册商标专用权行为提起的民事诉讼,由侵权行为的实施地、侵权商品的储藏地或者查封扣押地、被告住所地人民法院管辖。其中,侵权商品的储藏地是指大量或者经常性储存、隐匿侵权商品所在地,查封扣押地是指海关、工商等行政机关依法查封、扣押侵权商品所在地。

对涉及不同侵权行为实施地的多个被告提起的共同诉讼,原告可以选择其中一个被告的侵权行为实施地人民法院管辖;仅对其中某一被告提起的诉讼,该被告侵权行为实施地的人民法院有管辖权(2002年《最高人民法院关于审理商标民事纠纷案件适用法律若干问题的解释》第6~7条)。

(四)商标权民事案件的诉讼时效

侵犯注册商标专用权的诉讼时效为2年,自商标注册人或者利害权利人知道或者应当知道侵权行为之日起计算。商标注册人或者利害关系人超过2年起诉的,如果侵权行为在起诉时仍在持续,在该注册商标专用权有效期限内,人民法院应当判决被告停止侵权行为,侵权损害赔偿数额应当自权利人向人民法院起诉之日起向前推算2年计算(2002年《最高人民法院关于审理商标民事纠纷案件适用法律若干问题的解释》第18条)。

四、商标权侵权民事案件的抗辩

商标权侵权民事案件的主要抗辩理由之一是注册商标的无效宣告。

(一)商标局的无效宣告

已经注册的商标,违反商标法第10~12条规定的,或者是以欺骗手段或者其他不正当手段取得注册的,由商标局宣告该注册商标无效。

商标局做出宣告注册商标无效的决定,应当书面通知当事人。当事人对商标局的决定不服的,可以自收到通知之日起15日内向商标评审委员会申请复审。商标评审委员会应当自收到申请之日起9个月内做出决定,并书面通知当事人。有特殊情况需要延长的,经国务院工商行政管理部门批准,可以延长3个月。当事人对商标评审委员会的决定不服的,可以自收到通知之日起30日内向人民法院起诉(2013年《中华人民共和国商标法》第44条第1~2款)。

(二)商评委的无效宣告

1. 其他单位或者个人请求无效宣告

已经注册的商标,违反商标法第10~12条规定的,或者是以欺骗手段或者其他不正当手段取得注册的,其他单位或者个人可以请求商标评审委员会宣告该注册商标无效。

其他单位或者个人请求商标评审委员会宣告注册商标无效的,商标评审委员会收到申请后,应当书面通知有关当事人,并限期提出答辩。商标评审委员会应当自收到申请之日起9个月内做出维持注册商标或者宣告注册商标无效的裁定,并书面通知当事人。有特殊情况需要延长的,经国务院工商行政管理部门批准,可以延长3个月。当事人对商标评审委员会的裁定不服的,可以自收到通知之日起30日内向人民法院起诉。人民法院应当通知商标裁定程序的对方当事人作为第三人参加诉讼(2013年《中华人民共和国商标法》第44条第1款、第3款)。

2. 在先权利人或者利害关系人请求无效宣告

已经注册的商标,违反商标法第13条第2~3款、第15条、第16条第1款、第30-32条规定的,自商标注册之日起5年内,在先权利人或者利害关系人可以请求商标评审委员会宣告该注册商标无效。对恶意注册的,驰名商标所有人不受5年的时间限制。

商标评审委员会收到宣告注册商标无效的申请后,应当书面通知有关当事人,并限期提出答辩。商标评审委员会应当自收到申请之日起12个月内做出维持注册商标或者宣告注册商标无效的裁定,并书面通知当事人。有特殊情况需要延长的,经国务院工商行政管理部门批准,可以延长6个月。当事人对商标评审委员会的裁定不服的,可以自收到通知之日起30日内向人民法院起诉。人民法院应当通知商标裁定程序的对方当事人作为第三人参加诉讼。

商标评审委员会在对无效宣告请求进行审查的过程中,所涉及的在先权利的确定必须以人民法院正在审理或者行政机关正在处理的另一案件的结果为依据的,可以中止审查。中止原因消除后,应当恢复审查程序(2013年《中华人民共和国商标法》第45条)。

(三)无效决定及其效力

法定期限届满,当事人对商标局宣告注册商标无效的决定不申请复审或者对商标评审委员会的复审决定、维持注册商标或者宣告注册商标无效的裁定不向人民法院起诉的,商标局的决定或者商标评审委员会的复审决定、裁定生效。宣告无效的注册商标,由商标局予以公告,该注册商标专用权视为自始即不存在。

宣告注册商标无效的决定或者裁定,对宣告无效前人民法院做出并已执行的商标侵权案件的判决、裁定、调解书和工商行政管理部门做出并已执行的商标侵权案件的处理决定以及已经履行的商标转让或者使用许可合同不具有追溯力。但是,因商标注册人的恶意给他人造成的损失,应当给予赔偿。不返还商标侵权赔偿金、商标转让费、商标使用费,明显违反公平原则的,应当全部或者部分返还(2013年《中华人民共和国商标法》第46-47条)。

第二节　商标权的行政保护

一、承担行政责任的商标违法行为

(1)法律、行政法规规定必须使用注册商标的商品,没有申请商标注册或者未经核准注册而在市场销售的。

(2)就相同或者类似商品申请注册的商标是复制、摹仿或者翻译他人未在中国注册的驰名商标,容易导致混淆的;或者不相同或者不相类似商品申请注册的商标是复制、摹仿或者翻译他人已经在中国注册的驰名商标,误导公众,致使该驰名商标注册人的利益可能受到损害的。

(3)经许可使用他人注册商标的,没有在使用该注册商标的商品上标明被许可人的名称和商品产地的。

(4)使用注册商标:①自行改变注册商标的;②自行改变注册商标的注册人名义、地址或者其他注册事项的;③连续三年不使用的。

(5)使用未注册商标:①冒充注册商标的;②以不得使用的标志作为商标的。

(6)侵犯注册商标专用权的行为(2013年《中华人民共和国商标法》第6条、第10条、第13条、第43条、第49条、第52条、第60条)。

二、商标侵权行为的行政查处职权

对侵犯注册商标专用权的行为,工商行政管理部门有权依法查处。县级以上工商行政管理部门根据已经取得的违法嫌疑证据或者举报,对涉嫌侵犯他人注册商标专用权的行为进行查处时,可以行使下列职权:

(1)询问有关当事人,调查与侵犯他人注册商标专用权有关的情况;

(2)查阅、复制当事人与侵权活动有关的合同、发票、账簿,以及其他有关资料;

(3)对当事人涉嫌从事侵犯他人注册商标专用权活动的场所实施现场检查;

(4)检查与侵权活动有关的物品;对有证据证明是侵犯他人注册商标专用权的物品,可以查封或者扣押。

工商行政管理部门依法行使前款规定的职权时,当事人应当予以协助、配合,不得拒绝、阻挠(2013年《中华人民共和国商标法》第61~62条)。

三、商标违法行为的行政处理措施

(1)责令限期改正,适用于下列商标违法行为:①经许可使用他人注册商标的,没有在使用该注册商标的商品上标明被许可人的名称和商品产地的;②自行改变注册商标、注册人名义、地址或者其他注册事项的;③用未注册商标冒充注册商标,或者以不得使用的标志作为商标使用的。

(2)责令立即停止侵权行为,适用于侵犯注册商标专用权的行为。

(3)没收、销毁违法使用注册商标的标识、商品和专门用于制造该商品、伪造注册商标标识的工具,适用于侵犯注册商标专用权的行为。

(4)罚款。对于使用未注册商标,冒充注册商标的;以不得使用的标志作为商标的;法律、行政法规规定必须使用注册商标的商品,没有申请商标注册或者未经核准注册而在市场销售的,处以罚款的数额为违法经营额20%以下,没有违法经营额或者违法经营额不足5万元的,可以处1万元以下的罚款。对于侵犯注册商标专用权的行为,违法经营额5万元以上的,可以处违法经营额5倍以下的罚款,没有违法经营额或者违法经营额不足5万元的,可以处25万元以下的罚款(2013年《中华人民共和国商标法》第43条、第49条、第52条、第60条,2014年《中华人民共和国商标法实施条例》第71条)。

四、商标违法行为的行政处理救济

工商行政管理部门根据当事人的请求,就侵犯商标专用权的赔偿数额进行调解不成(当事人未达成协议或者调解书生效后不履行)的,当事人可以依照《中华人民共和国民事诉讼法》向人民法院起诉(2013年《中华人民共和国商标法》第60条第3款)。

第三节 商标权的刑事保护

一、假冒注册商标罪

(一)假冒注册商标罪的概念

假冒注册商标罪,是指未经注册商标所有人许可,在同一种商品上使用与其注册商标相同的商标,情节严重的行为(2015年《中华人民共和国刑法》第213条)。

(二)假冒注册商标罪的构成要件

(1)主体:假冒注册商标罪的主体为一般主体,即任何企业事业单位或者个人假冒他人注册商标,情节达到犯罪标准的即构成本罪。

(2)客体:假冒注册商标罪侵犯的客体为他人合法的注册商标专用权,以及国家商标管理秩序。

(3)主观方面:假冒注册商标罪在主观方面表现为故意,且以营利为目的。

(4)客观方面:假冒注册商标罪在客观方面表现为未经注册商标所有人许可,在同一种商品上使用与其注册商标相同的商标,情节严重的行为。

(三)假冒注册商标罪的犯罪对象

假冒注册商标罪的犯罪对象是他人已经注册的商品商标。

(四)假冒注册商标罪的认定

1."同一种商品"的认定

名称相同的商品,以及名称不同但指同一事物的商品,可以认定为"同一种商品"。其中,"名称"是指国家工商行政管理总局商标局在商标注册工作中对商品使用的名称,通常即《商标注册用商品和服务国际分类》中规定的商品名称;"名称不同但指同一事物的商品"是指在功能、用途、主要原料、消费对象、销售渠道等方面相同或者基本相同,相关公众一般认为是同一种事物的商品。认定"同一种商品",应当在权利人注册商标核定使用的商品和行为人实际生产销售的商品之间进行比较(最高人民法院、最高人民检察院、公安部2011年《关于办理侵犯知识产权刑事案件适用法律若干问题的意见》第5条)。

2."使用"和"相同的商标"的认定

所谓"使用",是指将注册商标或者假冒的注册商标用于商品、商品包装或者容器,以及产品说明书、商品交易文书,或者将注册商标或者假冒的注册商标用于广告宣传、展览,以及其他商业活动等行为。

所谓"相同的商标",是指与被假冒的注册商标完全相同,或者与被假冒的注册商标在视觉上基本无差别、足以对公众产生误导的商标(2004年《最高人民法院、最高人民检察院关于办理侵犯知识产权刑事案件具体应用法律若干问题的解释》第8条)。

3."与其注册商标相同的商标"的认定

具有下列情形之一,可以认定为"与其注册商标相同的商标":

(1)改变注册商标的字体、字母大小写或者文字横竖排列,与注册商标之间

仅有细微差别的;

(2)改变注册商标的文字、字母、数字等之间的间距,不影响体现注册商标显著特征的;

(3)改变注册商标颜色的;

(4)其他与注册商标在视觉上基本无差别、足以对公众产生误导的商标(最高人民法院、最高人民检察院、公安部2011年《关于办理侵犯知识产权刑事案件适用法律若干问题的意见》第6条)。

4.尚未附着或者尚未全部附着假冒注册商标标识的侵权产品价值的认定

在计算制造、储存、运输和未销售的假冒注册商标侵权产品价值时,对于已经制作完成但尚未附着(含加贴)或者尚未全部附着(含加贴)假冒注册商标标识的产品,如果有确实、充分证据证明该产品将假冒他人注册商标,其价值计入非法经营数额(最高人民法院、最高人民检察院、公安部2011年《关于办理侵犯知识产权刑事案件适用法律若干问题的意见》第7条)。

(五)假冒注册商标罪的刑罚

(1)情节严重的,处3年以下有期徒刑或者拘役,并处或者单处罚金;

(2)情节特别严重的,处3年以上7年以下有期徒刑,并处罚金(2015年《中华人民共和国刑法》第213条)。

(六)假冒注册商标罪的量刑标准

1.具有下列情形之一的,属于"情节严重",应当以假冒注册商标罪判处3年以下有期徒刑或者拘役,并处或者单处罚金:

(1)非法经营数额在5万元以上或者违法所得数额在3万元以上的;

(2)假冒两种以上注册商标,非法经营数额在3万元以上或者违法所得数额在2万元以上的;

(3)其他情节严重的情形。

2.具有下列情形之一的,属于"情节特别严重",应当以假冒注册商标罪判处3年以上7年以下有期徒刑,并处罚金:

(1)非法经营数额在25万元以上或者违法所得数额在15万元以上的;

(2)假冒两种以上注册商标,非法经营数额在15万元以上或者违法所得数额在10万元以上的;

(3)其他情节特别严重的情形(2004年《最高人民法院、最高人民检察院关于办理侵犯知识产权刑事案件具体应用法律若干问题的解释》第1条)。

二、销售假冒注册商标的商品罪

(一)销售假冒注册商标的商品罪的概念

销售假冒注册商标的商品罪,是指销售明知是假冒注册商标的商品,销售金额数额较大的行为(2015年《中华人民共和国刑法》第214条)。

(二)销售假冒注册商标的商品罪的构成要件

(1)主体:销售假冒注册商标的商品罪的主体为一般主体,可以是任何单位和个人。

(2)客体:销售假冒注册商标的商品罪侵犯的客体为他人合法的注册商标专用权和国家商标管理秩序。

(3)主观方面:销售假冒注册商标的商品罪在主观方面表现为故意,即明知是假冒注册商标的商品,而故意销售给他人。

(4)客观方面:销售假冒注册商标的商品罪在客观方面表现为销售明知是假冒注册商标的商品,销售金额数额较大的行为。

(三)销售假冒注册商标的商品罪的犯罪对象

销售假冒注册商标的商品罪的犯罪对象是假冒注册商标的商品。

(四)销售假冒注册商标的商品罪的认定

1. "销售金额"和"明知"的认定

所谓"销售金额",是指销售假冒注册商标的商品后所得和应得的全部违法收入。

具有下列情形之一的,应当认定为属于"明知":

(1)知道自己销售的商品上的注册商标被涂改、调换或者覆盖的;

(2)因销售假冒注册商标的商品受到过行政处罚或者承担过民事责任、又销售同一种假冒注册商标的商品的;

(3)伪造、涂改商标注册人授权文件或者知道该文件被伪造、涂改的;

(4)其他知道或者应当知道是假冒注册商标的商品的情形(2004年《最高人民法院、最高人民检察院关于办理侵犯知识产权刑事案件具体应用法律若干问题的解释》第9条)。

2. 尚未销售或者部分销售的定罪

销售明知是假冒注册商标的商品,具有下列情形之一的,以销售假冒注册商标的商品罪(未遂)定罪处罚:①假冒注册商标的商品尚未销售,货值金额在15万元以上的;②假冒注册商标的商品部分销售,已销售金额不满5万元,但与尚未销售的假冒注册商标的商品的货值金额合计在15万元以上的。

假冒注册商标的商品尚未销售,货值金额分别达到15万元以上不满25万元、25万元以上的,分别依照销售金额数额较大、销售金额数额巨大定罪处罚。

销售金额和未销售货值金额分别达到不同的法定刑幅度或者均达到同一法定刑幅度的,在处罚较重的法定刑或者同一法定刑幅度内酌情从重处罚(最高人民法院、最高人民检察院、公安部2011年《关于办理侵犯知识产权刑事案件适用法律若干问题的意见》第8条)。

3. 与假冒注册商标罪的竞合

(1)实施假冒注册商标犯罪,又销售该假冒注册商标的商品,构成犯罪的,应当以假冒注册商标罪定罪处罚。

(2)实施假冒注册商标犯罪,又销售明知是他人的假冒注册商标的商品,构成犯罪的,应当实行数罪并罚(2004年《最高人民法院、最高人民检察院关于办理侵犯知识产权刑事案件具体应用法律若干问题的解释》第13条)。

(五)销售假冒注册商标的商品罪的刑罚

(1)销售金额数额较大的,处3年以下有期徒刑或者拘役,并处或者单处罚金;

(2)销售金额数额巨大的,处3年以上7年以下有期徒刑,并处罚金(2015年《中华人民共和国刑法》第214条)。

(六)销售假冒注册商标的商品罪的量刑标准

(1)销售明知是假冒注册商标的商品,销售金额在5万元以上的,属于"数额较大",应当以销售假冒注册商标的商品罪判处3年以下有期徒刑或者拘役,并处或者单处罚金。

(2)销售金额在25万元以上的,属于"数额巨大",应当以销售假冒注册商标的商品罪判处3年以上7年以下有期徒刑,并处罚金(2004年《最高人民法院、最高人民检察院关于办理侵犯知识产权刑事案件具体应用法律若干问题的解释》第2条)。

三、非法制造、销售非法制造的注册商标标识罪

(一)非法制造、销售非法制造的注册商标标识罪的概念

非法制造、销售非法制造的注册商标标识罪,是指伪造、擅自制造他人注册商标标识或者销售伪造、擅自制造的注册商标标识,情节严重的行为(2015年《中华人民共和国刑法》第215条)。

(二)非法制造、销售非法制造的注册商标标识罪的构成要件

(1)主体:非法制造、销售非法制造的注册商标标识罪的主体为一般主体,包括企事业单位和个人。

(2)客体:非法制造、销售非法制造的注册商标标识罪侵犯的客体为他人合法的注册商标专用权和国家商标管理秩序。

(3)主观方面:非法制造、销售非法制造的注册商标标识罪在主观方面表现为故意,即明知是他人的注册商标标识而仍故意伪造,或明知违反注册商标标识印制委托合同的规定,仍然故意超量制造,或明知是伪造的或擅自制造的他人注册商标标识,却仍故意销售。

(4)客观方面:非法制造、销售非法制造的注册商标标识罪在客观方面表现为伪造、擅自制造他人注册商标标识或者销售伪造、擅自制造的注册商标标识,情节严重的行为。

(三)非法制造、销售非法制造的注册商标标识罪的犯罪对象

非法制造、销售非法制造的注册商标标识罪的犯罪对象是他人的注册商标标识。

(四)非法制造、销售非法制造的注册商标标识罪的认定

1. 尚未销售或者部分销售的定罪

销售他人伪造、擅自制造的注册商标标识,具有下列情形之一的,以销售非法制造的注册商标标识罪(未遂)定罪处罚:

(1)尚未销售他人伪造、擅自制造的注册商标标识数量在6万件以上的;

(2)尚未销售他人伪造、擅自制造的两种以上注册商标标识数量在3万件以上的;

(3)部分销售他人伪造、擅自制造的注册商标标识,已销售标识数量不满两万件,但与尚未销售标识数量合计在6万件以上的;

(4)部分销售他人伪造、擅自制造的两种以上注册商标标识,已销售标识数量不满1万件,但与尚未销售标识数量合计在3万件以上的(最高人民法院、最高人民检察院、公安部2011年《关于办理侵犯知识产权刑事案件适用法律若干问题的意见》第9条)。

2. 与假冒注册商标罪的竞合

行为人既非法制造他人注册商标标识,又将此商标标识用于假冒他人注册商标的商品上,属牵连犯,择一重罪定罪量刑。

(五)非法制造、销售非法制造的注册商标标识罪的刑罚

(1)情节严重的,处3年以下有期徒刑、拘役或者管制,并处或者单处罚金;

(2)情节特别严重的,处 3 年以上 7 年以下有期徒刑,并处罚金(2015 年《中华人民共和国刑法》第 215 条)。

(六)非法制造、销售非法制造的注册商标标识罪的量刑标准

(1)具有下列情形之一的,属于"情节严重",应当以非法制造、销售非法制造的注册商标标识罪判处 3 年以下有期徒刑、拘役或者管制,并处或者单处罚金:

(1)伪造、擅自制造或者销售伪造、擅自制造的注册商标标识数量在两万件以上,或者非法经营数额在 5 万元以上,或者违法所得数额在 3 万元以上的;

(2)伪造、擅自制造或者销售伪造、擅自制造两种以上注册商标标识数量在 1 万件以上,或者非法经营数额在 3 万元以上,或者违法所得数额在两万元以上的;

(3)其他情节严重的情形。

2. 具有下列情形之一的,属于"情节特别严重",应当以非法制造、销售非法制造的注册商标标识罪判处 3 年以上 7 年以下有期徒刑,并处罚金:

(1)伪造、擅自制造或者销售伪造、擅自制造的注册商标标识数量在 10 万件以上,或者非法经营数额在 25 万元以上,或者违法所得数额在 15 万元以上的;

(2)伪造、擅自制造或者销售伪造、擅自制造两种以上注册商标标识数量在 5 万件以上,或者非法经营数额在 15 万元以上,或者违法所得数额在 10 万元以上的;

(3)其他情节特别严重的情形(2004 年《最高人民法院、最高人民检察院关于办理侵犯知识产权刑事案件具体应用法律若干问题的解释》第 3 条)。

第四节 驰名商标的特殊保护

一、驰名商标的保护范围

(一)未注册驰名商标的保护范围

限于同类或类似商品或服务上注册和使用的相同或近似的商标,即未注册驰名商标的保护范围与商标禁止权的权利范围一致(2013 年《中华人民共和国商标法》第 13 条第 2 款)。

(二)已注册驰名商标的保护范围

超越同类或类似商品或服务上注册和使用的相同或近似的商标,扩展到不相同或不相类似商品或服务上注册和使用的相同或近似的商标,即已注册驰名商标实行跨类保护(2013年《中华人民共和国商标法》第13条第3款)。

请求禁止在不相类似商品或服务上使用与已注册驰名商标相同或近似的商标或者企业名称的,人民法院应当根据案件具体情况,综合考虑以下因素后作出裁判:

(1)该驰名商标的显著程度;

(2)该驰名商标在使用被诉商标或者企业名称的商品的相关公众中的知晓程度;

(3)使用驰名商标的商品与使用被诉商标或者企业名称的商品之间的关联程度;

(4)其他相关因素(2009年《最高人民法院关于审理涉及驰名商标保护的民事纠纷案件应用法律若干问题的解释》第10条)。

二、驰名商标的保护期限

已经注册的商标落入驰名商标保护范围的,自该商标注册之日起5年内,驰名商标所有人或利害关系人可以请求商标评审委员会宣告该注册商标无效。对恶意注册的,驰名商标所有人不受5年的时间限制(2013年《中华人民共和国商标法》第45条第1款)。

三、驰名商标的保护方式

(一)行政保护

(1)驰名商标所有人认为他人经初步审定并公告的商标落入其驰名商标的保护范围,可以向商标局提出异议。

(2)驰名商标所有人认为他人已经注册的商标落入其驰名商标的保护范围,可以向商标评审委员会请求宣告该注册商标无效。

(3)驰名商标所有人认为他人商标违法行为对其驰名商标造成损害,可以当地的市(地、州)以上工商行政管理部门请求查处该商标违法行为(国家工商行政管理总局2014年《驰名商标认定和保护规定》第5~7条)。

(二)司法保护

行为人使用的注册商标,落入未注册驰名商标的保护范围并容易导致混淆,或者落入已注册驰名商标的保护范围并误导公众,致使该驰名商标注册人的利益可能受到损害,权利人在商标民事、行政案件审理过程中依法主张权利的,最高人民法院指定的人民法院根据审理案件的需要,可以对商标驰名情况做出认定。其中:

"容易导致混淆"是指足以使相关公众对使用驰名商标和被诉商标的商品来源产生误认,或者足以使相关公众认为使用驰名商标和被诉商标的经营者之间具有许可使用、关联企业关系等特定联系。

"误导公众,致使该驰名商标注册人的利益可能受到损害"是指足以使相关公众认为被诉商标与驰名商标具有相当程度的联系,而减弱驰名商标的显著性、贬损驰名商标的市场声誉,或者不正当利用驰名商标的市场声誉(2009年《最高人民法院关于审理涉及驰名商标保护的民事纠纷案件应用法律若干问题的解释》第9条)。

第五编

其他知识产权法律制度

第十四章 制止不正当竞争权

第一节 制止不正当竞争权的创造

一、制止不正当竞争权的主体

制止不正当竞争权是指经营者在工商业活动中制止其他经营者不正当竞争行为的权利,❶其中:不正当竞争是指经营者违反《反不正当竞争法》的规定,损害其他经营者的合法权益,扰乱社会经济秩序的行为;经营者是指从事商品经营或者营利性服务的法人、其他经济组织和个人(1993年《中华人民共和国反不正当竞争法》第2条),它是制止不正当竞争权的主体。

二、制止不正当竞争权的客体

制止不正当竞争权的客体是不正当竞争行为和相应的智力活动成果,与知识产权有关的主要有以下四种:

(一)假冒

假冒是指经营者未经许可而使用他人的商业标识从事市场交易,损害竞争对手并造成消费者在商品、服务或商业活动来源上混淆的不正当竞争行为(1993年《中华人民共和国反不正当竞争法》第5条第1款)。

(二)虚假宣传

虚假宣传是指经营者利用广告或者其他方法,对其商品、服务或商业活动等作不符合事实的描述,引人误解的不正当竞争行为。其中,对商品进行虚假宣传的对象包括但不限于商品的质量、制作成分、性能、用途、生产者、有效期限、产地等(1993年《中华人民共和国反不正当竞争法》第9条)。

---

❶ 李明德. 知识产权法[M]. 北京:社会科学文献出版社,2007:96-97.

(三) 商业诋毁

商业诋毁是指经营者针对他人的商品、服务或商业活动等捏造、散布虚伪事实,损害竞争对手的商业信誉、商品声誉的不正当竞争行为(1993年《中华人民共和国反不正当竞争法》第14条)。

(四) 商业秘密

商业秘密是指不为公众所知悉、能为权利人带来经济利益、具有实用性并经权利人采取保密措施的技术信息和经营信息(1993年《中华人民共和国反不正当竞争法》第10条第3款)。其中,技术信息称为技术秘密,经营信息称为经营秘密。经营秘密中的客户名单,一般是指客户的名称、地址、联系方式以及交易的习惯、意向、内容等构成的区别于相关公知信息的特殊客户信息,包括汇集众多客户的客户名册,以及保持长期稳定交易关系的特定客户(2007年《最高人民法院关于审理不正当竞争民事案件应用法律若干问题的解释》第13条)。

三、制止不正当竞争权的取得

制止不正当竞争权基于经营者所拥有的商品、服务、商业活动、商业标识、商业秘密而产生,其中:商品、服务、商业活动是经营者与生俱来的,基于此而产生的制止虚假宣传的权利、制止商业诋毁的权利是经营者的自然权利;在商业标识、商业秘密中,注册商标需要申请注册取得,企业名称、姓名需以"使用"为前提,知名商品特有的名称、包装、装潢需以"知名""特有""使用"和"混淆"为前提,质量、产地标志需要通过认证、评比、申请等取得,商业秘密需要满足构成要件。关于商标注册,在商标权创造的部分已详述,在此不再重复;关于质量、产地标志的认证、评比、申请等,不属于知识产权的范畴,在此不予论述;下面主要阐述制止假冒的权利中企业名称、姓名的使用,知名商品特有的名称、包装、装潢的知名、特有、使用和混淆,以及商业秘密的构成要件。

(一) 企业名称、姓名的使用

"企业名称"是指企业登记主管机关依法登记注册的企业名称,以及在中国境内进行商业使用的外国(地区)企业名称,或者具有一定的市场知名度、为相关公众所知悉的企业名称中的字号。

"姓名"是指在商品经营中使用的自然人的姓名,或者具有一定的市场知名度、为相关公众所知悉的自然人的笔名、艺名等。

"使用"是指在中国境内进行商业使用,包括将企业名称、姓名用于商品、商品包装以及商品交易文书上,或者用于广告宣传、展览以及其他商业活动中。(2007年《最高人民法院关于审理不正当竞争民事案件应用法律若干问题的解

释》第 6—7 条)

(二)知名商品特有的名称、包装、装潢的知名、特有、使用和混淆

"知名商品"是指在中国境内具有一定的市场知名度,为相关公众所知悉的商品(2007年《最高人民法院关于审理不正当竞争民事案件应用法律若干问题的解释》第1条第1款)。

"特有的名称、包装、装潢"是指具有区别商品来源的显著特征的商品的名称、包装、装潢,其中"装潢"是指由经营者营业场所的装饰、营业用具的式样、营业人员的服饰等构成的具有独特风格的整体营业形象(2007年《最高人民法院关于审理不正当竞争民事案件应用法律若干问题的解释》第2条第1款、第3条)。

"使用"是指在中国境内进行商业使用,包括将知名商品特有的名称、包装、装潢用于商品、商品包装以及商品交易文书上,或者用于广告宣传、展览以及其他商业活动中(2007年《最高人民法院关于审理不正当竞争民事案件应用法律若干问题的解释》第7条)。

"造成和他人的知名商品相混淆,使购买者误认为是该知名商品"是指足以使相关公众对商品的来源产生误认,包括误认为与知名商品的经营者具有许可使用、关联企业关系等特定联系。(2007年《最高人民法院关于审理不正当竞争民事案件应用法律若干问题的解释》第4条第1款)

(三)商业秘密的构成要件

(1)"不为公众所知悉":指有关信息不为其所属领域的相关人员普遍知悉和容易获得(2007年《最高人民法院关于审理不正当竞争民事案件应用法律若干问题的解释》第9条第1款)。

(2)"能为权利人带来经济利益、具有实用性":指有关信息具有现实的或者潜在的商业价值,能为权利人带来竞争优势(2007年《最高人民法院关于审理不正当竞争民事案件应用法律若干问题的解释》第10条)。

(3)"保密措施":指权利人为防止信息泄漏所采取的与其商业价值等具体情况相适应的合理保护措施(2007年《最高人民法院关于审理不正当竞争民事案件应用法律若干问题的解释》第11条第1款)。

第二节　制止不正当竞争权的运用

一、制止不正当竞争权的内容和限制

（一）制止不正当竞争权的内容

与知识产权有关的制止不正当竞争权的内容包括：

制止假冒的权利：指经营者在工商业活动中制止其他经营者假冒其商业标识的权利。

制止虚假宣传的权利：指经营者在工商业活动中制止其他经营者对自己的商品、服务或商业活动作引人误解的虚假宣传的权利。

制止商业诋毁的权利：指经营者在工商业活动中制止其他经营者对其商品、服务或商业活动进行商业诋毁的权利。

保护商业秘密的权利：指经营者在工商业活动中保护其商业秘密不受其他经营者侵犯的权利。

（二）制止不正当竞争权的限制

——在不同地域范围内使用相同或者近似的知名商品特有的名称、包装、装潢，在后使用者能够证明其善意使用的，不构成假冒（2007年《最高人民法院关于审理不正当竞争民事案件应用法律若干问题的解释》第1条第2款）。

——知名商品特有的名称、包装、装潢中含有本商品的通用名称、图形、型号，或者直接表示商品的质量、主要原料、功能、用途、重量、数量，以及其他特点，或者含有地名，他人因客观叙述商品而正当使用的，不构成假冒（2007年《最高人民法院关于审理不正当竞争民事案件应用法律若干问题的解释》第2条第3款）。

——商品的名称、包装、装潢属于商标法规定不得作为商标使用的标志，当事人请求依照反不正当竞争法予以保护的，人民法院不予支持（2007年《最高人民法院关于审理不正当竞争民事案件应用法律若干问题的解释》第5条）。

——通过自行开发研制或者反向工程等方式获得的商业秘密，不认定为侵犯商业秘密行为。其中"反向工程"是指通过技术手段对从公开渠道取得的产品进行拆卸、测绘、分析等而获得该产品的有关技术信息（2007年《最高人民法院关于审理不正当竞争民事案件应用法律若干问题的解释》第12条）。

二、制止不正当竞争权的转让和许可

制止不正当竞争权基于经营者所拥有的商品、服务、商业活动、商业标识、商业秘密而产生,因而随着商品、服务、商业活动、商业标识、商业秘密的转移而转移。其中,制止假冒的权利、制止虚假宣传的权利、制止商业诋毁的权利主要表现为程序权,其转让和许可没有实体价值,下面主要讨论商业秘密的转让和许可。

(一)商业秘密转让

商业秘密转让是指商业秘密所有人将自己的商业秘密转让给他人所有。其中,商业秘密所有人称为让与人,接受其商业秘密的人称为受让人。商业秘密转让因标的不同而分为技术秘密转让和经营秘密转让两种,其中技术秘密转让要求签订书面形式的《技术转让(技术秘密)合同》(1999年《中华人民共和国合同法》第342条)。

技术秘密转让合同的让与人应当按照约定提供技术资料,进行技术指导,保证技术的实用性、可靠性,承担保密义务。让与人未按照约定转让技术的,应当返还部分或者全部使用费,并应当承担违约责任;使用技术秘密超越约定的范围的,违反约定擅自许可第三人使用该项技术秘密的,应当停止违约行为,承担违约责任;违反约定的保密义务的,应当承担违约责任(1999年《中华人民共和国合同法》第347条、第351条)。

技术秘密转让合同的受让人应当按照约定使用技术,支付使用费,承担保密义务。受让人未按照约定支付使用费的,应当补交使用费并按照约定支付违约金;不补交使用费或者支付违约金的,应当停止使用技术秘密,交还技术资料,承担违约责任;使用技术秘密超越约定的范围的,未经让与人同意擅自许可第三人使用该技术秘密的,应当停止违约行为,承担违约责任;违反约定的保密义务的,应当承担违约责任(1999年《中华人民共和国合同法》第348条、第352条)。

技术秘密转让合同的受让人按照约定使用技术秘密侵害他人合法权益的,由让与人承担责任,但当事人另有约定的除外(1999年《中华人民共和国合同法》第353条)。

技术秘密转让合同的当事人可以按照互利的原则,约定使用技术秘密后续改进的技术成果的分享办法。没有约定或者约定不明确,依照合同法规定仍不能确定的,一方后续改进的技术成果,其他各方无权分享(1999年《中华人民共和国合同法》第354条)。

(二)商业秘密许可

商业秘密许可又称为商业秘密使用许可,是指商业秘密所有人将自己的商业秘密按照合同约定的条件许可给他人使用。其中,商业秘密所有人是许可人,使用商业秘密的人是被许可人。商业秘密许可分为以下几种类型:

独占许可:是指商业秘密所有人在约定的期间、地域和以约定的方式,将该商业秘密仅许可一个被许可人使用,其他任何人包括商业秘密所有人均不得使用该商业秘密。对于侵犯商业秘密行为,独占许可的被许可人可以单独起诉。

排他许可:是指商业秘密所有人在约定的期间、地域和以约定的方式,将该商业秘密仅许可一个被许可人使用,商业秘密所有人依约定可以使用该商业秘密但不得另行许可他人使用其商业秘密。对于侵犯商业秘密行为,排他许可的被许可人可以和许可人共同起诉,在许可人不起诉时可以自行起诉。

普通许可:是指商业秘密所有人在约定的期间、地域和以约定的方式,许可他人使用其商业秘密,并可自行使用该商业秘密和另行许可他人使用其商业秘密。对于侵犯商业秘密行为,普通许可的被许可人可以和许可人共同起诉,也可以经许可人书面授权后单独起诉(2007年《最高人民法院关于审理不正当竞争民事案件应用法律若干问题的解释》第15条)。

第二节 制止不正当竞争权的保护

一、制止不正当竞争权的民事保护

(一)不正当竞争行为的具体情形

1.假冒的具体情形

(1)假冒他人的注册商标。经营者假冒他人的注册商标,既属于不正当竞争行为,又属于商标侵权行为,可以依照商标法的规定处罚。但将他人注册商标作为企业名称中的字号使用,误导公众,构成不正当竞争行为的,依照反不正当竞争法处理。

(2)擅自使用知名商品特有的名称、包装、装潢,或者使用与知名商品近似的名称、包装、装潢,造成和他人的知名商品相混淆,使购买者误认为是该知名商品。

(3)擅自使用他人的企业名称或者姓名,引人误认为是他人的商品。经营者擅自使用他人的企业名称或者姓名,既属于不正当竞争行为,又属于产品质量违法行为,可以依照产品质量法的规定处罚。

(4)在商品上伪造或者冒用认证标志、名优标志等质量标志,伪造产地,对商品质量作引人误解的虚假表示。经营者伪造或者冒用认证标志、名优标志等质量标志,伪造产地,对商品质量作引人误解的虚假表示,这些既属于不正当竞争行为,又属于产品质量违法行为,可以依照产品质量法的规定处罚(1993年《中华人民共和国反不正当竞争法》第5条、第21条第1款,2013年《中华人民共和国商标法》第58条)。

2. 虚假宣传的具体情形

经营者具有下列行为之一,足以造成相关公众误解的,可以认定为虚假宣传行为:

(1)对商品作片面的宣传或者对比的;

(2)将科学上未定论的观点、现象等当作定论的事实用于商品宣传的;

(3)以歧义性语言或者其他引人误解的方式进行商品宣传的(2007年《最高人民法院关于审理不正当竞争民事案件应用法律若干问题的解释》第8条第1款)。

3. 侵犯商业秘密的具体情形

(1)以盗窃、利诱、胁迫或者其他不正当手段获取权利人的商业秘密;

(2)披露、使用或者允许他人使用以前项手段获取的权利人的商业秘密;

(3)违反约定或者违反权利人有关保守商业秘密的要求,披露、使用或者允许他人使用其所掌握的商业秘密。

(4)第三人明知或者应知侵犯商业秘密行为人的违法行为,仍然获取、使用或者披露他人的商业秘密(1993年《中华人民共和国反不正当竞争法》第10条第1款)。

(二)不正当竞争行为的认定

1. 假冒的认定

——人民法院认定知名商品,应当考虑该商品的销售时间、销售区域、销售额和销售对象,进行任何宣传的持续时间、程度和地域范围,作为知名商品受保护的情况等因素,进行综合判断。

——认定与知名商品特有名称、包装、装潢相同或者近似,可以参照商标相同或者近似的判断原则和方法。

——在相同商品上使用相同或者视觉上基本无差别的商品名称、包装、装潢,应当视为足以造成和他人知名商品相混淆。

——有下列情形之一的,人民法院不认定为知名商品特有的名称、包装、装潢:

①商品的通用名称、图形、型号,但经过使用取得显著特征的除外;②仅仅直接表示商品的质量、主要原料、功能、用途、重量、数量及其他特点的商品名称,但经过使用取得显著特征的除外;③仅由商品自身的性质产生的形状,为获得技术效果而需有的商品形状,以及使商品具有实质性价值的形状;④其他缺乏显著特征的商品名称、包装、装潢,但经过使用取得显著特征的除外(2007年《最高人民法院关于审理不正当竞争民事案件应用法律若干问题的解释》第1条第1款、第2条第1~2款、第4条第2~3款)。

2. 虚假宣传的认定

人民法院应当根据日常生活经验、相关公众一般注意力、发生误解的事实和被宣传对象的实际情况等因素,对虚假宣传行为进行认定。以明显的夸张方式宣传商品,不足以造成相关公众误解的,不属于虚假宣传行为(2007年《最高人民法院关于审理不正当竞争民事案件应用法律若干问题的解释》第8条第2~3款)。

3. 侵犯商业秘密的认定

——具有下列情形之一的,可以认定有关信息不构成不为公众所知悉:①该信息为其所属技术或者经济领域的人的一般常识或者行业惯例;②该信息仅涉及产品的尺寸、结构、材料、部件的简单组合等内容,进入市场后相关公众通过观察产品即可直接获得;③该信息已经在公开出版物或者其他媒体上公开披露;④该信息已通过公开的报告会、展览等方式公开;⑤该信息从其他公开渠道可以获得;⑥该信息无需付出一定的代价而容易获得。

——人民法院应当根据所涉信息载体的特性、权利人保密的意愿、保密措施的可识别程度、他人通过正当方式获得的难易程度等因素,认定权利人是否采取了保密措施。具有下列情形之一,在正常情况下足以防止涉密信息泄漏的,应当认定权利人采取了保密措施:①限定涉密信息的知悉范围,只对必须知悉的相关人员告知其内容;②对于涉密信息载体采取加锁等防范措施;③在涉密信息的载体上标有保密标志;④对于涉密信息采用密码或者代码等;⑤签订保密协议;⑥对于涉密的机器、厂房、车间等场所限制来访者或者提出保密要求;⑦确保信息秘密的其他合理措施。

——通过自行开发研制或者反向工程等方式获得的商业秘密,不认定为侵犯商业秘密行为。其中,"反向工程"是指通过技术手段对从公开渠道取得的产品进行拆卸、测绘、分析等而获得该产品的有关技术信息。当事人以不正当手段知悉了他人的商业秘密之后,又以反向工程为由主张获取行为合法的,不予支持。

——客户基于对职工个人的信赖而与职工所在单位进行市场交易,该职工离职后,能够证明客户自愿选择与自己或者其新单位进行市场交易的,应当认定没有采用不正当手段,但职工与原单位另有约定的除外(2007年《最高人民法院关于审理不正当竞争民事案件应用法律若干问题的解释》第9条第2款、第11条第2~3款、第12条、第13条第2款)。

(三)不正当竞争民事案件的管辖、证据和判决

1. 管辖

假冒、虚假宣传、商业诋毁和侵犯商业秘密的不正当竞争民事第一审案件,一般由中级人民法院管辖。各高级人民法院根据本辖区的实际情况,经最高人民法院批准,可以确定若干基层人民法院受理不正当竞争民事第一审案件,已经批准可以审理知识产权民事案件的基层人民法院,可以继续受理(2007年《最高人民法院关于审理不正当竞争民事案件应用法律若干问题的解释》第18条)。

2. 证据

——原告指称他人假冒其知名商品特有的名称、包装、装潢的,应当对其商品的市场知名度负举证责任。

——当事人指称他人侵犯其商业秘密的,应当对其拥有的商业秘密符合法定条件、对方当事人的信息与其商业秘密相同或者实质相同,以及对方当事人采取不正当手段的事实负举证责任。其中,商业秘密符合法定条件的证据,包括商业秘密的载体、具体内容、商业价值和对该项商业秘密所采取的具体保密措施等(2007年《最高人民法院关于审理不正当竞争民事案件应用法律若干问题的解释》第1条第1款、第14条)。

3. 判决

(1)停止侵害:人民法院对于侵犯商业秘密行为判决停止侵害的民事责任时,停止侵害的时间一般持续到该项商业秘密已为公众知悉时为止。判决停止侵害的时间如果明显不合理的,可以在依法保护权利人该项商业秘密竞争优势的情况下,判决侵权人在一定期限或者范围内停止使用该项商业秘密(2007年《最高人民法院关于审理不正当竞争民事案件应用法律若干问题的解释》第16条)。

(2)损害赔偿:经营者的不正当竞争行为给被侵害的经营者造成损害的,应当承担损害赔偿责任,被侵害的经营者的损失难以计算的,赔偿额为侵权人在侵权期间因侵权所获得的利润;并应当承担被侵害的经营者因调查该经营者侵害其合法权益的不正当竞争行为所支付的合理费用。其中,确定侵犯商业秘密行为的损害赔偿额,可以参照确定侵犯专利权的损害赔偿额的方法进行;确定假冒、虚假宣传、商业诋毁的不正当竞争行为的损害赔偿额,可以参照确定侵犯注

册商标专用权的损害赔偿额的方法进行。因侵权行为导致商业秘密已为公众所知悉的,应当根据该项商业秘密的商业价值确定损害赔偿额。商业秘密的商业价值,根据其研究开发成本、实施该项商业秘密的收益、可得利益、可保持竞争优势的时间等因素确定(1993年《中华人民共和国反不正当竞争法》第20条,2007年《最高人民法院关于审理不正当竞争民事案件应用法律若干问题的解释》第17条)。

二、制止不正当竞争权的行政保护

(一)监督检查部门

——县级以上监督检查部门对不正当竞争行为,可以进行监督检查。

——监督检查部门在监督检查不正当竞争行为时,有权行使下列职权:①按照规定程序询问被检查的经营者、利害关系人、证明人,并要求提供证明材料或者与不正当竞争行为有关的其他资料;②查询、复制与不正当竞争行为有关的协议、账册、单据、文件、记录、业务函电和其他资料;③检查与本法第五条规定的不正当竞争行为有关的财物,必要时可以责令被检查的经营者说明该商品的来源和数量,暂停销售,听候检查,不得转移、隐匿、销毁该财物。

——监督检查部门工作人员监督检查不正当竞争行为时,应当出示检查证件。监督检查部门在监督检查不正当竞争行为时,被检查的经营者、利害关系人和证明人应当如实提供有关资料或者情况(1993年《中华人民共和国反不正当竞争法》第16~19条)。

(二)监督检查措施

——经营者擅自使用知名商品特有的名称、包装、装潢,或者使用与知名商品近似的名称、包装、装潢,造成和他人的知名商品相混淆,使购买者误认为是该知名商品的,监督检查部门应当责令停止违法行为,没收违法所得,可以根据情节处以违法所得1倍以上3倍以下的罚款;情节严重的,可以吊销营业执照(1993年《中华人民共和国反不正当竞争法》第21条第2款)。

——经营者利用广告或者其他方法,对商品作引人误解的虚假宣传的,监督检查部门应当责令停止违法行为,消除影响,可以根据情节处以1万元以上20万元以下的罚款。广告的经营者,在明知或者应知的情况下,代理、设计、制作、发布虚假广告的,监督检查部门应当责令停止违法行为,没收违法所得,并依法处以罚款(1993年《中华人民共和国反不正当竞争法》第24条)。

——侵犯商业秘密的,权利人可以向监督检查部门申请查处,并提供商业秘密及侵权行为存在的有关证据;监督检查部门应当责令停止违法行为,可以根据情节处以 1 万元以上 20 万元以下的罚款。监督检查部门在对侵犯商业秘密行为予以处罚时,对侵权物品可以作如下处理:①责令并监督侵权人将载有商业秘密的图纸、软件及其他有关资料返还权利人;②监督侵权人销毁使用权利人商业秘密生产的、流入市场将会造成商业秘密公开的产品。但权利人同意收购、销售等其他处理方式的除外(1993 年《中华人民共和国反不正当竞争法》第 25 条,国家工商行政管理总局 1998 年《关于禁止侵犯商业秘密行为的若干规定》第 5 条、第 7 条)。

(三)监督检查救济

当事人对监督检查部门做出的处罚决定不服的,可以自收到处罚决定之日起 15 日内向上一级主管机关申请复议;对复议决定不服的,可以自收到复议决定书之日起 15 日内向人民法院提起诉讼;也可以直接向人民法院提起诉讼(1993 年《中华人民共和国反不正当竞争法》第 29 条)。

三、制止不正当竞争权的刑事保护

(一)侵犯商业秘密罪的概念

侵犯商业秘密罪是指违反国家对商业秘密的管理制度,以盗窃、利诱、胁迫或者其他不正当手段获取权利人的商业秘密,或者非法披露、使用或者允许他人使用其所掌握的或获取的商业秘密,给商业秘密的权利人造成重大损失的行为。其中,权利人包括商业秘密的所有人和经商业秘密所有人许可的商业秘密使用人(2015 年《中华人民共和国刑法》第 219 条)。

(二)侵犯商业秘密罪的构成要件

(1)主体:侵犯商业秘密罪的主体为一般主体,既包括达到刑事责任年龄且具有刑事责任能力的自然人,又包括企事业单位。

(2)客体:侵犯商业秘密罪侵犯的客体既包括国家对商业秘密的管理制度,又包括商业秘密的权利人享有的合法权利。

(3)主观方面:侵犯商业秘密罪在主观方面表现为故意,至于行为人出于何种动机而实施犯罪,不影响本罪的成立,只是量刑时可考虑的情节。

(4)客观方面:侵犯商业秘密罪在客观方面表现为实施了侵犯商业秘密的行为,并且给权利人造成了重大损失。构成犯罪的侵犯商业秘密的行为具体表现为以下情形:①以盗窃、利诱、胁迫或者其他不正当手段获取权利人的商业秘密;②披露、使用或者允许他人使用以前项手段获取的权利人的商业秘密;③违反约定或者违反权利人有关保守商业秘密的要求,披露、使用或者允许他人使用其所掌握的商业秘密;④明知或者应知上述行为,获取、使用或者披露他人的商业秘密。

(三)侵犯商业秘密罪的犯罪对象

侵犯商业秘密罪的犯罪对象是商业秘密,指不为公众所知悉,能为权利人带来经济利益,具有实用性并经权利人采取保密措施的技术信息和经营信息。

(四)侵犯商业秘密罪的认定

(1)侵犯商业秘密,涉嫌下列情形之一的,应予追诉:①给商业秘密权利人造成直接经济损失数额在50万元以上的;②致使权利人破产或者造成其他严重后果的(2001年《最高人民检察院、公安部关于经济犯罪案件追诉标准的规定》第65条)。

(2)对于以盗窃、利诱、胁迫或者其他不正当手段获取他人商业秘密,然后使用该商业秘密制造产品并假冒他人注册商标的,原则上应以数罪论处;对于单纯非法使用他人商业秘密制造产品并假冒他人注册商标的,应认定为一行为触犯了数罪名,以一个重罪论处。

(3)公司、企业工作人员因为职务或业务知悉商业秘密内容后,擅自将该商业秘密出卖给他人,并将非法所得据为己有或者使第三者所有的,应当根据情节与主体身份,认定为贪污罪或职务侵占罪。

(五)侵犯商业秘密罪的刑罚

(1)给商业秘密的权利人造成重大损失的,处3年以下有期徒刑或者拘役,并处或者单处罚金;

(2)造成特别严重后果的,处3年以上7年以下有期徒刑,并处罚金;

(3)单位犯侵犯商业秘密罪的,对单位判处罚金,并对其直接负责的主管人员和其他直接责任人员,依照上述规定处罚(2015年《中华人民共和国刑法》第219~220条)。

(六)侵犯商业秘密罪的量刑标准

(1)给商业秘密的权利人造成损失数额在50万元以上的,属于"给商业秘密的权利人造成重大损失",应当以侵犯商业秘密罪判处三年以下有期徒刑或者拘役,并处或者单处罚金。

(2)给商业秘密的权利人造成损失数额在250万元以上的,属于"造成特别严重后果",应当以侵犯商业秘密罪判处3年以上7年以下有期徒刑,并处罚金。(最高人民法院,最高人民检察院2004年《关于办理侵犯知识产权刑事案件具体应用法律若干问题的解释》第7条)。

合同编号：

技术转让(技术秘密)合同

项目名称：_____
受让方(甲方)：_____
　　　　　　　_____
让与方(乙方)：_____
　　　　　　　_____
签订时间：_____
签订地点：_____
有效期限：_____

中华人民共和国科学技术部印制

填 写 说 明

一、本合同为中华人民共和国科学技术部印制的技术转让(技术秘密)合同示范文本，各技术合同认定登记机构可推介技术合同当事人参照使用。

二、本合同书适用于让与人将其拥有的技术秘密提供给受让方，明确相互之间技术秘密使用权和转让权，受让方支付约定使用费而订立的合同。

三、签约一方为多个当事人的，可按各自在合同关系中的作用等，在"委托方""受托方"项下(增页)分别排列为共同受让人或共同让与人。

四、本合同书未尽事项，可由当事人附页另行约定，并作为本合同的组成部分。

五、当事人使用本合同书时约定无需填写的条款，应在该条款处注明"无"等字样。

技术转让(技术秘密)合同

受让方(甲方)：_____
住　所　地：_____
法定代表人：_____

项目联系人：＿＿＿＿＿＿＿＿＿＿＿＿＿＿＿＿＿＿＿＿＿＿

联系方式：＿＿＿＿＿＿＿＿＿＿＿＿＿＿＿＿＿＿＿＿＿＿＿

通讯地址：＿＿＿＿＿＿＿＿＿＿＿＿＿＿＿＿＿＿＿＿＿＿＿

电话：＿＿＿＿＿＿＿＿＿＿＿　　传真：＿＿＿＿＿＿＿＿＿＿

电子信箱：＿＿＿＿＿＿＿＿＿＿＿＿＿＿＿＿＿＿＿＿＿＿＿

让与方（乙方）：＿＿＿＿＿＿＿＿＿＿＿＿＿＿＿＿＿＿＿＿

住 所 地：＿＿＿＿＿＿＿＿＿＿＿＿＿＿＿＿＿＿＿＿＿＿

法定代表人：＿＿＿＿＿＿＿＿＿＿＿＿＿＿＿＿＿＿＿＿＿＿

项目联系人：＿＿＿＿＿＿＿＿＿＿＿＿＿＿＿＿＿＿＿＿＿＿

联系方式：＿＿＿＿＿＿＿＿＿＿＿＿＿＿＿＿＿＿＿＿＿＿＿

通讯地址：＿＿＿＿＿＿＿＿＿＿＿＿＿＿＿＿＿＿＿＿＿＿＿

电话：＿＿＿＿＿＿＿＿＿＿＿　　传真：＿＿＿＿＿＿＿＿＿＿

电子信箱：＿＿＿＿＿＿＿＿＿＿＿＿＿＿＿＿＿＿＿＿＿＿＿

本合同乙方将其拥有＿＿＿＿＿＿＿＿＿＿＿＿＿＿＿＿＿＿＿＿＿＿＿＿＿＿＿＿＿＿＿项目的技术秘密＿＿＿＿＿＿＿＿＿＿＿＿＿＿＿＿＿＿＿（使用权、转让权）转让甲方，甲方受让并支付相应的使用费。双方经过平等协商，在真实、充分地表达各自意愿的基础上，根据《中华人民共和国合同法》的规定，达成如下协议，并由双方共同恪守。

第一条：乙方转让甲方的技术秘密内容如下：

1. 技术秘密的内容：＿＿＿＿＿＿＿＿＿＿＿＿＿＿＿＿＿＿＿＿
＿＿＿＿＿＿＿＿＿＿＿＿＿＿＿＿＿＿＿＿＿＿＿＿＿＿＿＿＿＿＿＿
＿＿＿＿＿＿＿＿＿＿＿＿＿＿＿＿＿＿＿＿＿＿＿＿＿＿＿＿＿＿＿＿
＿＿＿＿＿＿＿＿＿＿＿＿＿＿＿＿＿＿＿＿＿＿＿＿＿＿＿＿＿＿。

2. 技术指标和参数：＿＿＿＿＿＿＿＿＿＿＿＿＿＿＿＿＿＿＿＿
＿＿＿＿＿＿＿＿＿＿＿＿＿＿＿＿＿＿＿＿＿＿＿＿＿＿＿＿＿＿＿＿
＿＿＿＿＿＿＿＿＿＿＿＿＿＿＿＿＿＿＿＿＿＿＿＿＿＿＿＿＿＿。

3. 本技术秘密的工业化开发程度：＿＿＿＿＿＿＿＿＿＿＿＿＿＿
＿＿＿＿＿＿＿＿＿＿＿＿＿＿＿＿＿＿＿＿＿＿＿＿。

第二条：为保证甲方有效实施本项技术秘密，乙方应向甲方提交以下技术资料：

1. ＿＿＿＿＿＿＿＿＿＿＿＿＿＿＿＿＿＿＿＿＿＿＿＿＿＿＿＿；

2. _____;

3. _____;

4. _____。

第三条：乙方提交技术资料时间、地点、方式如下：

1. 提交时间：_____

2. 提交地点：_____

3. 提交方式：_____

第四条：乙方在本合同生效前实施或转让本项技术秘密的状况如下：

1. 乙方实施本项技术秘密的状况（时间、地点、方式和规模）：_____
_____
_____
_____。

2. 乙方转让他人本项技术秘密的状况（时间、地点、方式和规模）：_____
_____
_____
_____。

第五条：甲方应以如下范围、方式和期限实施本项技术秘密：

1. 实施范围：_____
_____
_____。

2. 实施方式：_____
_____
_____。

3. 实施期限：_____。

第六条：乙方保证本项技术秘密的实用性、可靠性，并保证本项技术秘密不侵犯任何第三人的合法权利。如发生第三人指控甲方实施技术秘密侵权的，乙方应当_____
_____。

第七条：在本合同履行过程中，因本项技术秘密已经由他人公开（以专利权方式公开的除外），一方应在_____日内通知另一方解除合同。逾期未通知并致使另一方产生损失的，另一方有权要求予以赔偿。具体赔偿方式为：__
_____
_____。

第八条：双方确定因履行本合同应遵守的保密义务如下：

甲方：

1. 保密内容（包括技术信息和经营信息）：_____
_____

2. 涉密人员范围：_____
_____。

3. 保密期限：_____。

4. 泄密责任：_____
_____。

乙方：

1. 保密内容（包括技术信息和经营信息）：_____
_____
_____。

2. 涉密人员范围：_____
_____。

3. 保密期限：_____。

4. 泄密责任：_____
_____。

第九条：双方确定，乙方在本合同有效期内，将本项技术秘密申请专利或以其他方式公开的，应当征得甲方同意；乙方就本项技术秘密申请专利并取得专利权的，甲方依本合同有继续使用的权利。

第十条：为保证甲方有效实施本项技术秘密，乙方应向甲方提供以下技术服务和技术指导：_____

1. 技术服务和技术指导的内容：_____
_____。

2. 技术服务和技术指导的方式：_____
_____。

第十一条：甲方向乙方支付受让该项技术秘密的使用费及支付方式为：

1. 技术秘密使用费总额为：_____

其中：技术服务和指导费为：_____

2. 技术秘密使用费由甲方_____（一次、分期或提成）支付乙方。

具体支付方式和时间如下：

（1）_____

（2）_____

（3）_____

乙方开户银行名称、地址和账号为：

开户银行：_____

地　址：_____

账　号：_____

3.双方确定,甲方以实施该项技术秘密所产生的利益提成支付乙方许可使用费的,乙方有权以_____
_____方式查阅甲方有关的会计账目。

第十二条：双方确定,乙方许可甲方实施本项技术秘密、提供技术服务和技术指导,按以下标准和方式验收：

1._____

2._____

3._____

第十三条：甲方应当在本合同生效后_____日内开始实施本项技术秘密；逾期未实施的,应当及时通知乙方并予以正当解释,征得乙方认可。甲方逾期_____日未实施本项技术秘密且未予解释,影响乙方技术转让提成收益的,乙方有权要求甲方支付违约金或赔偿损失。

第十四条：双方确定,在本合同履行中,任何一方不得以下列方式限制另一方的技术竞争和技术发展：

1._____

2._____

3._____

第十五条：双方确定：

1.甲方有权利用乙方让与的技术秘密进行后续改进,由此产生的具有实质性或者创造性技术进步特征的新的技术成果,归_____（甲方、双方）方所有。具体相关利益的分配办法如下：_____
_____
_____。

2.乙方有权对让与甲方的技术秘密进行后续改进。由此产生的具有实质性或创造性技术进步特征的新的技术成果,归_____（乙方、双方）方所有。具体相关利益的分配办法如下：_____

_____。

　　第十六条：本合同的变更必须由双方协商一致，并以书面形式确定。但有下列情形之一的，一方可以向另一方提出变更合同权利与义务的请求，另一方应当在_____日内予以答复；逾期未予答复的，视为同意：

　　1._____
　　2._____
　　3._____
　　4._____

　　第十七条：双方确定，按以下约定承担各自的违约责任：

　　1._____方违反本合同第_____条约定，应当_____
_____（支付违约金或损失赔偿额的计算方法）。

　　2._____方违反本合同第_____条约定，应当_____
_____（支付违约金或损失赔偿额的计算方法）。

　　3._____方违反本合同第_____条约定，应当_____
_____（支付违约金或损失赔偿额的计算方法）。

　　4._____方违反本合同第_____条约定，应当_____
_____（支付违约金或损失赔偿额的计算方法）。

　　第十八条：双方确定，在本合同有效期内，甲方指定_____
_____为甲方项目联系人，乙方指定_____为乙方项目联系人。项目联系人承担以下责任：

　　1._____
　　2._____
　　3._____

　　一方变更项目联系人的，应当及时以书面形式通知另一方。未及时通知并影响本合同履行或造成损失的，应承担相应的责任。

　　第十九条：双方确定，出现下列情形，致使本合同的履行成为不必要或不可能的，可以解除本合同：

　　（1）发生不可抗力；
　　（2）_____

（3）＿＿＿＿＿＿＿＿＿＿＿＿＿＿＿＿＿＿＿＿＿＿＿＿＿＿＿

第二十条：双方因履行本合同而发生的争议，应协商、调解解决。协商、调解不成的，确定按以下第＿＿＿＿＿＿种方式处理：

1. 提交＿＿＿＿＿＿＿＿＿＿＿＿＿＿＿＿＿仲裁委员会仲裁；
2. 依法向人民法院起诉。

第二十一条：双方确定：本合同及相关附件中所涉及的有关名词和技术术语，其定义和解释如下：

1. ＿＿＿＿＿＿＿＿＿＿＿＿＿＿＿＿＿＿＿＿＿＿＿＿＿＿＿
2. ＿＿＿＿＿＿＿＿＿＿＿＿＿＿＿＿＿＿＿＿＿＿＿＿＿＿＿
3. ＿＿＿＿＿＿＿＿＿＿＿＿＿＿＿＿＿＿＿＿＿＿＿＿＿＿＿
4. ＿＿＿＿＿＿＿＿＿＿＿＿＿＿＿＿＿＿＿＿＿＿＿＿＿＿＿
5. ＿＿＿＿＿＿＿＿＿＿＿＿＿＿＿＿＿＿＿＿＿＿＿＿＿＿＿

第二十二条：与履行本合同有关的下列技术文件，经双方确认后，＿＿＿＿＿＿＿＿＿＿＿＿＿＿＿＿＿＿＿＿为本合同的组成部分：

1. 技术背景资料：＿＿＿＿＿＿＿＿＿＿＿＿＿＿＿＿＿＿＿；
2. 可行性论证报告：＿＿＿＿＿＿＿＿＿＿＿＿＿＿＿＿＿；
3. 技术评价报告：＿＿＿＿＿＿＿＿＿＿＿＿＿＿＿＿＿＿；
4. 技术标准和规范：＿＿＿＿＿＿＿＿＿＿＿＿＿＿＿＿＿；
5. 原始设计和工艺文件：＿＿＿＿＿＿＿＿＿＿＿＿＿＿＿；
6. 其他：＿＿＿＿＿＿＿＿＿＿＿＿＿＿＿＿＿＿＿＿＿＿＿；

第二十三条：双方约定本合同其他相关事项为：＿＿＿＿＿＿
＿＿＿＿＿＿＿＿＿＿＿＿＿＿＿＿＿＿＿＿＿＿＿＿＿＿＿＿＿＿＿
＿＿＿＿＿＿＿＿＿＿＿＿＿＿＿＿＿＿＿＿＿＿＿＿＿＿＿＿＿＿＿
＿＿＿＿＿＿＿＿＿＿＿＿＿＿＿＿＿＿＿＿＿＿＿＿＿＿＿＿＿＿＿
＿＿＿＿＿＿＿＿＿＿＿＿＿＿＿＿＿＿＿＿＿进制
＿＿＿＿＿＿＿＿。

第二十四条：本合同一式＿＿＿＿＿＿份，具有同等法律效力。

第二十五条：本合同经双方签字盖章后生效。

甲方：＿＿＿＿＿＿＿＿＿＿＿＿＿＿＿＿＿＿＿＿＿（盖章）

法定代表人/委托代理人：＿＿＿＿＿＿＿＿（签名）

年　　月　　日

乙方：_____（盖章）
法定代表人/委托代理人：_____（签名）

印花税票粘贴处：

_____

（此页由技术合同登记机构填写）

合同登记编号：

1. 申请登记人：_____
2. 登记材料：(1)_____
　　　　　　(2)_____
　　　　　　(3)_____
3. 合同类型：_____
4. 合同交易额：_____
5. 技术交易额：_____

　　　　　　　　　技术合同登记机构（印章）
　　　　　　　　　经办人：
　　　　　　　　　　　年　　月　　日

第十五章　植物新品种权

第一节　植物新品种权的创造

一、植物新品种权的主体

完成植物新品种育种的单位或个人是植物新品种权所有人,简称品种权人,即植物新品种权的主体。育种的情形不同,品种权人有所不同。

(1)职务育种的品种权人:执行本单位的任务或者主要是利用本单位的物质条件所完成的职务育种,品种权人是该单位。所谓"执行本单位任务所完成的职务育种",是指下列情形之一:①在本职工作中完成的育种;②履行本单位交付的本职工作之外的任务所完成的育种;③退职、退休或者调动工作后,3年内完成的与其在原单位承担的工作或者原单位分配的任务有关的育种。所谓"本单位的物质条件",是指本单位的资金、仪器设备、试验场地以及单位所有的尚未允许公开的育种材料和技术资料等。

(2)非职务育种的品种权人:非职务育种,品种权人是完成育种的个人。所谓"非职务育种",包括下列情形:①不在任何单位工作的独立的育种人所完成的育种;②单位工作人员退休、调离原单位后或者劳动、人事关系终止3年后所完成的育种;③虽在单位工作但不是执行本单位的任务也不是主要利用本单位的物质条件所完成的育种。

(3)委托育种或者合作育种的品种权人:委托育种或者合作育种,品种权人由当事人在合同中约定;没有合同约定的,品种权人是受委托完成或者共同完成育种的单位或个人(2013年《中华人民共和国植物新品种保护条例》第6~7条,2007年《中华人民共和国植物新品种保护条例实施细则(农业部分)》第6条,1999年《中华人民共和国植物新品种保护条例实施细则(林业部分)》第5条)。

二、植物新品种权的客体

植物新品种权的客体即植物新品种,其中农业植物新品种包括粮食、棉花、油料、麻类、糖料、蔬菜(含西甜瓜)、烟草、桑树、茶树、果树(干果除外)、观赏植物(木本除外)、草类、绿肥、草本药材、食用菌、藻类和橡胶树等,林业植物新品种包括林木、竹、木质藤本、木本观赏植物(含木本花卉)、果树(干果部分)及木本油料、饮料、调料、木本药材等(2007年《中华人民共和国植物新品种保护条例实施细则(农业部分)》第2条,1999年《中华人民共和国植物新品种保护条例实施细则(林业部分)》第2条)。

三、植物新品种权的取得

(一)植物新品种权取得的原则

1. 单一性原则

一个植物新品种只能授予一项品种权。

2. 先申请原则

两个以上的申请人分别就同一个植物新品种申请品种权的,品种权授予最先申请的人;同时申请的,品种权授予最先完成该植物新品种育种的人(2013年《中华人民共和国植物新品种保护条例》第8条)。

(二)植物新品种权取得的实质条件

1. 新颖性

授予品种权的植物新品种应当具备新颖性。新颖性,是指申请品种权的植物新品种在申请日前该品种繁殖材料未被销售,或者经育种者许可,在中国境内销售该品种繁殖材料未超过1年;在中国境外销售藤本植物、林木、果树和观赏树木品种繁殖材料未超过6年,销售其他植物品种繁殖材料未超过4年(2013年《中华人民共和国植物新品种保护条例》第14条)。

所谓"销售",包括下列情形:①以买卖方式将申请品种的繁殖材料转移他人;②以易货方式将申请品种的繁殖材料转移他人;③以入股方式将申请品种的繁殖材料转移他人;④以申请品种的繁殖材料签订生产协议;⑤以其他方式销售的情形。

所谓"育种者许可销售",包括下列情形:①育种者自己销售;②育种者内部机构销售;③育种者的全资或者参股企业销售;④其他情形(2007年《中华人民共和国植物新品种保护条例实施细则(农业部分)》第15条)。

2. 特异性

授予品种权的植物新品种应当具备特异性。特异性,是指申请品种权的植物新品种应当明显区别于在递交申请以前已知的植物品种(2013年《中华人民共和国植物新品种保护条例》第15条)。其中,"已知的植物品种"包括品种权申请初审合格公告、通过品种审定或者已推广应用的品种(2007年《中华人民共和国植物新品种保护条例实施细则(农业部分)》第16条)。

3. 一致性

授予品种权的植物新品种应当具备一致性。一致性,是指申请品种权的植物新品种经过繁殖,除可以预见的变异外,其相关的特征或者特性一致(2013年《中华人民共和国植物新品种保护条例》第16条)。其中,"相关的特征或者特性"是指至少包括用于特异性、一致性和稳定性测试的性状或者授权时进行品种描述的性状(2007年《中华人民共和国植物新品种保护条例实施细则(农业部分)》第17条)。

4. 稳定性

授予品种权的植物新品种应当具备稳定性。稳定性,是指申请品种权的植物新品种经过反复繁殖后或者在特定繁殖周期结束时,其相关的特征或者特性保持不变(2013年《中华人民共和国植物新品种保护条例》第17条)。

(三)植物新品种权取得的形式条件

1. 植物新品种权的申请

(1)提出申请

中国的单位和个人申请品种权的,可以直接或者委托代理机构向审批机关提出申请。中国的单位和个人申请品种权的植物新品种涉及国家安全或者重大利益需要保密的,申请人应当在请求书中注明,审批机关经过审查后做出是否按保密申请处理的决定,并通知申请人;审批机关认为需要保密而申请人未注明的,仍按保密申请办理,并通知申请人。

外国人、外国企业或者外国其他组织在中国申请品种权的,应当按其所属国和中华人民共和国签订的协议或者共同参加的国际条约办理,或者根据互惠原则办理。在中国没有经常居所的外国人、外国企业或其他外国组织,向审批机关提出品种权申请的,应当委托代理机构办理。

申请人委托代理机构办理品种权申请等相关事务时,应当与代理机构签订委托书,明确委托办理事项与权责。代理机构在向审批机关提交申请时,应当同时提交申请人委托书。审批机关在上述申请的受理与审查程序中,直接与代理机构联系(2013年《中华人民共和国植物新品种保护条例》第19~20条,2007

年《中华人民共和国植物新品种保护条例实施细则(农业部分)》第19条、第28条,1999年《中华人民共和国植物新品种保护条例实施细则(林业部分)》第14~17条)。

(2)申请文件

申请品种权的,应当向审批机关提交请求书、说明书和该品种的照片各一式两份,同时提交相应的请求书和说明书的电子文档。请求书、说明书应当按照审批机关规定的统一格式使用中文填写。

申请人提交的说明书应当包括下列内容:①申请品种的暂定名称,该名称应当与请求书的名称一致;②申请品种所属的属或者种的中文名称和拉丁文名称;③育种过程和育种方法,包括系谱、培育过程和所使用的亲本或者其他繁殖材料来源与名称的详细说明;④有关销售情况的说明;⑤选择的近似品种及理由;⑥申请品种特异性、一致性和稳定性的详细说明;⑦适于生长的区域或者环境以及栽培技术的说明;⑧申请品种与近似品种的性状对比表。其中,"近似品种"是指在所有已知植物品种中,相关特征或者特性与申请品种最为相似的品种。

申请人提交的照片应当符合以下要求:①照片有利于说明申请品种的特异性;②申请品种与近似品种的同一种性状对比应在同一张照片上;③照片应为彩色,必要时,审批机关可以要求申请人提供黑白照片;④照片规格为8.5厘米×12.5厘米或者10厘米×15厘米;⑤关于照片的简要文字说明。

品种权申请文件有下列情形之一的,审批机关不予受理:①未使用中文的;②缺少请求书、说明书或者照片之一的;③请求书、说明书和照片不符合规定格式的;④文件未打印的;⑤字迹不清或者有涂改的;⑥缺少申请人和联系人姓名(名称)、地址、邮政编码的或者不详;⑦委托代理但缺少代理委托书的(2013年《中华人民共和国植物新品种保护条例》第21条,2007年《中华人民共和国植物新品种保护条例实施细则(农业部分)》第20~23条,1999年《中华人民共和国植物新品种保护条例实施细则(林业部分)》第18~20条)。

(3)繁殖材料

申请人送交的申请品种繁殖材料应当与品种权申请文件中所描述的繁殖材料相一致,并符合下列要求:①未遭受意外损害;②未经过药物处理;③无检疫性的有害生物;④送交的繁殖材料为籽粒或果实的,籽粒或果实应当是最近收获的。申请人送交的繁殖材料已经进行了药物处理,应当附有使用药物的名称、使用的方法和目的。

审批机关认为必要的,申请人应当送交申请品种和近似品种的繁殖材料,用于申请品种的审查和检测。申请品种属于转基因品种的,应当附具生产性试验阶段的《转基因生物安全审批书》或《转基因生物安全证书(生产应用)》复印件。申请人应当自收到审批机关通知之日起 3 个月内送交繁殖材料。送交繁殖材料为籽粒或果实的,应当送至审批机关指定的保藏机构;送交种苗、种球、块茎、块根等无性繁殖材料的,应当送至审批机关指定的测试机构。申请人送交的繁殖材料数量少于审批机关规定的,保藏机构或者测试机构应当通知申请人,申请人应自收到通知之日起 1 个月内补足。特殊情况下,申请人送交了规定数量的繁殖材料后仍不能满足测试或者检测需要时,审批机关有权要求申请人补交。申请人逾期不送交繁殖材料的,视为放弃申请。保藏机构或者测试机构收到申请人送交的繁殖材料的,应当向申请人出具收据。

繁殖材料应当依照有关规定实施植物检疫。检疫不合格或者未经检疫的,保藏机构或者测试机构不予接收。保藏机构或者测试机构收到申请人送交的繁殖材料后应当出具书面证明,并在收到繁殖材料之日起 20 个工作日内(有休眠期的植物除外)完成生活力等内容的检测。检测合格的,应当向申请人出具书面检测合格证明;检测不合格的,应当通知申请人自收到通知之日起 1 个月内重新送交繁殖材料并取回检测不合格的繁殖材料,申请人到期不取回的,保藏机构或者测试机构应当销毁。申请人未按规定送交繁殖材料的,视为撤回申请。

保藏机构和测试机构对申请品种的繁殖材料负有保密的责任,应当防止繁殖材料丢失、被盗等事故的发生,任何人不得更换检验合格的繁殖材料。发生繁殖材料丢失、被盗、更换的,依法追究有关人员的责任(2007 年《中华人民共和国植物新品种保护条例实施细则(农业部分)》第 29~32 条,1999 年《中华人民共和国植物新品种保护条例实施细则(林业部分)》第 21~27 条)。

(4)优先权

申请人自在外国第一次提出品种权申请之日起 12 个月内,又在中国就该植物新品种提出品种权申请的,依照该外国同中华人民共和国签订的协议或者共同参加的国际条约,或者根据相互承认优先权的原则,可以享有优先权。申请人要求优先权的,应当在申请中写明第一次提出品种权申请的申请日、申请号和受理该申请的国家或组织,并在 3 个月内提交经原受理机关确认的第一次提出的品种权申请文件的副本;未写明或者未提交申请文件副本的,视为未要求优先权。

在中国没有经常居所或者营业所的外国人、外国企业和外国其他组织,申请品种权或者要求优先权的,审批机关认为必要时,可以要求其提供下列文件:①申请人是个人的,其国籍证明;②申请人是企业或者其他组织的,其营业所或者总部所在地的证明;③外国人、外国企业、外国其他组织的所属国,承认中国单位和个人可以按照该国国民的同等条件,在该国享有品种申请权、优先权和其他与品种权有关的权利的证明文件。

申请人在向审批机关提出品种权申请12个月内,又向国外申请品种权的,依照该国或组织同中华人民共和国签订的协议或者共同参加的国际条约,或者根据相互承认优先权的原则,可以请求审批机关出具优先权证明文件(2013年《中华人民共和国植物新品种保护条例》第23条,2007年《中华人民共和国植物新品种保护条例实施细则(农业部分)》第25~27条,1999年《中华人民共和国植物新品种保护条例实施细则(林业部分)》第28~29条)。

2. 植物新品种权的受理

审批机关收到品种权申请文件之日为申请日;申请文件是邮寄的,以寄出的邮戳日为申请日。

对符合规定的品种权申请,审批机关应当予以受理,明确申请日、给予申请号,并自收到申请之日起1个月内通知申请人缴纳申请费。对不符合或者经修改仍不符合规定的品种权申请,审批机关不予受理,并通知申请人。

申请人可以在品种权授予前修改或者撤回品种权申请。申请人撤回品种权申请的,应当向审批机关提出撤回申请,写明植物品种名称、申请号和申请日。

中国的单位或者个人将国内培育的植物新品种向国外申请品种权的,应当向审批机关登记(2013年《中华人民共和国植物新品种保护条例》第22条、第24~26条,2007年《中华人民共和国植物新品种保护条例实施细则(农业部分)》第24条,1999年《中华人民共和国植物新品种保护条例实施细则(林业部分)》第30~31条)。

3. 植物新品种权的审查

(1)初步审查

申请人缴纳申请费后,审批机关对品种权申请的下列内容进行初步审查:①是否属于植物品种保护名录列举的植物属或者种的范围;②申请人为外国人、外国企业或者外国其他组织的,其所属国和中国是否签订协议或者共同参加国际条约,或者达成互惠原则;③是否符合新颖性的规定;④植物新品种的命名是否适当;⑤选择的近似品种是否适当;⑥申请品种的亲本或其他繁殖材料来源是否公开。

审批机关应当自受理品种权申请之日起6个月内完成初步审查,并将审查意见通知申请人。对经初步审查合格的品种权申请,审批机关予以公告,并通知申请人在3个月内缴纳审查费。对经初步审查不合格的品种权申请,审批机关应当通知申请人在3个月内陈述意见或者予以修正;逾期未答复或者修正后仍然不合格的,驳回申请。审批机关有疑问的,可要求申请人在指定期限内陈述意见或者补正;申请期满未答复的,视为撤回申请。申请人陈述意见或者补正后,审批机关认为仍然不符合规定的,应当驳回其申请。

除品种权申请文件外,任何人向审批机关提交的与品种权申请有关的材料,有下列情形之一的,视为未提出:①未使用规定的格式或者填写不符合要求的;②未按照规定提交证明材料的。当事人当面提交材料的,受理人员应当当面说明材料存在的缺陷后直接退回;通过邮局提交的,审批机关应当将视为未提出的审查意见和原材料一起退回;邮寄地址不清的,采用公告方式退回(2013年《中华人民共和国植物新品种保护条例》第27~28条,2007年《中华人民共和国植物新品种保护条例实施细则(农业部分)》第35~36条,1999年《中华人民共和国植物新品种保护条例实施细则(林业部分)》第32条、第35条第1款)。

(2)实质审查

申请人按照规定缴纳审查费后,审批机关对品种权申请的特异性、一致性和稳定性进行实质审查,并将审查意见通知申请人。申请人未按照规定缴纳审查费的,品种权申请视为撤回。

审批机关主要依据申请文件和其他有关书面材料进行实质审查。审批机关认为必要时,可以委托指定的测试机构进行测试或者考察业已完成的种植或者其他试验的结果。因审查需要,申请人应当根据审批机关的要求提供必要的资料和该植物新品种的繁殖材料。审批机关可以根据审查的需要,要求申请人在指定期限内陈述意见或者补正。申请人期满未答复的,视为撤回申请。

品种权申请经实质审查应当予以驳回的情形是指:①不符合单一性原则、先申请原则或实质条件之一的;②危害公共利益、生态环境的;③不符合命名规定,申请人又不按照审批机关要求修改的;④申请人陈述意见或者补正后,审批机关认为仍不符合规定的(2013年《中华人民共和国植物新品种保护条例》第29~30条,2007年《中华人民共和国植物新品种保护条例实施细则(农业部分)》第39~40条)。

(3)分案

一件植物品种权申请包括两个以上新品种的,审批机关应当要求申请人提出分案申请。申请人在指定期限内对其申请未进行分案修正或者期满未答复的,视为撤回申请。

申请人按照审批机关要求提出的分案申请,可以保留原申请日;享有优先权的,可保留优先权日。但不得超出原申请文件已有内容的范围。

分案申请应当按规定办理相关手续。分案申请的请求书中应当写明原申请的申请号和申请日。原申请享有优先权的,应当提交原申请的优先权文件副本(2007年《中华人民共和国植物新品种保护条例实施细则(农业部分)》第34条,1999年《中华人民共和国植物新品种保护条例实施细则(林业部分)》第33条、第34条)。

(4)异议

自品种权申请之日起至授予品种权之日前,任何人均可以对不符合单一性原则、先申请原则、实质条件或者危害公共利益、生态环境的品种权申请,向审批机关提出异议,并提供相关证据和说明理由。未提供相关证据的,审批机关不予受理(2007年《中华人民共和国植物新品种保护条例实施细则(农业部分)》第37条,1999年《中华人民共和国植物新品种保护条例实施细则(林业部分)》第35条第2款)。

(5)文件修改

未经审批机关批准,申请人在品种权授予前不得修改申请文件的下列内容:①申请品种的名称、申请品种的亲本或其他繁殖材料名称、来源以及申请品种的育种方法;②申请品种的最早销售时间;③申请品种的特异性、一致性和稳定性内容。品种权申请文件的修改部分,除个别文字修改或者增删外,应当按照规定格式提交替换页(2007年《中华人民共和国植物新品种保护条例实施细则(农业部分)》第38条,1999年《中华人民共和国植物新品种保护条例实施细则(林业部分)》第36条)。

4. 植物新品种权的批准

对经实质审查符合规定的品种权申请,审批机关应当做出授予品种权的决定,颁发品种权证书,并予以登记和公告。对经实质审查不符合规定的品种权申请,审批机关予以驳回,并通知申请人。申请人应当自收到办理授予品种权手续的通知之日起2个月内办理相关手续和缴纳第1年年费。品种权自授权公告之日起生效。期满未办理的,视为放弃取得品种权的权利。

审批机关设立植物新品种复审委员会,负责审理驳回品种权申请的复审案件、品种权无效宣告案件和授权品种更名案件。对审批机关驳回品种权申请的决定不服的,申请人可以自收到通知之日起3个月内,向植物新品种复审委员会请求复审,提交符合规定格式的复审请求书和有关的证明材料各一式两份。复审请求不符合规定要求的,复审请求人可以在植物新品种复审委员会指定的期限内补正;期满未补正或者补正后仍不符合规定要求的,该复审请求视为放弃。申请人请求复审时,可以修改被驳回的品种权申请文件,但修改仅限于驳回申请的决定所涉及的部分。植物新品种复审委员会应当自收到复审请求书之日起6

个月内做出决定,并通知申请人。复审请求人在复审委员会做出决定前,可以撤回其复审请求。申请人对植物新品种复审委员会的决定不服的,可以自接到通知之日起 15 日内向人民法院提起诉讼。

品种权被授予后,在自初步审查合格公告之日起至被授予品种权之日止的期间,对未经申请人许可,为商业目的生产或者销售该授权品种的繁殖材料的单位和个人,品种权人享有追偿的权利(2013 年《中华人民共和国植物新品种保护条例》第 31~33 条,2007 年《中华人民共和国植物新品种保护条例实施细则(农业部分)》第 41~42 条,1999 年《中华人民共和国植物新品种保护条例实施细则(林业部分)》第 37~41 条)。

第二节 植物新品种权的运用

一、植物新品种权的内容和限制

(一)植物新品种权的内容

完成育种的单位或者个人对其授权品种,享有排他的独占权。任何单位或者个人未经品种权人许可,不得为商业目的生产或者销售该授权品种的繁殖材料,不得为商业目的将该授权品种的繁殖材料重复使用于生产另一品种的繁殖材料,另有规定的除外。其中,繁殖材料是指可繁殖植物的种植材料或植物体的其他部分,包括整株植物、籽粒、果实和根、茎、苗、芽、叶、花等(2013 年《中华人民共和国植物新品种保护条例》第 6 条,2007 年《中华人民共和国植物新品种保护条例实施细则(农业部分)》第 5 条,1999 年《中华人民共和国植物新品种保护条例实施细则(林业部分)》第 4 条)。

(二)植物新品种权的限制

1. 权利期限

品种权的保护期限,自授权之日起,藤本植物、林木、果树和观赏树木为 20 年,其他植物为 15 年。有下列情形之一的,品种权在其保护期限届满前终止:①品种权人以书面声明放弃品种权的;②品种权人未按照规定缴纳年费的;③品种权人未按照审批机关的要求提供检测所需的该授权品种的繁殖材料的;④经检测该授权品种不再符合被授予品种权时的特征和特性的。品种权的终止,由审批机关登记和公告(2013 年《中华人民共和国植物新品种保护条例》第 34 条、第 36 条)。

2. 合理使用

在下列情况下使用授权品种的,可以不经品种权人许可,不向其支付使用费,但是不得侵犯品种权人依法享有的其他权利:①利用授权品种进行育种及其他科研活动;②农民自繁自用授权品种的繁殖材料(2013年《中华人民共和国植物新品种保护条例》第10条)。

3. 强制许可

为了国家利益或者公共利益,有下列情形之一的,审批机关可以做出实施植物新品种强制许可的决定,并予以登记和公告。①为了国家利益或者公共利益的需要;②品种权人无正当理由自己不实施,又不许可他人以合理条件实施的;③品种权人虽已实施,但明显不能满足国内市场需求,又不许可他人以合理条件实施的。申请强制许可的,应当向审批机关提交强制许可请求书,说明理由并附具有关证明文件各一式两份。

取得实施强制许可的单位或者个人应当付给品种权人合理的使用费,其数额由双方商定;双方不能达成协议的,由审批机关裁决。申请裁决使用费数额的,当事人应当提交裁决申请书,并附具未能达成协议的证明文件。审批机关自收到申请书之日起3个月内做出裁决并通知当事人。品种权人对强制许可决定或者强制许可使用费的裁决不服的,可以自收到通知之日起3个月内向人民法院提起诉讼(2013年《中华人民共和国植物新品种保护条例》第11条,2007年《中华人民共和国植物新品种保护条例实施细则(农业部分)》第12条第1~2款、第13条,1999年《中华人民共和国植物新品种保护条例实施细则(林业部分)》第9~10条)。

4. 善意侵权

以农业或者林业种植为业的个人、农村承包经营户接受他人委托代为繁殖侵犯品种权的繁殖材料,不知道代繁物是侵犯品种权的繁殖材料并说明委托人的,不承担赔偿责任(2007年《最高人民法院关于审理侵犯植物新品种权纠纷案件具体应用法律问题的若干规定》第8条)。

二、植物新品种权的转让和许可

(一)植物新品种权的转让

植物新品种的申请权和品种权可以依法转让。中国的单位或者个人就其在国内培育的植物新品种向外国人转让申请权或者品种权的,应当经审批机关批准。国有单位在国内转让申请权或者品种权的,应当按照国家有关规定报经有关行政主管部门批准。转让申请权或者品种权的,当事人应当订立书面合同,并向审批机关登记,由审批机关予以公告(2013年《中华人民共和国植物新品种保护条例》第9条)。

(二)植物新品种权的许可

独占许可:是指品种权人在约定的期间、地域和以约定的方式,将植物新品种权仅许可一个被许可人使用,其他任何人包括品种权人均不得使用该植物新品种权。对于侵犯植物新品种权行为,独占许可的被许可人可以单独起诉。

排他许可:是指品种权人在约定的期间、地域和以约定的方式,将植物新品种权仅许可一个被许可人使用,品种权人依约定可以使用该植物新品种权但不得另行许可他人使用其植物新品种权。对于侵犯植物新品种权行为,排他许可的被许可人可以和品种权人共同起诉,在品种权人不起诉时可以自行起诉。

普通许可:是指品种权人在约定的期间、地域和以约定的方式,许可他人使用其植物新品种权,并可自行使用该植物新品种权和另行许可他人使用其植物新品种权。对于侵犯植物新品种权行为,普通许可的被许可人可以和品种权人共同起诉,也可以经品种权人书面授权后单独起诉。(2007年《最高人民法院关于审理侵犯植物新品种权纠纷案件具体应用法律问题的若干规定》第1条第3款)

第三节 植物新品种权的保护

一、植物新品种权的民事保护

(一)侵犯植物新品种权的行为

1. 侵犯植物新品种权行为的具体情形

(1)未经品种权人许可,为商业目的生产或销售授权品种的繁殖材料的行为;

(2)未经品种权人许可,为商业目的将授权品种的繁殖材料重复使用于生产另一品种的繁殖材料的假冒授权品种的行为(2013年《中华人民共和国植物新品种保护条例》第6条)。

2. 侵犯植物新品种权行为的认定

(1)被控侵权物的特征、特性与授权品种的特征、特性相同,或者特征、特性的不同是因非遗传变异所致的,人民法院一般应当认定被控侵权物属于商业目的生产或者销售授权品种的繁殖材料。

(2)被控侵权人重复以授权品种的繁殖材料为亲本与其他亲本另行繁殖的,人民法院一般应当认定属于商业目的将授权品种的繁殖材料重复使用于生产另一品种的繁殖材料(2007年《最高人民法院关于审理侵犯植物新品种权纠纷案件具体应用法律问题的若干规定》第2条)。

(二)植物新品种权民事案件的程序规则

1. 植物新品种权民事案件的管辖

(1)管辖范围

人民法院受理的植物新品种民事纠纷案件主要包括以下几类:

①实施强制许可使用费的纠纷案件;

②植物新品种申请权纠纷案件;

③植物新品种权权利归属纠纷案件;

④转让植物新品种申请权和转让植物新品种权的纠纷案件;

⑤侵犯植物新品种权的纠纷案件(2001年《最高人民法院关于审理植物新品种纠纷案件若干问题的解释》第1条)。

(2)管辖法院

①级别管辖

关于强制许可使用费纠纷案件,应当根据原告所请求的事项和所起诉的当事人确定被告,由北京市第二中级人民法院作为第一审人民法院审理;其他植物新品种民事纠纷案件,由各省、自治区、直辖市人民政府所在地和最高人民法院指定的中级人民法院作为第一审人民法院审理。

②地域管辖

以侵权行为地确定人民法院管辖的侵犯植物新品种权的民事案件,其所称的侵权行为地,是指未经品种权所有人许可,以商业目的生产、销售该授权植物新品种的繁殖材料的所在地,或者将该授权品种的繁殖材料重复使用于生产另一品种的繁殖材料的所在地(2001年《最高人民法院关于审理植物新品种纠纷案件若干问题的解释》第3~5条)。

2. 植物新品种权民事案件的鉴定

(1)鉴定机构、鉴定人

侵犯植物新品种权纠纷案件涉及的专门性问题需要鉴定的,由双方当事人协商确定的有鉴定资格的鉴定机构、鉴定人鉴定;协商不成的,由人民法院指定的有鉴定资格的鉴定机构、鉴定人鉴定。没有规定资格的鉴定机构、鉴定人的,由具有相应品种检测技术水平的专业机构、专业人员鉴定。

(2) 鉴定方法和质证

对于侵犯植物新品种权纠纷案件涉及的专门性问题可以采取田间观察检测、基因指纹图谱检测等方法鉴定。对采取规定方法做出的鉴定结论，人民法院应当依法质证，认定其证明力(2007年《最高人民法院关于审理侵犯植物新品种权纠纷案件具体应用法律问题的若干规定》第3~4条)。

3. 植物新品种权民事案件的司法措施

(1) 诉前禁令

品种权人或者利害关系人向人民法院提起侵犯植物新品种权诉讼时，同时提出先行停止侵犯植物新品种权行为或者保全证据请求的，人民法院经审查可以先行做出裁定。

(2) 诉前证据保全

人民法院采取证据保全措施时，可以根据案件具体情况，邀请有关专业技术人员按照相应的技术规程协助取证。

(3) 民事制裁

被侵权人或者侵权人不同意将侵权物折价抵扣被侵权人所受损失的，人民法院依照当事人的请求，责令侵权人对侵权物作消灭活性等使其不能再被用作繁殖材料的处理。但是，侵权物正处于生长期或者销毁侵权物将导致重大不利后果的，人民法院可以不采取责令销毁侵权物的方法(2007年《最高人民法院关于审理侵犯植物新品种权纠纷案件具体应用法律问题的若干规定》第5条、第7条)。

4. 植物新品种权民事案件的赔偿

(1) 请求赔偿

人民法院可以根据被侵权人的请求，按照被侵权人因侵权所受损失或者侵权人因侵权所得利益确定赔偿数额。被侵权人请求按照植物新品种实施许可费确定赔偿数额的，人民法院可以根据植物新品种实施许可的种类、时间、范围等因素，参照该植物新品种实施许可费合理确定赔偿数额。

(2) 法定赔偿

依照请求赔偿的规定难以确定赔偿数额的，人民法院可以综合考虑侵权的性质、期间、后果，植物新品种实施许可费的数额，植物新品种实施许可的种类、时间、范围及被侵权人调查、制止侵权所支付的合理费用等因素，在50万元以下确定赔偿数额。

(3) 折抵赔偿

被侵权人和侵权人均同意将侵权物折价抵扣被侵权人所受损失的，人民法院应当准许(2007年《最高人民法院关于审理侵犯植物新品种权纠纷案件具体应用法律问题的若干规定》第6条第2~3款、第7条)。

(三)植物新品种权民事案件的无效抗辩

1. 无效请求

自审批机关公告授予品种权之日起,植物新品种复审委员会可以依据职权或者依据任何单位或者个人的书面请求,对不符合授予品种权的植物新品种应当具备的新颖性、特异性、一致性、稳定性条件的,宣告品种权无效。

2. 无效决定

宣告品种权无效的决定,由审批机关登记和公告,并通知当事人。对植物新品种复审委员会的决定不服的,可以自收到通知之日起3个月内向人民法院提起诉讼。

3. 无效效力

被宣告无效的品种权视为自始不存在。但宣告品种权无效的决定,对在宣告前人民法院做出并已执行的植物新品种侵权的判决、裁定,省级以上人民政府农业、林业行政部门做出并已执行的植物新品种侵权处理决定,以及已经履行的植物新品种实施许可合同和植物新品种权转让合同,不具有追溯力。

对于被宣告无效的品种权,因品种权人的恶意给他人造成损失的,应当给予合理赔偿;品种权人或者品种权转让人不向被许可实施人或者受让人返还使用费或者转让费,明显违反公平原则的,品种权人或者品种权转让人应当向被许可实施人或者受让人返还全部或者部分使用费或者转让费(2013年《中华人民共和国植物新品种保护条例》第37~38条)。

二、植物新品种权的行政保护

(一)植物新品种权行政保护的范围

1. 侵犯植物新品种权的行为

未经品种权人许可,以商业目的生产或者销售授权品种的繁殖材料的,品种权人或者利害关系人可以请求省级以上人民政府农业、林业行政部门依据各自的职权进行处理(2013年《中华人民共和国植物新品种保护条例》第39条第1款)。

2. 假冒植物新品种权的行为

假冒授权品种行为是指下列情形之一:

(1)印制或者使用伪造的品种权证书、品种权申请号、品种权号或者其他品种权申请标记、品种权标记;

(2)印制或者使用已经被驳回、视为撤回或者撤回的品种权申请的申请号或者其他品种权申请标记；

(3)印制或者使用已经被终止或者被宣告无效的品种权的品种权证书、品种权号或者其他品种权标记；

(4)生产或者销售上述标记的品种；

(5)生产或销售冒充品种权申请或者授权品种名称的品种；

(6)其他足以使他人将非品种权申请或者非授权品种误认为品种权申请或者授权品种的行为(2007年《中华人民共和国植物新品种保护条例实施细则(农业部分)》第57条,1999年《中华人民共和国植物新品种保护条例实施细则(林业部分)》第64条)。

(二)植物新品种权行政保护的措施

1. 调解

省级以上人民政府农业、林业行政部门依据各自的职权,根据当事人自愿的原则,对侵权所造成的损害赔偿可以进行调解。调解达成协议的,当事人应当履行;调解未达成协议的,品种权人或者利害关系人可以依照民事诉讼程序向人民法院提起诉讼(2013年《中华人民共和国植物新品种保护条例》第39条第2款)。

2. 责令停止侵权

省级以上人民政府农业、林业行政部门依据各自的职权处理品种权侵权案件时,为维护社会公共利益,可以责令侵权人停止侵权行为;假冒授权品种的,由县级以上人民政府农业、林业行政部门依据各自的职权责令停止假冒行为(2013年《中华人民共和国植物新品种保护条例》第39条第3款、第40条)。

3. 没收

省级以上人民政府农业、林业行政部门依据各自的职权处理品种权侵权案件时,为维护社会公共利益,可以没收违法所得和植物品种繁殖材料;假冒授权品种的,由县级以上人民政府农业、林业行政部门依据各自的职权没收违法所得和植物品种繁殖材料(2013年《中华人民共和国植物新品种保护条例》第39条第3款、第40条)。

4. 罚款

省级以上人民政府农业、林业行政部门依据各自的职权处理品种权侵权案件时,货值金额5万元以上的,可处货值金额1倍以上5倍以下的罚款;没有货值金额或者货值金额5万元以下的,根据情节轻重,可处25万元以下的罚款。

假冒授权品种货值金额5万元以上的,由县级以上人民政府农业、林业行政部门依据各自的职权处货值金额1倍以上5倍以下的罚款;没有货值金额或者货值金额5万元以下的,根据情节轻重,处25万元以下的罚款。

销售授权品种未使用其注册登记的名称的,由县级以上人民政府农业、林业行政部门依据各自的职权,可以处1000元以下的罚款(2013年《中华人民共和国植物新品种保护条例》第39条第3款、第40条、第42条)。

5. 其他

省级以上人民政府农业、林业行政部门依据各自的职权在查处品种权侵权案件和县级以上人民政府农业、林业行政部门依据各自的职权在查处假冒授权品种案件时,根据需要,可以封存或者扣押与案件有关的植物品种的繁殖材料,查阅、复制或者封存与案件有关的合同、账册及有关文件。

销售授权品种未使用其注册登记的名称的,由县级以上人民政府农业、林业行政部门依据各自的职权责令限期改正(2013年《中华人民共和国植物新品种保护条例》第41~42条)。

三、植物新品种权的刑事保护

(1)假冒授权品种情节严重、构成犯罪的,依法追究刑事责任(2013年《中华人民共和国植物新品种保护条例》第40条)。

(2)县级以上人民政府农业、林业行政部门的及有关部门的工作人员滥用职权、玩忽职守、徇私舞弊、索贿受贿,构成犯罪的,依法追究刑事责任(2013年《中华人民共和国植物新品种保护条例》第44条)。

第十六章　集成电路布图设计专有权

第一节　集成电路布图设计专有权的创造

一、集成电路布图设计专有权的主体

集成电路布图设计(以下简称布图设计)专有权的主体即布图设计权利人,是指依法对布图设计享有专有权的自然人、法人或者其他组织(2001年《集成电路布图设计保护条例》第2条第3项)。

依照国籍分类,布图设计权利人包括:①中国自然人、法人或者其他组织,其所创作的布图设计依法享有布图设计专有权;②外国人,其所创作的布图设计首先在中国境内投入商业利用的,或者其所属国同中国签订有关布图设计保护协议或者与中国共同参加有关布图设计保护国际条约的,在中国依法享有布图设计专有权(2001年《集成电路布图设计保护条例》第3条)。

布图设计专有权属于布图设计创作者。由自然人创作的布图设计,该自然人是创作者,其死亡后的专有权在保护期内依照继承法的规定转移。由法人或者其他组织主持,依据法人或者其他组织的意志而创作,并由法人或者其他组织承担责任的布图设计,该法人或者其他组织是创作者,其变更、终止后的专有权在保护期内由承继其权利、义务的法人或者其他组织享有。两个以上自然人、法人或者其他组织合作创作的布图设计,其专有权的归属由合作者约定;未作约定或者约定不明的,其专有权由合作者共同享有,并共同申请布图设计登记。受委托创作的布图设计,其专有权的归属由委托人和受托人双方约定;未作约定或者约定不明的,其专有权由受托人享有(2001年《集成电路布图设计保护条例》第9～11条、第13条,国家知识产权局2001年《集成电路布图设计保护条例实施细则》第10条第1款)。

二、集成电路布图设计专有权的客体

布图设计专有权的客体即布图设计,是指集成电路中至少有一个是有源元件的两个以上元件和部分或者全部互联线路的三维配置,或者为制造集成电路而准备的上述三维配置。其中,集成电路是指半导体集成电路,即以半导体材料为基片,将至少有一个是有源元件的两个以上元件和部分或者全部互联线路集成在基片之中或者基片之上,以执行某种电子功能的中间产品或者最终产品(2001年《集成电路布图设计保护条例》第2条第1~2项)。

三、集成电路布图设计专有权的取得

(一)集成电路布图设计专有权取得的实质条件

受保护的布图设计应当具有独创性,即该布图设计是创作者自己的智力劳动成果,并且在其创作时该布图设计在布图设计创作者和集成电路制造者中不是公认的常规设计。如果受保护的由常规设计组成的布图设计,其组合作为整体应当符合独创性条件(2001年《集成电路布图设计保护条例》第4条)。

(二)集成电路布图设计专有权取得的形式条件

布图设计专有权取得的形式条件是登记,未经登记的布图设计不受保护(2001年《集成电路布图设计保护条例》第8条),而登记需要履行一定程序。

1. 布图设计登记的申请

(1)申请文件

①布图设计登记申请表。以书面形式申请布图设计登记的,应当向国家知识产权局提交布图设计登记申请表一式两份,并应当写明下列各项:a. 申请人的姓名或者名称、地址或者居住地;b. 申请人的国籍;c. 布图设计的名称;d. 布图设计创作者的姓名或者名称;e. 布图设计的创作完成日期;f. 该布图设计所用于的集成电路的分类;g. 申请人委托专利代理机构的,应当注明的有关事项;申请人未委托专利代理机构的,其联系人的姓名、地址、邮政编码及联系电话;h. 布图设计有条例第十七条所述商业利用行为的,该行为的发生日;i. 布图设计登记申请有保密信息的,含有该保密信息的图层的复制件或者图样页码编号及总页数;j. 申请人或者专利代理机构的签字或者盖章;k. 申请文件清单;l. 附加文件及样品清单;m. 其他需要注明的事项。

②布图设计的复制件或者图样。以书面形式申请布图设计登记的,应当向国家知识产权局提交一份布图设计的复制件或者图样,并应当符合下列要求:a. 复制件或者图样的纸件应当至少放大到用该布图设计生产的集成电路的20

倍以上;申请人可以同时提供该复制件或者图样的电子版本;提交电子版本的复制件或者图样的,应当包含该布图设计的全部信息,并注明文件的数据格式;b. 复制件或者图样有多张纸件的,应当顺序编号并附具目录;c. 复制件或者图样的纸件应当使用 A4 纸格式;如果大于 A4 纸的,应当折叠成 A4 纸格式;d. 复制件或者图样可以附具简单的文字说明,说明该集成电路布图设计的结构、技术、功能和其他需要说明的事项。

③含有布图设计的集成电路样品。布图设计在申请日之前已投入商业利用的,申请登记时应当提交 4 件含有该布图设计的集成电路样品,并应当符合下列要求:a. 所提交的 4 件集成电路样品应当置于能保证其不受损坏的专用器具中,并附具填写好的国家知识产权局统一编制的表格;b. 器具表面应当写明申请人的姓名、申请号和集成电路名称;c. 器具中的集成电路样品应当采用适当的方式固定,不得有损坏,并能够在干燥器中至少存放 10 年。

④国务院知识产权行政部门规定的其他材料。a. 委托代理材料:申请人委托专利代理机构向国家知识产权局申请布图设计登记和办理其他手续的,应当同时提交委托书,写明委托权限。申请人有 2 个以上且未委托专利代理机构的,除申请表中另有声明外,以申请表中指明的第一申请人为代表人。b. 保密信息材料:布图设计在申请日之前没有投入商业利用的,该布图设计登记申请可以有保密信息,其比例最多不得超过该集成电路布图设计总面积的 50%。含有保密信息的图层的复制件或者图样页码编号及总页数应当与布图设计登记申请表中所填写的一致。布图设计登记申请有保密信息的,含有该保密信息的图层的复制件或者图样纸件应当置于在另一个保密文档袋中提交。除侵权诉讼或者行政处理程序需要外,任何人不得查阅或者复制该保密信息(2001 年《集成电路布图设计保护条例》第 16 条,国家知识产权局 2001 年《集成电路布图设计保护条例实施细则》第 12~16 条)。

(2)申请手续

①形式和语言:提交的各种文件应当以书面形式或者以登记机构规定的其他形式办理,并应当使用中文。国家有统一规定的科技术语的,应当采用规范词;外国人名、地名和科技术语没有统一中文译文的,应当注明原文。提交的各种证件和证明文件是外文的,国家知识产权局认为必要时,可以要求当事人在指定期限内附送中文译文;期满未附送的,视为未提交该证件和证明文件。

②登记机构和代理机构:布图设计的登记机构是国务院知识产权行政部门,即国家知识产权局。中国单位或者个人在国内申请布图设计登记和办理其他与布图设计有关的事务的,可以委托专利代理机构办理;在中国没有经常居所或者

营业所的外国人、外国企业或者外国其他组织在中国申请布图设计登记和办理其他与布图设计有关的事务的,应当委托国家知识产权局指定的专利代理机构办理。

③文件的递交和申请日的确定:向国家知识产权局邮寄的各种文件,以寄出的邮戳日为递交日;邮戳日不清晰的,除当事人能够提出证明外,以国家知识产权局收到文件之日为递交日。国家知识产权局收到布图设计申请文件之日为申请日,如果申请文件是邮寄的,以寄出的邮戳日为申请日。

④登记费的缴纳:申请人应当在收到受理通知书后 2 个月内缴纳布图设计登记费;期满未缴纳或者未缴足的,其申请视为撤回。登记费可以直接向国家知识产权局缴纳,也可以通过邮局或者银行汇付,或者以国家知识产权局规定的其他方式缴纳。直接向国家知识产权局缴纳费用的,以缴纳当日为缴费日;以邮局汇付方式缴纳费用的,以邮局汇出的邮戳日为缴费日;以银行汇付方式缴纳费用的,以银行实际汇出日为缴费日。但是自汇出至国家知识产权局收到日超过 15 日的,除邮局或者银行出具证明外,以国家知识产权局收到日为缴费日。多缴、重缴、错缴布图设计登记费用的,当事人可以向国家知识产权局提出退款请求,但是该请求应当自缴费日起一年内提出(2001 年《集成电路布图设计保护条例》第 14 条,国家知识产权局 2001 年《集成电路布图设计保护条例实施细则》第 2~7 条、第 34~36 条)。

2. 布图设计登记的审查

(1)不予受理或登记

布图设计登记申请有下列情形的,国家知识产权局不予受理,并通知申请人:①未提交布图设计登记申请表或者布图设计的复制件或者图样的,已投入商业利用而未提交集成电路样品的,或者提交的上述各项不一致的;②外国申请人的所属国未与中国签订有关布图设计保护协议或者与中国共同参加有关国际条约;③所涉及的布图设计自创作完成之日起已满 15 年而不予保护的;④所涉及的布图设计自其在世界任何地方首次商业利用之日起 2 年内,未向国家知识产权局提出登记申请,国家知识产权局不再予以登记的;⑤申请文件未使用中文的;⑥申请类别不明确或者难以确定其属于布图设计的;⑦未按规定委托代理机构的;⑧布图设计登记申请表填写不完整的(2001 年《集成电路布图设计保护条例》第 12 条、第 17 条,国家知识产权局 2001 年《集成电路布图设计保护条例实施细则》第 17 条)。

(2)文件的补正和修改

除规定不予受理的外,申请文件不符合规定条件的,申请人应当在收到国家知识产权局的审查意见通知之日起 2 个月内进行补正。补正应当按照审查意见通知书的要求进行。逾期未答复的,该申请视为撤回。申请人按照国家知识产权局的审查意见补正后,申请文件仍不符合规定的,国家知识产权局应当做出驳回决定。国家知识产权局可以自行修改布图设计申请文件中文字和符号的明显错误,但应当通知申请人(国家知识产权局 2001 年《集成电路布图设计保护条例实施细则》第 18 条)。

(3)申请的驳回

申请登记的布图设计有下列各项之一的,国家知识产权局应当做出驳回决定,写明所依据的理由:①明显不符合集成电路和集成电路布图设计的规定含义的;②明显属于思想、处理过程、操作方法或者数学概念等不予保护范围的;③申请人按照国家知识产权局的审查意见补正后,申请文件仍不符合规定的(2001 年《集成电路布图设计保护条例》第 2 条第 1－2 项、第 5 条,国家知识产权局 2001 年《集成电路布图设计保护条例实施细则》第 18 条第 2 款、第 19 条)。

(4)布图设计专有权的生效

布图设计登记申请经初步审查没有发现驳回理由的,国家知识产权局应当颁发布图设计登记证书,并在国家知识产权局互联网站和中国知识产权报上予以公告。布图设计专有权自申请日起生效。

国家知识产权局颁发的布图设计登记证书应当包括下列各项:①布图设计权利人的姓名或者名称和地址;②布图设计的名称;③布图设计在申请日之前已经投入商业利用的,其首次商业利用的时间;④布图设计的申请日及创作完成日;⑤布图设计的颁证日期;⑥布图设计的登记号;⑦国家知识产权局的印章及负责人签字。

国家知识产权局定期在国家知识产权局互联网站和中国知识产权报上登载布图设计登记公报,公布或者公告下列内容:①布图设计登记簿记载的著录事项;②对地址不明的当事人的通知;③国家知识产权局作出的更正;④其他有关事项。国家知识产权局对布图设计公告中出现的错误,一经发现,应当及时更正,并对所作更正予以公告(2001 年《集成电路布图设计保护条例》第 18 条,国家知识产权局 2001 年《集成电路布图设计保护条例实施细则》第 20～22 条、第 38 条)。

3.布图设计登记的复审、复议和撤销

(1)布图设计登记的复审

①复审的请求:布图设计登记申请人对国家知识产权局驳回其登记申请的决定不服的,可以自收到通知之日起 3 个月内,向国家知识产权局专利复审委员

会(以下简称专利复审委员会)请求复审。向专利复审委员会请求复审的,应当提交复审请求书,说明理由,必要时还应当附具有关证据。复审请求书不符合条例第十九条有关规定的,专利复审委员会不予受理。复审请求不符合规定格式的,复审请求人应当在专利复审委员会指定的期限内补正;期满未补正的,该复审请求视为未提出。

②复审程序中文件的修改:复审请求人在提出复审请求或者在对专利复审委员会的复审通知书作出答复时,可以修改布图设计申请文件;但是修改应当仅限于消除驳回决定或者复审通知书指出的缺陷。修改的申请文件应当提交一式两份。

③复审决定:专利复审委员会进行审查后,认为布图设计登记申请的复审请求不符合规定的,应当通知复审请求人,要求其在指定期限内陈述意见。期满未答复的,该复审请求视为撤回;经陈述意见或者进行修改后,专利复审委员会认为该申请仍不符合规定的,应当做出维持原驳回决定的复审决定。专利复审委员会进行复审后,认为原驳回决定不符合规定的,或者认为经过修改的申请文件消除了原驳回决定指出的缺陷的,应当撤销原驳回决定,通知原审查部门对该申请予以登记和公告。专利复审委员会的复审决定,应当写明复审决定的理由,并通知布图设计登记申请人。

④复审请求的撤回:复审请求人在专利复审委员会作出决定前,可以撤回其复审请求。复审请求人在专利复审委员会做出决定前撤回其复审请求的,复审程序终止。

⑤复审的救济:布图设计登记申请人对专利复审委员会的复审决定不服的,可以自收到通知之日起3个月内向人民法院起诉(2001年《集成电路布图设计保护条例》第19条,国家知识产权局2001年《集成电路布图设计保护条例实施细则》第23~27条)。

(2)布图设计登记的复议

当事人对国家知识产权局做出的下列具体行政行为不服或者有争议的,可以向国家知识产权局行政复议部门申请复议:①不予受理布图设计申请的;②将布图设计申请视为撤回的;③不允许恢复有关权利的请求的;④其他侵犯当事人合法权益的具体行政行为(国家知识产权局2001年《集成电路布图设计保护条例实施细则》第28条)。

(3)布图设计登记的撤销

①撤销程序:布图设计登记公告后,发现登记的布图设计专有权不符合集成电路布图设计保护条例第2条第1~2项、第3~5条、第12条或者第17条规定

的,由专利复审委员会撤销该布图设计专有权。撤销布图设计专有权的,应当首先通知该布图设计权利人,要求其在指定期限内陈述意见。期满未答复的,不影响专利复审委员会做出撤销布图设计专有权的决定。专利复审委员会撤销布图设计专有权的决定应当写明所依据的理由,并通知该布图设计权利人。

②撤销的救济:布图设计权利人对专利复审委员会撤销布图设计登记的决定不服的,可以自收到通知之日起3个月内向人民法院起诉。

③撤销决定的公告:对专利复审委员会撤销布图设计专有权的决定未在规定期限内向人民法院起诉,或者在人民法院维持专利复审委员会撤销布图设计专有权决定的判决生效后,国家知识产权局应当将撤销该布图设计专有权的决定在国家知识产权局互联网站和中国知识产权报上公告。被撤销的布图设计专有权视为自始即不存在(2001年《集成电路布图设计保护条例》第20条,国家知识产权局2001年《集成电路布图设计保护条例实施细则》第23条、第29~30条)。

第二节 集成电路布图设计专有权的运用

一、集成电路布图设计专有权的内容和限制

(一)集成电路布图设计专有权的内容

布图设计权利人享有下列专有权:

(1)对受保护的布图设计的全部或者其中任何具有独创性的部分进行复制;

(2)将受保护的布图设计、含有该布图设计的集成电路或者含有该集成电路的物品投入商业利用。(2001年《集成电路布图设计保护条例》第7条)

(二)集成电路布图设计专有权的限制

1. 合理使用

下列行为可以不经布图设计权利人许可,不向其支付报酬:

(1)为个人目的或者单纯为评价、分析、研究、教学等目的而复制受保护的布图设计的;

(2)在依据前项评价、分析受保护的布图设计的基础上,创作出具有独创性的布图设计的;

(3)对自己独立创作的与他人相同的布图设计进行复制或者将其投入商业利用的(2001年《集成电路布图设计保护条例》第23条)。

2. 权利用尽

受保护的布图设计、含有该布图设计的集成电路或者含有该集成电路的物品,由布图设计权利人或者经其许可投放市场后,他人再次商业利用的,可以不经布图设计权利人许可,并不向其支付报酬(2001年《集成电路布图设计保护条例》第24条)。

3. 非自愿许可

在国家出现紧急状态或者非常情况时,或者为了公共利益的目的,或者经人民法院、不正当竞争行为监督检查部门依法认定布图设计权利人有不正当竞争行为而需要给予补救时,国务院知识产权行政部门可以给予使用其布图设计的非自愿许可。

国务院知识产权行政部门做出给予使用布图设计非自愿许可的决定,应当及时通知布图设计权利人。给予使用布图设计非自愿许可的决定,应当根据非自愿许可的理由,规定使用的范围和时间,其范围应当限于为公共目的非商业性使用,或者限于经人民法院、不正当竞争行为监督检查部门依法认定布图设计权利人有不正当竞争行为而需要给予的补救。非自愿许可的理由消除并不再发生时,国务院知识产权行政部门应当根据布图设计权利人的请求,经审查后做出终止使用布图设计非自愿许可的决定。

取得使用布图设计非自愿许可的自然人、法人或者其他组织不享有独占的使用权,并且无权允许他人使用,但应当向布图设计权利人支付合理的报酬。取得使用布图设计非自愿许可的人向布图设计权利人支付报酬的数额由双方协商;双方不能达成协议的,由国务院知识产权行政部门裁决。

布图设计权利人对国务院知识产权行政部门关于使用布图设计非自愿许可的决定不服的,布图设计权利人和取得非自愿许可的自然人、法人或者其他组织对国务院知识产权行政部门关于使用布图设计非自愿许可的报酬的裁决不服的,可以自收到通知之日起3个月内向人民法院起诉(2001年《集成电路布图设计保护条例》第25~29条)。

4. 善意侵权

在获得含有受保护的布图设计的集成电路或者含有该集成电路的物品时,不知道也没有合理理由应当知道其中含有非法复制的布图设计,而将其投入商业利用的,不视为侵权。行为人得到其中含有非法复制的布图设计的明确通知后,可以继续将现有的存货或者此前的订货投入商业利用,但应当向布图设计权利人支付合理的报酬(2001年《集成电路布图设计保护条例》第33条)。

二、集成电路布图设计专有权的转让和许可

（一）集成电路布图设计专有权的转让

布图设计权利人可以将其专有权转让其布图设计。转让布图设计专有权的,当事人应当订立书面合同,并向国务院知识产权行政部门登记,由国务院知识产权行政部门予以公告。布图设计专有权的转让自登记之日起生效。

中国单位或者个人向外国人转让布图设计专有权的,在向国家知识产权局办理转让登记时应当提交国务院有关主管部门允许其转让的证明文件。布图设计专有权发生转移的,当事人应当凭有关证明文件或者法律文书向国家知识产权局办理著录项目变更手续（2001年《集成电路布图设计保护条例》第22条第1~2款,国家知识产权局2001年《集成电路布图设计保护条例实施细则》第11条）。

（二）集成电路布图设计专有权的许可

布图设计权利人可以将其专有权许可他人使用其布图设计。许可他人使用其布图设计的,当事人应当订立书面合同（2001年《集成电路布图设计保护条例》第22条第1款、第3款）。

第三节 集成电路布图设计专有权的保护

一、集成电路布图设计专有权的民事保护

（一）侵犯集成电路布图设计专有权的行为

1. 未经布图设计权利人许可,使用其布图设计行为,即侵犯其布图设计专有权的行为（2001年《集成电路布图设计保护条例》第31条）

2. 未经布图设计权利人许可,有下列行为之一的,行为人必须立即停止侵权行为,并承担赔偿责任：

（1）复制受保护的布图设计的全部或者其中任何具有独创性的部分的；

（2）为商业目的进口、销售或者以其他方式提供受保护的布图设计、含有该布图设计的集成电路或者含有该集成电路的物品的。

侵犯布图设计专有权的赔偿数额,为侵权人所获得的利益或者被侵权人所受到的损失,包括被侵权人为制止侵权行为所支付的合理开支（2001年《集成电路布图设计保护条例》第30条）。

(二)集成电路布图设计专有权民事案件的程序规则

1. 集成电路布图设计专有权民事案件的管辖

(1)管辖范围

①布图设计专有权权属纠纷案件;

②布图设计专有权转让合同纠纷案件;

③侵犯布图设计专有权纠纷案件;

④诉前申请停止侵权、财产保全案件(2001年《最高人民法院关于开展涉及集成电路布图设计案件审判工作的通知》第1条第1~4项)。

(2)管辖法院

由各省、自治区、直辖市人民政府所在地,经济特区所在地和大连、青岛、温州、佛山、烟台市的中级人民法院作为第一审人民法院审理(2001年《最高人民法院关于开展涉及集成电路布图设计案件审判工作的通知》第2条项)。

2. 集成电路布图设计专有权民事案件的司法措施

(1)诉前禁令

布图设计权利人或者利害关系人有证据证明他人正在实施或者即将实施侵犯其专有权的行为,如不及时制止将会使其合法权益受到难以弥补的损害的,可以在起诉前依法向人民法院申请采取责令停止有关行为的措施(2001年《集成电路布图设计保护条例》第32条)。对于申请人民法院采取诉前责令停止侵犯布图设计专有权行为措施的,应当参照《最高人民法院关于对诉前停止侵犯专利权行为适用法律问题的若干规定》执行(2001年《最高人民法院关于开展涉及集成电路布图设计案件审判工作的通知》第3条)。

(2)诉前财产保全

布图设计权利人或者利害关系人有证据证明他人正在实施或者即将实施侵犯其专有权的行为,如不及时制止将会使其合法权益受到难以弥补的损害的,可以在起诉前依法向人民法院申请采取财产保全的措施(2001年《集成电路布图设计保护条例》第32条)。

3. 集成电路布图设计专有权民事案件有关程序的中止和恢复

(1)诉讼中止

人民法院受理的侵犯布图设计专有权纠纷案件,被告以原告的布图设计专有权不具有足够的稳定性为由要求中止诉讼的,人民法院一般不中止诉讼(2001年《最高人民法院关于开展涉及集成电路布图设计案件审判工作的通知》第4条第1款)。

(2) 行政程序的中止和恢复

当事人因布图设计申请权或者布图设计专有权的归属发生纠纷,已经向人民法院起诉的,可以请求国家知识产权局中止有关程序。请求中止有关程序的,应当向国家知识产权局提交请求书,并附具人民法院的有关受理文件副本。在人民法院做出的判决生效后,当事人应当向国家知识产权局办理恢复有关程序的手续。自请求中止之日起一年内,有关布图设计申请权或者布图设计专有权归属的纠纷未能结案,需要继续中止有关程序的,请求人应当在该期限内请求延长中止。期满未请求延长的,国家知识产权局自行恢复有关程序。

人民法院在审理民事案件中裁定对布图设计专有权采取保全措施的,国家知识产权局在协助执行时中止被保全的布图设计专有权的有关程序。保全期限届满,人民法院没有裁定继续采取保全措施的,国家知识产权局自行恢复有关程序(国家知识产权局2001年《集成电路布图设计保护条例实施细则》第33条)。

二、集成电路布图设计专有权的行政保护

(一)集成电路布图设计专有权行政案件的受理

1. 人民法院的受理范围

(1)不服国务院知识产权行政部门驳回布图设计登记申请的复审决定的条件;

(2)不服国务院知识产权行政部门撤销布图设计登记申请决定的案件;

(3)不服国务院知识产权行政部门关于使用布图设计非自愿许可决定的案件;

(4)不服国务院知识产权行政部门关于使用布图设计非自愿许可的报酬的裁决的案件;

(5)不服国务院知识产权行政部门对侵犯布图设计专有权行为处理决定的案件;

(6)不服国务院知识产权行政部门行政复议决定的案件(2001年《最高人民法院关于开展涉及集成电路布图设计案件审判工作的通知》第1条第5-10项)。

2. 国家知识产权局的受理条件

(1)该布图设计已登记、公告;

(2)请求人是布图设计权利人或者与该侵权纠纷有直接利害关系的单位或者个人;

(3)有明确的被请求人;

(4)有明确的请求事项和具体的事实、理由;

(5)当事人任何一方均未就该侵权纠纷向人民法院起诉(国家知识产权局2001年《集成电路布图设计保护条例实施细则》第32条)。

(二)集成电路布图设计专有权行政保护的措施

(1)认定侵权行为成立;

(2)责令侵权人立即停止侵权行为;

(3)没收、销毁侵权产品或者物品;

(4)请求人民法院强制执行;

(5)应当事人的请求,就侵犯布图设计专有权的赔偿数额进行调解(2001年《集成电路布图设计保护条例》第31条)。

三、集成电路布图设计专有权的刑事保护

国务院知识产权行政部门的工作人员在布图设计管理工作中玩忽职守、滥用职权、徇私舞弊,构成犯罪的,依法追究刑事责任(2001年《集成电路布图设计保护条例》第34条)。

参考文献

一、著作论文

1. 郑成思. 知识产权论[M]. 北京：法律出版社，2003.
2. 吴汉东. 知识产权基本问题研究[M]. 北京：中国人民大学出版社，2005.
3. 刘春田. 知识产权法[M]. 北京：中国人民大学出版社，2006.
4. 李明德. 知识产权法[M]. 北京：社会科学文献出版社，2007.
5. 张玉敏，张今. 知识产权法[M]. 北京：中国人民大学出版社，2009.
6. 曲三强. 现代知识产权法[M]. 北京：北京大学出版社，2009.
7. 曹新明. 知识产权法[M]. 大连：东北财经大学出版社，2006.
8. 孙国瑞，郑瑞琨. 知识产权法教程[M]. 北京：对外经济贸易大学出版社，2007.
9. 费安玲. 知识产权法教程[M]. 北京：知识产权出版社，2003.
10. 费安玲. 知识产权法案例教程[M]. 北京：知识产权出版社，2006.
11. 王迁. 知识产权法教程[M]. 北京：中国人民大学出版社，2007.
12. 姜一春. 知识产权法学[M]. 北京：科学出版社，2008.
13. 李瑞. 知识产权法[M]. 广州：华南理工大学出版社，2006.
14. 宁立志. 知识产权法[M]. 武汉：武汉大学出版社，2006.
15. 吴观乐. 专利代理实务[M]. 北京：知识产权出版社，2007.
16. 达庆东，吴桂琴. 知识产权法概论[M]. 上海：上海医科大学出版社，1997.
17. 刘国福，管建国. 民商法典型案例解评[M]. 北京：法律出版社，1997.
18. 侯仰坤. 植物新品种权保护问题研究[M]. 北京：知识产权出版社，2007.
19. 刘文. 集成电路布图设计的知识产权性质和特点[J]. 法商研究，2001

(5).

20. 尹锋林. 中国《专利法》第三次修改的主要内容及其意义[J]. 学习论坛, 2010(1).

21. 管荣齐. 发明专利的创造性[M]. 北京: 知识产权出版社, 2012.

22. 管荣齐. 从TPP知识产权谈判审视医疗方法的可专利性[J]. 知识产权, 2014(7).

23. 管荣齐. 对实用新型实质条件改革的思考[J]. 知识产权, 2015(9).

24. 国家知识产权局. 关于征求对〈中华人民共和国专利法修订草案〉(征求意见稿)意见的通知. 2006.

25. 中国人大网:《专利法修正案草案全文及说明》, 2008年8月29日, http://www.npc.gov.cn/huiyi/lfzt/zlfxzaca/2008-08/29/content_1447395.htm。

26. 周伯华. 关于《中华人民共和国商标法修正案(草案)》的说明. 中国人大网. http://www.npc.gov.cn/wxzl/gongbao/2013-11/25/content_1823283.htm.

二、法律规范

27. 中华人民共和国民法通则. 1986.

28. 中华人民共和国合同法. 1999.

29. 中华人民共和国物权法. 2007.

30. 中华人民共和国侵权责任法. 2009.

31. 中华人民共和国继承法. 1985.

32. 中华人民共和国烟草专卖法. 1991.

33. 国家发展改革委、财政部. 关于降低住房转让手续费受理商标注册费等部分行政事业性收费标准的通知. 2015.

34. 中华人民共和国民事诉讼法. 2012.

35. 最高人民法院关于适用《中华人民共和国民事诉讼法》若干问题的意见. 1992.

36. 中华人民共和国刑法. 2015.

37. 最高人民检察院、公安部关于经济犯罪案件追诉标准的规定. 2001.

38. 最高人民检察院、公安部关于公安机关管辖的刑事案件立案追诉标准的规定(一). 2008.

39. 国家知识产权战略纲要. 2008.

40. 关于新形势下加快知识产权强国建设的若干意见. 2015.

41. 国务院批转全国打击侵犯知识产权和制售假冒伪劣商品工作领导小组《关于依法公开制售假冒伪劣商品和侵犯知识产权行政处罚案件信息的意见（试行）》的通知. 2014.

42. 国务院办公厅. 深入实施国家知识产权战略行动计划（2014—2020年）. 2014.

43. 最高人民法院、最高人民检察院关于办理侵犯知识产权刑事案件具体应用法律若干问题的解释. 2004；

44. 最高人民法院、最高人民检察院关于办理侵犯知识产权刑事案件具体应用法律若干问题的解释(二). 2007.

45. 最高人民法院、最高人民检察院、公安部 关于办理侵犯知识产权刑事案件适用法律若干问题的意见. 2011.

46. 中华人民共和国著作权法. 2010.

47. 中华人民共和国著作权法实施条例. 2013.

48. 计算机软件保护条例. 2013.

49. 著作权集体管理条例. 2004.

50. 出版管理条例. 2011.

51. 国家版权局. 作品自愿登记试行办法. 1994.

52. 国家版权局. 著作权质权登记办法. 2010.

53. 最高人民法院关于审理著作权民事纠纷案件适用法律若干问题的解释. 2002.

54. 中华人民共和国专利法. 2008.

55. 中华人民共和国专利法实施细则. 2010.

56. 国家知识产权局. 专利审查指南. 2014.

57. 国家知识产权局. 专利权质押登记办法. 2010.

58. 国家知识产权局. 专利行政执法办法. 2015.

59. 最高人民法院关于审理专利纠纷案件适用法律问题的若干规定. 2015.

60. 最高人民法院关于审理侵犯专利权纠纷案件应用法律若干问题的解释. 2009.

61. 最高人民法院关于对诉前停止侵犯专利权行为适用法律问题的若干规定. 2001.

62. 北京市高级人民法院. 专利侵权判定若干问题的意见(试行). 2001.

63. 中华人民共和国商标法. 2013.

64. 中华人民共和国商标法实施条例. 2014.

65. 国家工商行政管理总局. 集体商标、证明商标注册和管理办法. 2003.

66. 国家工商行政管理总局. 驰名商标认定和保护规定. 2014.

67. 国家工商行政管理总局. 商标审查标准. 2009.

68. 国家工商行政管理总局. 商标评审规则. 2005.

69. 国家工商行政管理总局. 驰名商标认定工作细则. 2009.

70. 国家工商行政管理总局商标局. 关于申请转让商标有关问题的规定. 2009.

71. 国家工商行政管理总局商标局. 注册商标专用权质权登记程序规定. 2009.

72. 国家工商行政管理总局商标局. 商标使用许可合同备案办法. 1997.

73. 国家工商行政管理总局. 商标注册申请书. 2014.

74. 国家工商行政管理总局. 商标异议申请书. 2014.

75. 最高人民法院关于审理商标民事纠纷案件适用法律若干问题的解释. 2002.

76. 最高人民法院关于审理商标案件有关管辖和法律适用范围问题的解释. 2002.

77. 最高人民法院关于商标法修改决定施行后商标案件管辖和法律适用问题的解释. 2014.

78. 最高人民法院关于诉前停止侵犯注册商标专用权行为和保全证据适用法律问题的解释. 2001.

79. 最高人民法院关于涉及驰名商标认定的民事纠纷案件管辖问题的通知. 2009.

80. 最高人民法院关于审理涉及驰名商标保护的民事纠纷案件应用法律若干问题的解释. 2009.

81. 中华人民共和国反不正当竞争法. 1993.

82. 国家工商行政管理总局. 关于禁止侵犯商业秘密行为的若干规定. 1998.

83. 最高人民法院关于审理不正当竞争民事案件应用法律若干问题的解释. 2007.

84. 中华人民共和国植物新品种保护条例. 2013.

85. 中华人民共和国植物新品种保护条例实施细则(农业部分). 2007.

86. 中华人民共和国植物新品种保护条例实施细则(林业部分). 1999.

87. 最高人民法院关于审理侵犯植物新品种权纠纷案件具体应用法律问题

的若干规定. 2007.

88. 集成电路布图设计保护条例. 2001.

89. 国家知识产权局. 集成电路布图设计保护条例实施细则. 2001.

90. 最高人民法院关于开展涉及集成电路布图设计案件审判工作的通知. 2001.